"中华元典引读丛书"出版委员会

主　任：谢清溪

副主任：纪庆芳　展文婕

委　员（以姓氏笔画为序）：

　　　　马　博　仝一帆　阮林要　李亚涛

　　　　时　海　陈建恩　郑　鑫　胡玲霞

　　　　姜　畅　高枫叶　谌洪波

论语引读

李振宏 著

河南大学出版社
·郑州·

图书在版编目（CIP）数据

论语引读 / 李振宏著 . -- 郑州：河南大学出版社，2024.7
（中华元典引读丛书 / 李振宏主编）
ISBN 978-7-5649-5687-5

Ⅰ.①论… Ⅱ.①李… Ⅲ.①《论语》Ⅳ.①B222.2

中国国家版本馆 CIP 数据核字（2024）第 069788 号

论语引读
LUNYU YINDU

总 策 划	孔令刚
责任编辑	纪庆芳
责任校对	任湘蕊
装帧设计	翟淼淼
出版发行	河南大学出版社
	地址：郑州市郑东新区商务外环中华大厦 2401 号
	邮编：450046　电话：0371-86059701（营销部）
	网址：hupress.henu.edu.cn
排　　版	郑州印之星数字文化产业有限公司
印　　刷	郑州印之星印务有限公司
版　　次	2024 年 7 月第 1 版
印　　次	2024 年 7 月第 1 次印刷
开　　本	889 mm×1194 mm 1/32　印　张　12
字　　数	217 千字　　　　　　　定　价　42.00 元

版权所有 · 侵权必究
本书如有印装质量问题，请与河南大学出版社营销部联系调换。

序

中华元典创生于春秋战国的大变革时代。自夏以来的中国早期文明社会,到周代的分封制度达到成熟阶段,这一社会形态的国家政体是贵族制。以中央王朝的国君即天子为一权力主体,以公卿士大夫即贵族为另一权力主体,世袭国君和世袭贵族通过宗亲和姻亲血缘纽带组成一个统治网络,代代相传、永恒不变地占据着国家政治生活、经济生活和文化精神生活的中心。这样一个贵族制社会从夏开始,一直延续了一千多年,到公元前770年周平王东迁,终于走向了它的衰落和蜕变。平王东迁作为一个象征性事件,标志着一个新时代的开端。春秋时期,王室衰微,礼崩乐坏,历史表面的混乱局面,掩盖着深层的历史潜流,人们往往用"春秋无义战"来描述这个时代;但历史一进入战国时期,其演变的本质便显示出来。战国时期各国变法的主流揭示,从春秋开始的这场历史大动荡,预示着一个崭新的历史时代的到来,它是一场社会形态的变革,是中国历史从贵族政治向官僚政治的过渡。

大凡历史剧烈动荡的岁月,给人们的启迪也往往更加丰富和深刻。历史的大动荡,亵渎了一切传统的神圣的东西。传统的政治体制逐渐坍塌,传统的意识形态、社会观念、思想文化遇到了前所未有的挑战。历史何以会发生这样剧烈的变革和动荡,在动荡中崩溃的社会应该以怎样的模式重新塑造等等,一系列带有世界观、历史观、社会观性质的问题,逼迫着人们去思考,去回答。于是,在思想文化领域,展开了一场长达三百年的百家争鸣。正是在这场反省历史、洞察现实、描绘未来的思想运动中,古圣先贤们为我们提供了一批支配后世民族文化发展的中华元典。这批中华元典,诸如《周易》《诗经》《尚书》《春秋》《礼记》《老子》《庄子》《论语》《墨子》《管子》《商君书》《韩非子》等等,是夏商周以来古典传统文化的积淀和结晶,又是新旧时代交替的历史启迪;它既积累了中华先民两千年文明史的卓越智慧,又是对一个新的历史进程的揭示和预见,充当了一个新时代的号角和先声。

中华元典是春秋战国这个特定时代的产物。一方面,社会历史在政治、经济上所经历的深刻变迁,给当时的思想家们以深刻的历史启迪,使其著作具有其他时代所无法比拟的深刻性;另一方面,传统社会坍塌的剧烈震撼,促使人们从历史的根本点上思考问题,从而使当时人们所提出的问题,多具有世界观、历史观和人生观的性质,具有比较广泛的普遍性价值或意义。

三十年前,冯天瑜先生在《元典文化丛书·序》中说:

> 历史的辩证法反复昭示:发展不是简单的生长和增进,它往往不一定呈直线式进步,而是通过一系列螺旋式圈层实现的。这样"回复"便不总是重复往昔,而可能是一种上升的形式,是"唤醒"事物在其开端时即已蕴蓄着的可能性的一种形式。作为由具有自觉意识的人类创造的文化,也生动地展现着螺旋式的发展轨迹,如欧洲"文艺复兴"的崇尚古希腊、"宗教改革"的服膺《圣经》,便是对"元典精神"的发扬和再造,而欧洲文化正是在这种"回复"中赢得历史性进步的。这种向"文化元典"汲取灵感,获得前进基点的现象在中国也多次出现,著名的"古文运动"便是典型事例。考之以中国近现代思想文化史,这种"返本开新""以复古为解放",即回归元典精神以求新变的情形也俯拾即是。

冯天瑜先生所讲人类思想史上这种不断发生的"返本开新"现象,佐证了元典的不朽性。的确,中国先秦时代所产生的文化元典，就有其不朽性。大致说，元典的不朽性主要取决于两个方面：

其一，它所提出的问题具有普遍性意义，是不同时代人们所关注的共同性问题，处在不同历史条件下的人们，都能从元典的阐述中汲取智慧，都能使自己的思考追溯到人类智慧的最初观照。譬如在元典中一再提出的如下问题："天人之辨"（人与自然的关系）、"人性之辨"（关于人的本性善恶的思考）、"义利之辨"（社会道义与经济利益的关系）、"刑礼之辨"（刑法治理与礼制教化的关系）等等，这些问题对于两千多年的传统社会来说，无疑都是不朽的课题，像"天人之辨""人性之辨""义利之辨"等，还具有普遍的人类意义。

其二，"中华元典"的不朽性，还在于它对以上基本问题的解决，给后人的思考提供了一种具有高度抽象性的哲理性回答，从而使人们可以从各种角度受到它的启迪。在人类认识的早期时代，人们还不可能对自然界和社会进行解剖、分析，自然界和人类社会只能被作为一个整体去观察，从而得出混沌的整体性认识。这种认识，一方面有它不精确不完善的特点，而另一方面则使它有可能包含了对自然界和人类社会整体联系性的不少天才猜测。例如《老子》中的"道"，《周易》中的运动观、发展观、变易观，《论语》中孔子的仁学思想体系，等等，都是对自然变化之道，人的社会属性的整体性、哲理性把握；而这种把握，则是其后人们借以展开自己思想的重要基础。"中华元典"在后世人们借以发挥自己思想创造的过程中，一再证明着自己的生命力和不朽性。

然而，从历史唯物主义的观点看问题，"中华元典"也不可避免地具有其历史局限性，世界上没有任何一种理论观点、学说体系具有超历史的价值和意义。每一时代的理论思维，"都是一种历史的产物"，都有它所适应的、能够发挥其作用的历史环境；一旦历史条件发生了根本性的变更，它的作用就将丧失或者发生相应的改变。"中华元典"作为一种理论思维的历史成果，它的基本内容，它所提出的各种命题的具体内涵，都不能不具有这种历史性质。这个历史性，既是它在其后两千多年传统社会中能够发挥重要作用的原因，也同时决定了它的局限性。解读和阐释文化元典，就是发扬或转换其不朽性，而正视其局限性，以确保在文化传承中保持清醒的头脑，秉持科学的态度。

解读元典文化精神，研究、传承和弘扬优秀传统文化的工作，已经进行了很多年，有了颇为丰硕的成果。然反省其研究状况，还是存在某些缺憾。

一是研究大多还集中在知识精英阶层，而把对元典思想的阐释变成广大社会公众的精神食粮，还有许多工作要做。

二是就社会大众的元典文化阅读来说，所做的工作多是集中在直接的普及方面，侧重对元典文献的注释或翻译，以为社会大众借助白话读本就可以进入元典精神的世界，就完成了元典文化的普及，而这是有认识上的误区的。

三是社会大众直接阅读元典译本，并不能对元典文化的历史作用有深刻的认识，而研究元典文化或者普及元典文化精神，其最终目的是帮助社会大众认识我们的文化国情，使人们知道民族精神的来龙去脉，知道今人的思想、思维、价值观念、心理观念之来源，清醒而理智地看待传统文化，继承和弘扬优秀传统文化。

河南大学出版社策划出版的这套"中华元典引读丛书"，目的就在于弥补以上缺憾。这套丛书的特色是：读者一书在手，既可窥见一部元典的思想要旨，又可明了其全方位历史影响，进入元典文化生成与发展的历史世界。这是真正地认识中华元典文化精神的导读丛书，是写给普通读者的书。

既是为社会大众提供适宜的元典导读，就必须在著作的科学性、导向性上下功夫。我们力求用充分辩证的科学理性去阐释元典文化的基本精神，对元典著作积极的或消极的文化影响，都给予尽可能全面的历史评说，使普通读者懂得如何从积极的方面对传统文化进行扬弃和取舍。因此，冷静的历史思辨色彩，成为这套丛书在著述风格上的重要特色。此外，我们还要求作者从以往学术著作引经据典、旁征博引、烦琐考证的传统文风中解脱出来，采用夹叙夹议、以议论为主的散体笔法，无论是对元典内涵的揭示，还是对其历史价值或历史影响的阐述，都尽可能结合具体生动的历史事例来展开，力求做到深入浅出，引人入胜。

现在丛书就要出版了，作者们贡献了自己的辛勤劳动、学识和智慧，但是否真的能够实现丛书的编写初衷，它的效果究竟如何，就交给亲爱的读者去判断了。

李振宏

2023 年 12 月 10 日于开封

目 录

一 孔子·《论语》·中国人 / 1

1. 孔子传略 / 2
2. 《论语》的结集与流传 / 22
3. 《论语》与中国人 / 30

二 《论语》的思想体系 / 45

1. 《论语》的思想核心——"仁" / 45
2. "一日克己复礼,天下归仁焉"——"仁"与"礼" / 63
3. "道之以德,齐之以礼"——"仁"与德政 / 73
4. "能行五者于天下,为仁矣"——以"仁"为核心的伦理体系 / 85

三 《论语》与中国国民性格 / 106

1. 乐观豁达,自强不息 / 106
2. 取验务实,注重实践 / 116

3. 贵和持中，和谐中庸 / 124

4. 重义轻利，礼让敦厚 / 133

5. 崇尚统一，趋同求一 / 141

6. 忠君爱国，义重如山 / 152

四　《论语》与中国传统思想 / 162

1. "大一统者，天地之常经，古今之通谊"——
《论语》大一统思想的历史影响 / 162

2. "得天下也，以仁"——
《论语》德治思想的历史影响 / 170

3. "民为贵，社稷次之，君为轻"——
《论语》民本思想的历史影响 / 180

4. "用夏礼则中国之"——
《论语》民族思想的历史影响 / 196

五　《论语》与中国士大夫精神 / 209

1. "内圣外王"的人格理想 / 209

2. 心系天下的忧患意识 / 224

3. 入世参政的"恋政情结" / 239

4. 保全志节的退隐意识 / 252

六　《论语》与中国伦理 / 261
　　1. 为政以德，伦理本位——
　　《论语》与中国伦理的道德至上倾向 / 261
　　2."存天理，灭人欲"——
　　《论语》与中国伦理的主题精神 / 276

七　《论语》与中国教育 / 295
　　1.《论语》与中国教育精神 / 295
　　2.《论语》与中国私学传统 / 305
　　3.《论语》与中国古代教材体系 / 315
　　4.《论语》与中国传统教育理论 / 322

八　关于孔子及其《论语》的历史评价 / 335
　　1. 关于误读"克己复礼"的历史公案 / 335
　　2. 孔子思想属性是进步抑或倒退 / 344
　　3. 原本的孔子与其思想、形象的历史变迁 / 358

一　孔子·《论语》·中国人

公元前800年到公元前200年,是世界历史上不寻常的年代,以至于有西方学者将其称为人类历史上的"轴心时代"。在这期间,中国诞生了老子和孔子,中国思想的各种派别因之而兴起;印度诞生了释迦牟尼,他所创立的佛教,塑造了整个印度民族,并在当代世界宗教文化中三分天下有其一;在希腊诞生了哲学家苏格拉底、柏拉图,创立了充满睿智和思辨精神的西方哲学。"轴心时代"的说法不无根据,在这个时代所诞生的文化元典,历史地奠定了世界各民族历史与文化传统的发展道路。在中国,影响了中国人思想发展的历程,塑造了中华民族性格的主要典籍,即是由孔子及其所创立的儒家学派所整理和创作的一批文化元典,其中记录孔子及其弟子言论的《论语》,作为圣人的教诲,则成为两千多年间中国人安身立命、为人处世的真正手册。孔子对中国历史的影响,《论语》对于中国人的意义,正可比之于基督对西方世界的影响,《圣经》对于基督徒的意义,所以有人称《论语》是中国的"新旧约全书"。然而,与西方不同的是,孔子作为中国的圣人,是一个活生生的人的形象,他所开创的儒学没有任何神学的色彩,中华民族从来没有陷入宗教的狂热,孔子和《论语》指导下的中国人,从来面对的是现实的人生。当然,这能不能算是中华民族的幸运,还有待于评说;不过,中国历史、中国文化、中华民族的性格,却实实在在地是受惠于孔子和《论语》的影响。

1. 孔子传略

公元前551年阴历八月二十七日,孔子呱呱坠地了。据说,这一年,原本十分浑浊的黄河水,竟变得清澈见底,出现了祥瑞之兆。于是有了"圣人出而黄河清"的历史典故。不过,这位圣人却生得十分孤苦,走了一条漂泊不定、曲折坎坷的人生之路。

(1) 艰难曲折的历程

孔子名丘,字仲尼,鲁国陬邑(今山东曲阜)人。他本是宋国贵族的后裔,其六世祖孔父嘉,是宋襄公的五世孙,属于殷纣王庶兄微子的血统。因而,孔子先祖的宗法世系，可以追溯到商代开国君主商汤。历史上传说孔子是"圣人之后"，孔子自己说"丘也，殷人也"，根由即在这里。不过，到了孔子这一辈，就早已失去了贵族的名分，其转折就在于他的六世祖孔父嘉。

孔父嘉是宋国的大夫司马，身份显贵，但在一次宫廷政变中与宋殇公一起被杀。其子孙怕株连受祸，亡逃鲁国，改姓氏为"孔"，定居于曲阜。从此家道衰落，变为平民。

孔子父亲叔梁纥（名纥，字叔梁）是当时著名的勇士，因在两次战役中荣立功勋，被委任为鲁国陬邑的大夫（相当于县官）。本来，有一个做县官的父亲，孔子是应该有一个幸福的童年的，然而，其降生本身就决定了他的不幸。据《史记·孔子世家》载，叔梁纥上了年纪才娶了孔子的母亲颜征在而生孔子，谓之"野合"。在当时，野合之事并不像后世那样受人歧视，但它毕竟使颜征再无法在孔家取得夫人的名分，孔子也无法享受正常的贵族子弟的生活待遇。据文献推测，孔子一生下来，就一直随母亲远离孔门而单独生活。孔子3岁时，叔梁纥死，这对受人冷落的孤儿寡母来说，生活就更加艰难了。

鲁国原是周公的封地，是周礼实施、保存得最完善的地方，孔子从小就受其熏陶。据说他生性好礼，儿时游戏，就常摆起各种祭器，学习大人祭祀时的礼仪动作。由于家境贫寒，他在少年时代一边劳动，一边学习。孔子自己说：

"吾少也贱，故多能鄙事。"他小时候因为贫贱，干过许多卑贱的事。他做过吹鼓手，帮人家办婚、丧、祭祀等礼仪事情，还做过一些杂役。由于在办理礼仪性事情中积累了关于礼的知识，他对礼产生了特别的兴趣，15岁时就立志要成为一个懂礼的学者。他勤奋好学，常入太庙询问各种礼器的名称、用途、用法，学无常师，虚心求教，十六七岁时就以知礼而闻名了。

孔子18岁那年秋天，谋到一个小职，给鲁国贵族看管仓库。后来又做了管理牛羊的小吏"乘田"。19岁娶妻，翌年生子。这时的鲁国国君已听说孔子好礼、懂礼，对他很有好感，即送一条鲤鱼祝贺孔子喜得贵子。孔子十分感激，为儿子取名鲤，字伯鱼。此后，他又做了鲁国贵族季平子家的"司职吏"，一个管理畜牧人员的小官。

大概从20岁开始，孔子在家乡创办了私学，以礼、乐、射、御、书、数诸科教授生徒。他有教无类，广收门徒，办学很有成就，几年之间就引起了鲁国朝野人士的重视，成为当时的闻人、学者；并受到权臣季氏的赏识，担任司空之职，主管营建，进入"大夫"之列。但后来鲁国当政者听信季孙氏的谗言，驱逐孔子出鲁国。于是，孔子便带着一帮弟子，来到齐国。

孔子在齐，曾受到齐景公的敬重。景公曾问政于孔子，对他非常赏识，可惜受到晏婴的阻碍，故未能被重用。孔子去齐国，主要是想考察齐国的政治、礼乐情况，但一到齐国，他便感到齐国的礼制比起鲁国更加不如，大为失望。不过，有幸的是，他这次适齐会晤了齐太师，与他讨论了乐的问题，听取了舜时的音乐，学习了三个月，醉心到"三月不知肉味"的程度。

孔子自齐返鲁，就专心致力于办学和研究学问。大概在公元前518年，孔子33岁时，在他的学生中多了两名贵族子弟，孟懿子和南宫敬叔。这二人是鲁大夫孟僖子之子。孟僖子生前曾陪同鲁昭公访问楚国，因不懂礼节，在引导鲁昭公参加欢迎仪式时大出洋相，他惭愧至极，回国后便到处向人学礼。后来他听说孔丘是懂礼的闻人，并在聚徒讲学，便在临终前将两个孩子叫到身边，说孔丘是圣人的后裔，要他们从孔子求学。孟僖子死后，孟懿子和南宫敬叔便遵父命而做了孔子的学生。

孟懿子和南宫敬叔的从学，使孔子身价倍增，并使孔子得到了实际好处。由于南宫敬叔的推荐，鲁昭公批准孔子到东周王都洛阳去考察，并派车马仆役，供孔子役使。这次官费"出国"考察，对孔子来说受益匪浅。首先是他访问了老子这位当时天下最大的学问家；再就是拜访了周王室主管乐的苌弘，进一步认识了乐的教化作用，深化了对礼乐本质的理解；三是看到了夏、商、周三代留下的许多文物和历史典籍，眼界、思路都大为开阔。孔子赴周考察后,历史、文化、政治、伦理道德等学识和声望,都大为提高,弟子门生日益增多。《史记·孔子世家》中说,孔子"自周反于鲁,弟子稍益进焉"。

51岁那年,是孔子一生中的一个转折。先是,鲁定公任命孔子做了中都(今山东汶上县)宰。孔子任职一年,很有政绩,四方官吏都以他为榜样。第二年又升任司空,掌管全国土地、建设之事。旋即又升为大司寇(相当于今天的公安部部长),并兼管礼宾。孔子任大司寇时,处理了一件大事,显示了特殊的才能。

这是一次外交事件。鲁定公十年(前500年)夏,鲁、齐两国君主在夹谷会盟。事前,鲁定公为了预防齐国有什么阴谋,要选一位学识渊博、足智多谋的人随从与会,最后选中了孔子。但按照礼节,随从国君与会的应是相国,而孔子只是司寇,名分不称。于是,定公命孔子以大司寇兼摄相事,参与会盟。会盟的当天,两国君主登上盟坛,齐君以晏婴为相,鲁君以孔子为相,分别在坛的左右方恭立。首先由晏婴叙述两国始祖周公旦、太公望的遗泽,说明两国自当永修旧好,和睦相处。接着举行献酬玉帛之礼。礼毕,按惯例应是演奏古乐助兴,谁知齐国方面派出的乐工却是一群手执戈矛、长发裸体的夷人。这群人挥刀舞剑,鼓噪而至,显然是想在混乱中劫持鲁君。鲁定公见状,吓得面色苍白。在这紧要关头,只见孔子急步登上盟坛，怒斥齐景公说："在这两国会盟修好的良辰吉日，怎可演奏夷狄之音？这不仅是对天地神明不敬，而且也有辱贵国的国体。难道贵国就没有音乐，只欣赏这些夷狄之音吗？"齐君面对不卑不亢、义正词严的孔子，满面羞愧，立即喝令撤去乐队。最后缔结盟约时，齐国突然加上一条，当齐国有大的战争行动时，鲁国必须出兵车三百乘。孔子当机立断，提出齐国不归还以前侵占鲁国的汶阳之田而要鲁国出兵车，也应视为破坏盟约。齐景公非常难堪，无法拒绝，会后只得归还了以前侵占鲁国的土地。

夹谷之会，显示了孔子的才干，提高了孔子在鲁国的政治地位。但他毕竟不是鲁国的贵族世家，势孤力单，终于在他策划的另一项重大政治斗争中失败了。最后，孔子对鲁国政治感到失望，带上一群弟子，离开了鲁国，结束了他短暂的仕宦生涯。

55岁这年，孔子率领弟子周游列国，开始了一场空前未有的知识分子群体的政治宣传活动。以孔子的本意，是想找到一片适宜的国土，来实施自己的政治理想。然而，他哪里想到，他涉足的是漂泊不定的漫长历程。14年间，他和弟子们周游宋、卫、陈、蔡、齐、楚等国，非但没有能被人重用，以展抱负，反而颠沛流离，历尽艰险，几次陷入绝境。他途经匡地（今河南睢县），误被匡人认作仇人阳虎，围困五日方得狼狈逃脱；过宋，又遭司马桓魋的追杀,最后换上老百姓的衣服才得以脱身;在陈国遇上战争,绝粮7天,师徒们面有饥色,饿得站不起身来。14年奔走他乡,恓恓惶惶,"累累若丧家之狗",孔子对自己的政治主张也一度产生动摇。他曾一再向弟子们提出这样的问题:"《诗》云:'不是犀牛也不是老虎,为什么偏偏巡行在旷野之中?'难道是我的道理有什么不对吗?为什么我会落到这个地步?"

鲁哀公十一年(前484年),孔子67岁。由于弟子冉求的推荐,季康子派人迎孔子归鲁,结束了孔子周游列国14年漂泊不定的生活。这时的孔子,年事已高,也不愿再参与政治活动,然而,他声望日隆,受到很优厚的礼遇。鲁哀公经常问政于孔子,以元老的地位尊待他。而孔子,则把主要精力用在授徒讲学方面。为了教学的需要,他集中研究、整理了一批古代文献,编纂审定了《诗》《书》《易》《礼》《乐》《春秋》六经,以他晚年的余热,为中国文化的发展奠定了基石。

晚年的孔子,生活本该是恬静安逸的,然而,他又遭遇了一连串的打击。68岁那年,失去了他仅有的一个儿子;71岁时,失去了他最得意的弟子颜渊;72岁时,弟子子路又先他而去。一再发生的白发人送黑发人的悲剧,使孔子痛苦至极。史载,颜渊死时,孔子大哭:"天丧予!天丧予!"悲痛不止。待第二年子路死后不久,孔子就卧病不起了。

一天，弟子子贡（复姓端木，名赐，字子贡）来谒见孔子，孔子说："赐呀，你怎么来得这么迟呢！"他已经感到自己大限已近，哀叹一声，默默说道："泰山就这样崩坏了吗？梁柱就这样摧折了吗？哲人就这样凋谢了吗？"说完不禁淌下了眼泪。过了一会儿又对子贡说："天下无道已经很久了，世人都不能遵循我的治世理想。夏人死了，停棺在东阶，周人死了在西阶，殷人则在两柱之间。昨天夜里我梦见自己坐定在两柱之间，我原本就是殷人啊！"他已预感到死神的降临，对他不能实现的人间理想，怀着说不尽的眷恋和遗憾。

子贡谒见孔子之后七天，鲁哀公十六年（前479年）四月己丑日，孔子永辞了这乱离之世，享年72岁。

（2）彪炳史册的贡献

孔子的伟大，为历代学人所敬仰，是由他的历史贡献所奠定的。粗略地说，他最重大的历史贡献表现在三个方面。

整理古代文献，奠定中华文化根基

现在被称作中华文化元典的《诗》《易》《礼》《书》《春秋》等典籍，都是经过孔子整理、编纂而保存下来的。

《书》是古代文献资料的汇编，主要是商、周两代统治者的一些讲话记录。

《诗》是西周至春秋中期约500年间的诗歌总集。

《易》是古代流传下来的筮书。该书相传由伏羲氏始作八卦，源远流长，通过卦形的变化，来解释自然和人事的发展演变。

《礼》是关于西周春秋时期典礼仪节的书。

《春秋》是我国现存的第一部编年体史书，按年记载春秋时鲁国从隐公元年至哀公十四年的历史大事。

上述典籍，相传都是经过孔子之手才整理、厘定、保存下来。近代以来，不少人怀疑孔子整理六经的真实性，但大量材料说明，传世的上述典籍，确实与孔子有密切的关系。

《史记·孔子世家》："古者《诗》三千余篇，及至孔子，去其重，取可施于礼义，上采契、后稷，中述殷周之盛……三百五篇孔子皆弦歌之。"司马迁认为，是孔子将3000余篇散乱的诗篇，删订为305篇，才传习下来。

《汉书·艺文志》："《书》之所起远矣，至孔子纂焉，上断于尧，下讫于秦，凡百篇，而为之序，言其作意。"班固认为，《尚书》是经孔子之手才最后编纂定型的。

《史记·孔子世家》中，司马迁还认为孔子整理了《易》，并为之作传，进行解释。后世学者对《易传》是否孔子所作多有怀疑，并怀疑孔子整理，甚至学过《易》的可能性。

1973年长沙马王堆汉墓发掘的帛书《周易·系辞》证明，孔子是读过和整理过《易》的。其中记载说："夫子老而好《易》，居则在席，行则在橐。"

另外，《孟子》《史记》中也都说《春秋》的作者是孔子。文献记载与考古资料都说明，孔子是整理过"六经"的。特别是从《论语》中可以看出，"六经"中的《诗》《书》《礼》《乐》，都是孔子教育学生的基本教材。即使从教学的需要说，孔子整理"六经"也是完全可信的。"六经"并非孔子所作，但却赖于孔子的整理而保存、流传下来，并由此奠定了中国文化的发展道路。孔子对中华文化的贡献之大，至今没有人能与之匹敌。

创立中国传统的教育制度和教育思想

中国两千多年来的教育制度和教育理论，都奠基于孔子。他创办私学，把教育推向民间，打破了学在官府的贵族教育体制，以私学的方式，确立了"有教无类"的教育原则。这一原则，成为其后两千多年中国教育的基本精神。无论是汉代的太学，还是隋唐以后的科举教育，或者是宋以后的书院教育，都贯彻了"有教无类"的原则，使平民教育成为中世纪史上中国教育的主要特色。孔子教授生徒，以"六经"为固定教材，以传授道德、思想文化为基本内容，也为后世确立了不变的教学原则。

在教育理论和教育思想方面，孔子确定的教育思想体系，几乎一成不变地被继承、沿袭下来，至今仍有许多宝贵的精华值得继续发扬。他倡导的"不愤不启，不悱不发""举一反三"等启发式教育思想，他提出的"学而不厌，诲人不倦"的教学精神，他强调的"学而不思则罔，思而不学则殆"的辩证学习方法，他身体力行的"三人行，必有我师焉""敏而好学，不耻下问"的虚心求学精神，以及"当仁不让于师"的师生为学平等观点等等，都对中国两千多年来的教育理论，产生了极为深远的影响。孔子对中国教育的贡献，他作为至圣先师的地位，也是没有第二个人可以与之并提的。

创立中国儒家学派

孔子在整理古代文化遗产的基础上，通过对当时社会的深入思考，形成了自己独具特色的社会思想体系，并通过授徒讲学的途径，形成了一个以孔子为先师的儒家学派。这个学派的基本特点是：

以孔子为宗师，以孔子整理、编纂的"六经"为经典，有固定的研习、传授内容；

重视伦理道德，坚持一套以"仁"为核心的伦理思想体系，以仁义为行为准则，维护君臣、父子、夫妇、兄弟等伦常关系；

倡导修身、齐家、治国、平天下的入世哲学，立志以天下为己任，积极入仕，参与社会；

主张德治仁政,阐发以"民本"为核心的政治思想;坚持"中庸""忠恕"之道,倡导"和为贵"的处世原则;重视个人修养,阐述为仁由己的修养原则。

孔子所开创的儒家学派,在两千多年的历史中也不断发展变化,后儒的不少学说、主张已背离了孔子学说的本意,但上述几个基本特点,一直是儒学的中心思想。儒家学说在中国封建社会占据统治思想的地位,儒学被定为官学,所以,儒家学说对中华民族的发展,对中华民族性格的塑造,起了巨大的支配作用。这一支配作用,有积极方面,也有消极方面,不管是积极还是消极,孔子思想支配了我们这个民族的发展,则是一个历史的事实。我们民族的文化思想的发展,灿烂的中华文化成就,无论如何,是与孔夫子这位先师分不开的。司马迁在《史记·孔子世家》中说:"《诗》中有言:'像高山一般令人敬仰,像大道一般让人遵循。'虽然我达不到这个境地,但心中总是向往。我读了孔子的书,可以想到他为人的伟大。天下的君王贤人多得很,他们在世时荣华显贵,但死后则一了百了。唯有孔子,他是布衣,传了十余世,学者都崇仰他。自天子王侯以下,凡是研讨'六经'的人,都以孔子的话为最高的衡量标准。真可算是至圣了!"司马迁为孔子立下了千古定论。

（3）走下圣坛的形象

在世界历史上，许多伟大人物的影响，多半是由于他们的人品，而不是他们的学问和业绩。随着历史的变迁，任何学问和业绩都会化作历史的陈迹，而唯独那令人倾慕的人品、人格、道德风范，万古生辉，激励着一代又一代的人。孔子也是如此。孔子的品格，可以从以下几方面去了解。

安贫乐道，追求真理 孔子的一生是在贫困和磨难中度过的，已为前文所证明。但是，无论怎样艰难曲折，甚至断粮七日，都不能改变他追求真理的决心。他教育学生"谋道不谋食""忧道不忧贫"，自己一生孜孜以求的是用仁道去匡救当时的离乱之世。为追求这样的政治理想，他"饭疏食，饮水，曲肱而枕之，乐亦在其中矣。不义而富且贵，于我如浮云"。吃粗粮，喝白水，弯着胳膊作枕头，就是孔子的日常生活，并且乐在其中。那些用不正当手段得来的富贵，他视若浮云。他对真理的矢志不渝，用他自己的话说："朝闻道，夕死可矣。"只要早晨得到了道，就是晚上死了也值得。为真理而献身，这就是孔子最重要的品格。

敏而好学，乐观进取 孔子一生积极求学，乐此不疲。他自己说过："十室之邑，必有忠信如丘者焉，不如丘之好学也。"从忠信上说可能有人赶上孔子，而像他那样好学的人就不多了。他讲到自己的为人时说："发愤忘食,乐以忘忧,不知老之将至云尔。"乐观而忘我地求学进取,甚至连衰老的到来都不知道。孔子认为,学习是做人的基础,所以他一贯倡导"博学于文""敏而好学",对刻苦求学的精神品质大加赞赏。关于学习,他有许多名言,如"学如不及,犹恐失之",就是说,学习就像老赶不上那样,也害怕会有所丢失;"学而时习之,不亦说乎";"三人行,必有我师焉";等等。刻苦求学,忘我工作,乐观进取,这是孔子人格的又一显著特点。

和蔼温逊,诲人不倦 孔子对人和蔼可亲,谦卑自处。《论语·学而》篇中,子贡说到孔子对人的态度,用了"温、良、恭、俭、让"五字,很是贴切。温和、善良、恭敬、俭朴、谦让,可谓至善之美德。有这样一件事,一个村子里的居民因不老实而遭人讨厌,而该村的几个年轻人想见孔子,孔子居然也接见了他们,几位弟子对此颇不以为然。孔子说:"为什么对他们那么凶?我认为,重要的是他们肯来向我请教,而不是他们走后的行为如何。人家既然诚心诚意来见我,我就要重视人家那份诚意。要赞成别人进步,而不要老抓住别人以往的错误不放。"这是多么宽广的胸怀。这种品格表现在教学中,就是一种诲人不倦的精神。孔子的诲人不倦,也有多种表现:一是有教无类,不论是什么人,只要前来求学,他"未尝无诲焉"。二是循循善诱,耐心地引导人把学习引向深入。颜回曾这样描述孔子的教学:"夫子循循然善诱人,博我以文,约我以礼,欲罢不能,既竭吾才。"说孔子善于引导学生,使学生想停也停不下来,竭尽所有的才智去学习。三是反复讲解,不厌其烦。《论语》中讲"仁"有许多说法,即是孔子诲人不倦的证明。对不同的人,他针对各人的特点去讲"仁",因材施教;对同一个人,他从不同的方面去讲"仁",加深学生的理解。温良恭俭让,乐于教人,又善于教人,循循善诱,诲人不倦,这就是孔子作为一个师长的风格。

立身立言,躬行实践 作为一个教育家、思想家,孔子一方面注重自身的示范表率作用,立身立言,率先垂范,要求学生做到的,自己都首先做到;另一方面,他特别重视一个"行"字,在道德实践上下功夫,在理论与实践的联系上下功夫。孔子教学,主要是从四个方面教育学生,即"文、行、忠、信"。"行"就是实践。他反复强调,"君子欲讷于言而敏于行",主张少说多做;"先行其言而后从之",先做后说;"言之必可行",说到做到;"听其言而观其行",要求言行一致。他反对"言而过其行""躬之不逮"的说到做不到或光说不做的伪君子作风。譬如,他提倡"不贰过""过则勿惮改"的精神,勇于改正错误,多自省、自责,而实际上他就是这样做的。当别人指出他的过错时,他说"丘也幸",认为被别人指出自己的过错是一种幸事。他还多次检查自己,"躬行君子,则吾未之有得",说自己还没有做到身体力行的要求。他提出"仁者爱人"的伟大思想,而他一生都在为实现这一道德理想而奋斗,直到"不知老之将至"的程度。言行一致,躬行实践,这是孔子作为一个思想家、教育家最可宝贵的品格。

孔子的理论不见容于当世,对今天来说更有许多已经过时,而他的人品、人格、道德风范,确如司马迁所说,"高山仰止,景行行止。虽不能至,然心乡往之",令人敬仰而向往。

要为孔子写传,不管如何简略,都不应忽视对这位伟人的真实形象的描述。千百年来,孔子地位日隆,人们对之顶礼膜拜,把他变成了一尊偶像,一个整日板着面孔,好为人师,不苟言笑,没有人之真情的圣人。其实,大凡思想丰富的人,感情也特别的真挚丰富,越富有人之真情。接下来,我们就用有限的篇幅,来描述一下走下圣坛的孔子形象。

人之真情 关于孔子的恋爱,没有任何记载,但《论语》中孔子论诗的一句话,则透出他对爱情的看法。《子罕》篇载:"'唐棣之华,偏其反而,岂不尔思?室是远而。'子曰:'未之思也,夫何远之有?'"前几句是《诗经》中的一首爱情诗,意思是说,唐棣树开花,摇来摆去先开后合,难道我不想念你?只是住处相隔遥远。天各一方的两个情人,其中一个在表白心迹。孔子评论道:你就是不想念,如果真的想念，怎么会觉得遥远呢？可见孔子对爱情是真有体验的。

孔子很容易动感情。颜回死，他悲恸至极，70岁的老人了，哭得浑身抽搐颤动，有人劝他不要太伤心了，他说："我哭得太伤心了吗？我若不这么哭他，还为谁这么痛哭呢？"而对那些令人厌恶的人，他动起感情来又骂又打。《宪问》篇载，有一个叫原壤的人，小时不孝，长大不才，饱食终日，无所事事，有一次，孔子走到他跟前，说："你小时候不孝不悌，长大没有出息，现在老了还不死掉，真是一个害人虫。"说完还用拐杖敲他的小腿。一个老泪纵横的孔子，一个出口伤人的孔子，在孔庙的殿堂上是不可能看到的。然而，这才是至真至切的人之真情。

师徒之间 孔子是一位严师，对此大量的材料可以说明。但平时和学生相处，他却相当随和，似乎看不到多少师道尊严，有时开几句玩笑，急了还免不了赌咒发誓。在周游列国的困境中，孔子问他的学说为什么行不通，连问了三个学生，只有最后颜渊的回答使他满意。他高兴地对颜渊说："回呀回，你若家中富有，我愿给你当个管家。"学生对他也很随便，时有玩笑话出现。他们师徒在匡地被围，突围后颜回最后赶到，孔子说："我以为你死了呢。"颜回回答说："老师，您还健在，我怎么敢死！"多么随和融洽的师生关系。孔子在学生面前，也不太顾及作为尊师的形象，真情所至，随意洒脱。《雍也》篇载，孔子在卫国，曾经去拜见过卫灵公的夫人南子。南子是很受卫灵公宠爱的风流王后，淫荡专横，声名很糟。不知为什么她忽然想见孔子，于是派人给孔子传话，说要想得到卫君重用，必须通过她。孔子不得已，只好去见这位风流王后。对此，子弟们多有不满，说这种做法和孔子平时的说教不合。但别的弟子都不明说，粗鲁的子路却怒形于色，当着孔子的面提出质问。孔子有口说不清，赌咒发誓说："我如果做了不正当的事情，让上天厌弃我吧！"这些事都见诸《论语》。看来，谈笑风生，赌咒发誓，也是孔门师徒之间的真实情景。孔子不是也活得很真实吗？

诙谐风趣 孔子不仅不是一个只会板着面孔的人，而且还相当幽默、诙谐、风趣。《子罕》篇载，有个人讥讽孔子说："孔子这人真伟大呀，学问渊博，可惜没有什么一技之长。"孔子听到这话后，对弟子们说："我该专心干什么技艺呢？赶车吗？射箭吗？唉，我还是学赶车吧！"一句笑话就抵御了对他的冷嘲热讽。据《孔子世家》载，孔子师徒在宋被桓魋追杀失散后，逃到郑国。孔子一个人站在外城的东门口，有个人看见了，对寻找孔子的子贡说："东门那里站着一个人，他的额头像唐尧，脖子像皋陶，肩膀像子产，可是腰以下比大禹短了三寸。一副疲惫倒霉的样子，累累若丧家之犬。"子贡见到孔子，把这话如实讲了一遍,孔子大笑起来,说:"我的相貌像不像圣人,我不知道。他说我累累若丧家之犬,还真像啊,还真像啊!"刚刚摆脱追杀,惊魂未定,接着就是风趣的一阵大笑。诙谐风趣真孔子也!

嗜好音乐 孔子还是一位很有修养的音乐家。他曾就学于苌弘、师襄子等音乐大家,精通音律,会作词谱曲,且长于歌唱。梁启超评论孔子的爱好音乐曾说过这样的话:"我想孔子若在今日当教育总长,一定要像法国样子,将教育部改为教育美术部,把国立剧场和国立学校看得一样的重,他若在社会上当个教育家,一定是改良戏曲,到处开音乐会,忙个不了。"熟悉有关孔子文献的人,对梁启超的话会有同感。孔子在齐,闻《韶》乐"三月不知肉味"。被困于陈蔡,绝粮七日,学生们饿病,他还要弹弦歌唱,引起学生们的不快。他在卫国不被重用,想去晋国拜见赵离子,走到黄河边上,听到他的朋友窦鸣犊和舜华被杀的消息,便作词谱曲唱了起来:"周道衰微,礼乐陵迟,文武既坠,吾将焉师?周游天下,靡邦可依。凤鸟不识,珍宝枭鸱,眷然顾之,惨然心悲!巾车命驾,将适唐都,黄河洋洋,攸攸之鱼,临津不济,还辕息鄹。伤予道穷,哀彼无辜,翱翔于卫,复我旧庐,从吾所好,其乐只且。"可谓凄凄惨惨戚戚。朋友的不幸,命运的不济,大道陵迟的愤怒,壮志难酬的遗憾,交织在一起,尽情地宣泄。具有如此充沛之情感的孔子,与宋代以后被儒家后学描绘成槁木死灰般道学家形象的孔子,俨然判若两人。

人们需要认识的是一个真实的孔子。这有限的篇幅,对孔子的真实形象,只能做如上简单勾勒。

(4)至圣先师的地位

孔子一生郁郁不得志,67岁返鲁后生命的最后几年,生活才比较稳定,国君以元老待之;然生活依旧贫寒,连最得意的弟子颜回死时,他都不能给予任何资助,足可见孔子生前处境的艰难。当然,在学问上,他还是得到了普遍的承认,《论语》中已有时人称他为"圣者"。孔子死后,随着儒家学派的发展,以及汉代以后儒学统治地位的确立,其地位日益显赫。

孟子说,孔子"古圣人也"。

荀子说,孔子学说"通于四海……是之谓人师"。

司马迁说,孔子"可谓至圣矣"。

以上是后世学人的评价。从统治者方面考察:

汉高祖十二年(前195年)冬十一月,刘邦过鲁地,"以大牢祠孔子",是大一统天下祭孔的第一个君主。

汉武帝独尊儒术,为后世确立孔子至圣先师的地位奠定了基础。

汉平帝时追谥孔子为褒成宣尼公,开后代君主追谥孔子之先河。

唐太宗贞观二年（628年），诏以孔子为先圣，奉之于国学。贞观四年（630年），诏州县学皆立孔子庙。贞观十一年（637年），诏尊孔子为宣父。

武则天天授元年（690年），封孔子为隆道公。

唐玄宗开元二十七年（739年），谥孔子为文宣王。

宋真宗大中祥符五年（1012年），诏追谥孔子为至圣文宣王。

元成宗大德十一年（1307年）秋七月，诏加号先圣曰大成至圣文宣王。这是孔子最高谥号的全称。

明嘉靖九年（1530年），称孔子为至圣先师。

清顺治二年（1645年），定称大成至圣文宣先师孔子。

顺治十四年（1657年），改称至圣先师。有清一代，此称不变。

历代统治者的尊孔，虽都出于一定的政治需要，但也毕竟从一个方面反映了孔子的历史地位。不论怎么评价，孔子作为中华民族的圣人，其伟大教育家的形象，甚至在世界范围的大思想家的地位，是任何人都无法否定的。

2.《论语》的结集与流传

孔子整理"六经"，建树了巨大的文化业绩，但他一生述而不作，没有留下亲自撰写的著作。所幸后世弟子门人将其平生言论选择编纂成书，留给了后人，这就是《论语》。

《论语》是本语录体的书，集录了孔子及其若干弟子的言论和行为。既是语录，就是一些相互没有什么联系的段落或短语，大部分都是一句话，甚或是几个字，从结构上看很是散乱。这些话都是从孔子及弟子们的大量谈话记录中精选出来的，初读时会感到十分突兀，因为它离开了原始的语言环境。譬如，"子曰：'君子不器。'"这就是一段；"子曰：'有教无类。'"这又是一段。遥想孔子当年，谈笑风生，诲人不倦，谈起话来即使再谨慎，也绝不会一次只说几个字，叫人摸不着头脑。有人提问题，孔子来回答，既有语言背景，又有老夫子详尽的讲解，现在只留下了三四个字，初读确实会感到突兀难解，一时不知老夫子从何谈起。但是，倘若多读上几遍，再仔细去体会玩味，就会有了些津津有味之感。正因为这些短语是从大量谈话记录中精选出来的，所以大多是警句名言，含义无穷。若能再联系生活实际、生活经历，定能引起无尽的遐想。如果对《论语》能读到这种地步，非但不会再有枯燥突兀之感，而且会将其当作为人处世、生活工作的真正手册。《论语》千载传颂，魅力即在于此。

（1）《论语》的结集与命名

《论语》是什么时候结集而成，最后由谁编纂定稿，这个问题已无法准确说定。然而，可以有个大致的推断。

《汉书·艺文志》载："《论语》者，孔子应答弟子、时人及弟子相与言而接闻于夫子之语也。当时弟子各有所记。夫子既卒，门人相与辑而论纂，故谓之《论语》。"这段话大体上说出了《论语》成书的由来。《论语》中记的是孔子对弟子们的谈话、孔子对同时代人的谈话、孔门弟子听了孔子的谈话后的相互讨论等。对这些谈话，当时的弟子各有笔记。孔子死后，弟子们把自己的笔记对照、辑录、整理，最后形成了《论语》。

但据上边所引，最后的辑录者是孔子的门人。"门人"可以理解为弟子或弟子的弟子。孔子本人的学生就很多，第二代弟子就更难以计数，到底是成于何人之手，学术界看法不一。从《论语》本身看，有可能是成书于曾参的弟子之手。曾参是孔子学生中年纪最轻的几个人之一，享年70余岁，其死晚孔子四五十年。他晚年居于鲁，死于鲁，是孔门学派在鲁国的主要领导人，对孔子言行的整理有可能与他有关。最重要的证据是，《论语》记孔子其他学生的话都称字，如"子游""子夏"等，唯独记曾参的话却一律称"曾子"，采用尊称。这说明，《论语》的编辑者对曾参特别地敬重,推断为曾参的学生可能不错。

这样,《论语》编纂的大致年代也可以推定。曾参死于公元前434年,《论语》成书的上限不可能早于公元前434年。《孟子》中引有不少孔子的话,都与《论语》中孔子的话相同或大体相同,这说明孟子读过《论语》,孟子生于公元前372年左右。可以大致认定,从公元前5世纪晚期到公元前4世纪初年,是《论语》结集成书的大体年代。编辑者是孔子再传弟子,是曾参的学生,但当时的《论语》还没有确定的名称。

《论语》的最后命名,大概在西汉前期。为什么取名《论语》,说法不一。清人段玉裁的《说文解字注》中,解释"论""语"二字说:"凡言语循其理,得其宜谓之论","与人相答问辩难谓之语"。这种解释有可能即命名者的本意。他们认为,此书既是记录孔子与弟子及时人答问辩难的话语,而这些话又合乎道理、适宜得体,多是至理名言,故取"论""语"二字以合称之。

(2)《论语》的传本

从战国到汉初,中间虽经过秦始皇的焚书坑儒,但《论语》的流传却不曾中断。秦汉之际,叔孙通(鲁人)、陆贾(楚人)、贾谊(洛阳人)、韩婴(燕人)等,在他们的著作中都曾引过《论语》中的话,说明此书在当时流传很广。

在中国书籍的简册时代,传播方式赖于手抄,再加上师承系统不同,同一本书就会有不少传本,不同的本子差异很大,篇目竟有不同。《论语》传播广泛,版本自然也会杂乱。到西汉中期,流传最广的《论语》本子有三种:

第一,鲁《论语》,20篇,篇目与现在读本相同。该本在鲁国旧地流传,汉代的传人有夏侯胜、韦贤、萧望之等,都是鲁人。

第二,齐《论语》,22篇,比鲁《论语》多《知道》《问王》两篇。该本在齐国旧地流传,传人有王吉、贡禹、王卿、庸生等,都是齐人。

第三,古《论语》,21篇,无齐《论语》中的《知道》《问王》两篇,而将鲁《论语》中的《尧曰》一分为二,所以基本内容同于鲁《论语》,只是编次不同。古《论语》是在汉景帝时发现的。景帝的儿子刘余由淮阳王改封鲁王,为了扩大宫室,拆除孔宅旧壁,遂得《尚书》《论语》,字像蝌蚪状,故称古《论语》。

西汉晚期,汉成帝的师傅张禹,以鲁《论语》为根据,兼采齐《论语》,将二者融合,成《张侯论》。因为张禹影响大,地位高,当时出现了"欲为《论》,念张文"的局面,学者多从张氏,其他本子渐被淘汰。《张侯论》主要是保留了鲁《论语》的面貌。东汉末年,大经学家郑玄又以《张侯论》为本,参考古《论语》作《论语注》。从此《论语》

有了最后的定本，传习至今。

今本《论语》20篇，512章。20篇的篇名依次是《学而》《为政》《八佾》《里仁》《公冶长》《雍也》《述而》《泰伯》《子罕》《乡党》《先进》《颜渊》《子路》《宪问》《卫灵公》《季氏》《阳货》《微子》《子张》《尧曰》。每篇多则40余章，少则仅有3章。而所谓512章，也就是512段话，一段一句即为一章。篇名的选定，并非现代著作或文章的题目，表达篇章的主题；古代著作无题，标题或篇名即该篇第一句话的前两个字。譬如《学而》，该篇第一章为"子曰：'学而时习之，不亦说乎？'"，这句话前两字是"学而"，就用它作篇名。又如第16篇，第一句话是"季氏将伐颛臾"，篇名即《季氏》，不能以为它的篇名有什么确定的立意。

（3）经学地位的确立

《论语》成书之后，一直是流传较广的蒙学读本。一般治学问的人，都要从《论语》读起。但在秦统一前，百家争鸣，儒学虽是显学，是当时最大的学派，却也没有特殊的优越地位，所以《论语》也没有可能被特别强调。秦统一后，法家走红，儒家遭到厄运，《论语》当然也在被焚之列。但秦汉之际的学人，大多是熟读《论语》的，这从他们自己的著作中可以得到证明。可以说，在汉以前，《论语》是作为一般文化读本而流传的。

刘邦立国,曾以大牢之礼祭祀孔庙,抬高了孔子的地位,《论语》的地位也随之改善。汉文帝置博士官时,设了《论语》博士。这是《论语》第一次被钦定为官学。

汉武帝采纳董仲舒的建议,罢黜百家,独尊儒术,从根本上奠定了儒家学派的地位,自然也为《论语》在后来愈发被重视打下了基础。武帝时兴办太学,为国立最高学府,《论语》被选作基本教材。这从太学教师"博士"的任职资格可以看出。东汉太学博士的一份保举状中说:"生事爱敬,丧没如礼。通《易》《尚书》《孝经》《论语》,兼综载籍,穷微阐奥。"这是对被推荐人的学术鉴定。可见,通《论语》是选举太学博士的基本条件。太学生要学习《论语》课程是无可怀疑的。西汉时《论语》并不称经,但却与"五经"并列为太学教材。

从文献上看,东汉出现过"七经"之说,但对"七经"没有具体解释。全祖望在《经史问答》中说:"七经者,盖六经之外加《论语》,东汉则加《孝经》而去《乐》。"这是一种推猜。不过,东汉确实有一桩经学盛事,表明了政府对《论语》经学地位的肯定,这就是历史上有名的"熹平石经"。

东汉熹平四年(175年),为了统一经学,规范太学教材,用今天的话说就是要使用部颁统一教材,于是有了一桩镌刻石经于太学门外的盛举。即把标准本经书刻在大石碑上，公之于众，统一版本。这部石经镌刻有《鲁诗》《尚书》《周易》《春秋》《公羊传》《仪礼》《论语》等典籍。熹平石经，是我国古代由政府统一颁布的第一套标准教材，是经学史上第一部公之于世的官定经书。这说明东汉政府已肯定了《论语》的经学地位。

《唐书》中出现了"九经"之名，但对"九经"有不同说法。其中之一，认为"九经"是《诗》《书》《易》《春秋》《仪礼》《周礼》《礼记》《论语》《孝经》。不过唐代"九经"是否包括《论语》，难成定论。

唐文宗大和年间（827—835年），刻"十二经"立石于国学，在传统的"九经"《周易》、《诗经》、《尚书》、三《礼》、三《传》的基础上，增加《论语》《孝经》《尔雅》。

五代时蜀主孟昶石刻"十一经"，于唐"十二经"中去掉《孝经》《尔雅》，而增加《孟子》。《论语》仍填于经书之列。

宋代是经学史上将儒学经典最后定名的时期。五代的《孟子》初入经类，尚未巩固。至宋，先有二程兄弟，后有朱熹等大力提倡，《论语》《孟子》受到特别重视，最终巩固了此二书的经学地位。于是，宋代确定的"十三经"便是:《周易》、《诗经》、《尚书》、三《礼》、三《传》、《论语》、《孝经》、《尔雅》、《孟子》。自此之后，儒家经典

"十三经"再无改变。

战国至宋一千多年中,《论语》从广泛流传的蒙学读本,逐渐被确定为官学典籍,跻身经学之列,地位日益提高。这一方面赖于统治者的重视、拔高;另一方面是它确实受到了人们的欢迎。它那博大宏伟的思想体系,博爱仁慈的伟大精神,万古不变的格言警句,富有人生哲理的思辨色彩,吸引了一代代学人去诵读,去思考,从中发现人生的真谛,学习为人处世的经验、智慧。和任何伟大的历史宝典一样,《论语》万古流传的生命力,正在于它自身。它确实是一本令人回味无穷的箴言集。

3.《论语》与中国人

(1)《论语》的社会传播途径

在中国,没有任何一本书能像《论语》那样,对社会全体成员都产生那么广泛而深刻的影响。在传统帝制时代,不管是八十老翁,还是十来岁的顽童;不管是读书识礼之人,还是一字不识的村夫野老,几乎没有不知道孔子和《论语》的。尽管大多数人因不识字而没有直接读过《论语》,但几乎每一个人都能说出几句孔夫子的话来。《论语》中的许多思想,对于中国人来说,已经浸透在脑海里,躬行在实践上,人人都自觉或不自觉地奉行着夫子之道。李泽厚先生在《美的历程》中说:"汉文化所以不同于其他民族的文化,中国人所以不同于外国人,中华艺术所以不同于其他艺术,其思想来由仍应追溯到先秦孔学。不管是好是坏,是批判还是继承,孔子在塑造中华民族性格和文化—心理结构上的历史地位,已是一种难以否认的客观事实。"此言极是。而孔子的思想,就最集中地体现在《论语》中。那么,《论语》是如何传播的?它怎样走到了人民中间?

学校教育的普及 孔子"有教无类"的教育原则,是中国教育史上的一场革命,它从此打破了古典的贵族教育模式。汉代开始大办官学,而教育对象已不再是先秦时代的贵族子弟,而是向全社会开放。汉代太学最盛时,学生多至3万人,有不少是自费求学的庶民子弟,学生分布之广也颇惊人。西晋时太学生较东汉为少,减至万人,但从晋太学《辟雍碑》看,当时的学生分布相当广泛,"东越于海,西及流沙"。碑阴列学生384人的姓名和籍贯,其籍贯表明,这些人来自15个州,70多个县,并有西域学生4名。而碑阴具名者只是太学生数的1/25。从晋《辟雍碑》可以想见东汉太学3万生员分布的广泛性。再加上当时还有宫邸学、鸿都门学,以及为数众多的地方郡国学校,可以推知,东汉学校教育最盛时,全国在校学生不下5万人。以汉代人口最盛时计,全国人口5000余万,千人之中即有一人在国立大学或郡国学校读书。另外还有无法统计的私人讲学,还有贫不能入学而又转向读书识字者,实际读书求学的人数应占更大的比例。在所有官私学校中,《论语》都是基本教材。据《后汉书》记载,镌刻有《论语》的熹平石经颁布后,"其观视及摹写者,车乘日千余辆,填塞街陌"。可见,仅官学教育这一个方面,已经把儒家经典普及到了怎样的程度。汉代以孝治天下,在儒家经典中,特别重视《诗经》《论语》《孝经》对一般人民的教化作用。再加上这几种典籍文句简短易懂,适宜作为蒙学读本,于是其普及程度也更为广泛。《论语》早在汉代已开始以潜移默化的方式塑造我们这个民族的心灵。

循吏的教化 自汉中期以后至明清,历代循吏的教化功能,也是儒家思想广为普及的重要途径。所谓循吏,按照《汉书·循吏传》颜师古的注解:"循,顺也,上顺公法,下顺人情也。"循吏的基本特点,即不以严刑峻法治民,而重视化民易俗,以教化为本。武帝独尊儒术之后,官吏都是诵习儒学出身,其循吏的特点即体现了《论语》所讲的为政原则:"富之""教之""无讼"。汉以后,历代循吏的为政方略,无外乎这样三部曲:首先,兴修水利,劝耕农桑,使民富裕;其次,富而后教,兴办学校,教化于民,移风易俗;最后,在教化的基础上,培养起谦让好礼、温柔敦厚的民风,消除争讼案件,社会大治。中国帝制时代吏治的一大特点,即官吏集政教于一身,既是官又是师,兼有重大的教化使命。而教化即普及儒家经典。

西汉晚期,有一部流传极广的小学教科书——《急就篇》,是蒙童的识字教材,其中云:

> 宦学讽《诗》《孝经》《论》,《春秋》《尚书》律令文,治礼掌故砥砺身。

宦学即吏学,为官之学。要当官就必须得读《诗经》《孝经》《论语》《春秋》《尚书》和国家律令,这是做官的基本条件。《急就篇》把《诗经》《孝经》《论语》列在前边是有道理的。《诗经》在汉代被当作一部"谏书",即儒生持"道"以议政的一部宝典,而《孝经》《论语》则是教化思想的总汇。由此可知,汉代循吏实行教化的使命,主要是传播《孝经》《论语》的思想。历代循吏的实际作为,也都证实了他们对《论语》思想的遵循。

《汉书·循吏传》载,南阳太守召信臣,"为人勤力有方略,好为民兴利,务在富之。躬劝耕农,出入阡陌,止舍离乡亭,稀有安居时。行视郡中水泉,开通沟渎,起水门提阏凡数十处,以广灌溉,岁岁增加,多至三万顷。民得其利,畜积有余。信臣为民作均水约束,刻石立于田畔,以防分争。禁止嫁娶送终奢靡,务出于俭约。府县吏家子弟好游敖,不以田作为事,辄斥罢之,甚者案其不法,以视好恶。其化大行,郡中莫不耕稼力田,百姓归之,户口增倍,盗贼狱讼衰止"。召信臣所做之事有四:富民,提倡节俭,教化,减少狱讼。可以说,召信臣完全是按照《论语》中孔子的教导去躬行实践的。

从实践上看,汉代官吏兼及教化功能,大概始自汉景帝时的循吏文翁。文翁为蜀郡太守,"仁爱好教化。见蜀地辟陋有蛮夷风,文翁欲诱进之,乃选郡县小吏……遣诣京师,受业博士,或学律令"。"数岁,蜀生皆成就还归,文翁以为右职。""又修起学官于成都市中,招下县子弟以为学官弟子,为除更繇,高者以补郡县吏,次为孝弟力田……每出行县,益从学官诸生明经饬行者与俱,使传教令,出入闺阁。县邑吏民见而荣之,数年,争欲为学官弟子,富人至出钱以求之。繇是大化,蜀地学于京师者比齐鲁焉。"(《汉书·循吏传》)文翁开地方官以儒学化民之始,亦开地方郡国办学之始。此后,经过中央政府的提倡,郡县守令都把教化作为重要职责,这一传统两千年相沿不衰。汉以后史籍中也多见记载:

《后汉书·文苑传》载,刘梁为北新城长,"大作讲舍,延聚生徒数百人,朝夕自往劝诫,身执经卷,试策殿最,儒化大行"。

《三国志·杜畿传》载,杜畿任河东太守,"崇宽惠,与民无为……百姓勤农,家家丰实。畿乃曰:'民富矣,不可不教也。'于是冬月修戎讲武,又开学宫,亲自执经教授，郡中化之"。

《宋史·程颢传》载，颢为晋城令，"乡必有校，暇时亲至，召父老与之语。儿童所读书，亲为正句读，教者不善，则为易置。择子弟之秀者，聚而教之。乡民为社会，为立科条，旌别善恶，使有劝有耻。在县三岁，民爱之如父母"。

《宋史·黄榦传》载，黄榦知汉阳军，"所至以重庠序，先教养"。

《宋史·黄灏传》载，黄灏"知德化县，以兴学校、崇政化为本"。

《明史·循吏传》载，方克勤任济宁知府，"立社学数百区，葺孔子庙堂，教化兴起"；段坚为南阳知府，"召州县学官，具告以古人为学之指，使转相劝诱。创志学书院，聚秀民讲说'五经'要义，及濂、洛诸儒遗书。建节义祠，祀古今烈女。讼狱徭赋，务底于平。居数年，大治"。

类似例子在"二十四史"中俯拾皆是，不多赘举。以教化为己任，"以儒术饰吏民"，是中国官吏在儒学定为一尊之后的为官之道。它一方面将孔子的思想体现在政治行为之中，对老百姓是一种无形的影响，是对儒学的潜在宣传；另一方面，兴学施教，是对儒学的直接宣传。再加上平时理讼断案，处理民事纠纷，无不以儒学为宗旨，以《论语》格言为准则，这样，两千年相沿不衰的持久影响、熏陶、同化，孔子的儒学思想，自然而然地就变成了中国民众的集体意识，成为一种带有民族共性的文化修养。于是，孔子学说也就起到了一种塑造中华民族性格、铸造中华民族之魂的作用。

科举制的推动 《论语》走向民间，走向普通中国人的心中，还有最基本最重要的一条途径，那就是隋唐以后的科举制度。科举制度是中国古代选官制度的重大变革，它打破了贵族垄断政治的局面，给了下层庶民百姓以进入仕途的机会。不管什么人，只要一张卷子答得好，就可以金榜题名、登科及第，获得高官厚禄。科举入仕，对全体社会成员，都产生了巨大的诱惑力。而这种读书做官的需要和欲求，就把中国古代的文化事业最大限度地推向了普及。在世界文化史上，读书人比例之高，中国为最，这便是科举取士刺激和推动的结果。

《论语》的走向民间，日益普及，就受惠于科举考试的刺激和推动。唐代科举，主要是明经科和进士科。明经科考试，把《诗》《易》《尚书》、三《礼》、三《传》等"九经"分为大经、中经、小经三类，搭配选择，通六经为及格，所考何经，考生有选择的权利，而《论语》《孝经》则为共同必试科目。也就是说，明经科考试时，《论语》在必考之列，虽不入经，但比经还重要。宋代大体也是如此。这就促使天下应考明经科的人，将《论语》作为必考科目去准备。决定《论语》普及广泛性的关键一步，是朱熹的《四书章句集注》。朱熹认为，学习儒学，四书最为重要。他说"《语》《孟》《中庸》《大学》是熟饭，看其它经，是打禾为饭"，缓不济急，因此，应先读四书，再及他经。于是，他穷毕生精力去注解四书，字字咀嚼，逐字称等，数易其稿，用力极深，待《四书章句集注》刊行后，很快就风行天下，并逐渐取代了"五经"的地位。元仁宗皇庆二年（1313年），颁诏开科举士，规定考试程式如下：

> 蒙古、色目人，第一场经问五条，《大学》《论语》《孟子》《中庸》内设问，用朱氏章句集注。其义理精明，文辞典雅者，为中选。第二场策一道，以时务出题，限五百字以上。汉人、南人，第一场明经经疑二问，《大学》《论语》《孟子》《中庸》内出题，并用朱氏章句集注，复以己意结之，限三百字以上……（《元史·选举志》）

这道诏书至关重要，它不仅规定了四书为开科取士的必读教材，而且指定朱熹的《四书章句集注》为考试的标准答案，这一规定直到明清都循而未变。这道诏书之后的六百年间，所有应考之人，不仅把主要精力用在读"四书"上，而且只需抱住朱熹的一本集注即可。这六百年间，朱著《四书章句集注》成了全国各级各类学校的基本教材，《论语》警句也就以独尊的地位成了全国所有学子的口头禅，以往学子口头的"子曰诗云",至此也只剩下了"子曰"二字。

　　普及的广泛性究竟如何,这需要推断一下读书的人数。因为科举取士是向全社会开放的,这就使得只要有口饭吃的人,都尽可能供孩子去念书求学,以圆其做官的梦想,从而使古代读书人数量达到最大限度。有人统计北宋元符三年(1100年)的有关数据:全国人口1亿,科举出身的即有35 800人。如果按百人读书能有一人考中这个"百里挑一"的习惯说法,那么,当时的读书人会有358万人,占全国总人口的3.58%。元、明、清三代的比例应该更大。这就是说,在宋代以后,一个一二百人的村庄,就少不了有五六个读书人,他们虽不一定能中举耀祖,却也因此而懂得了孔孟之道、夫子之语。这些人在村子里具有明显的优越地位,是读过圣贤书的知书达理之人。村里发生的许多问题,都要请他们去调停,去解决;而这些人,则通过他们与村民们的各种复杂联系,而把孔孟圣人之教,传布于村民之中。独尊儒术、以儒学取士的最大成果,就是发明了一条统一全国人民思想的最佳途径,搭起了儒家思想亦即帝制国家统治思想与下层人民沟通的桥梁。这大概是科举制的设计者所没有想到的。从此,儒学开始去直接武装下层人民,塑造普通中国人的形象,最终取得了支配国民精神的垄断地位;而儒学中的警语箴言——《论语》,也就成了普通中国人最基本的精神食粮。即使在今天的中国，人们还会感受到这样的文化气息：一个普通的中国人，从没有见到过《论语》的任何版本，甚至也不具备阅读《论语》的基本能力，更甚而他一字不识，然而，从他嘴里却不定能冒出一句孔子的什么话来。

（2）现代生活中的《论语》

的确，《论语》还活在我们现代人的生活中。我们口头上的许多词汇、格言，一般人并不考究它的来源。但若有兴趣去仔细考察，就会知道，它原来是出自圣人之口，我们今天还受惠于孔夫子的教诲呢！孔子的名言很多，单见于《论语》，并在今天仍具有生命活力，不断被传诵、使用的，就有100多条。下边，我们略举些例子，以示我们现代生活与《论语》的关系。

任重道远 《论语》原话是："士不可以不弘毅，任重而道远。仁以为己任，不亦重乎？死而后已，不亦远乎？"这是孔子学生曾子的话，强调读书人要心胸宽广，意志刚强，以期将来担负社会重任。

杀身成仁 《论语》原话是："志士仁人，无求生以害仁，有杀身以成仁。"志士仁人应该有牺牲自己而成全仁道的献身精神。

三军可夺帅也，匹夫不可夺志也 《论语》原话。强调人要有志气，有独立人格。

四海之内皆兄弟也 《论语》原话。

见义勇为 《论语》原话是："见义不为,无勇也。"

朝闻道,夕死可矣 《论语》原话。早上获得真理,晚上即死也值得。强调人生的最高目标是追求真理。

君子喻于义,小人喻于利 《论语》原话。指出君子与小人生活态度的根本区别。

发愤忘食,乐以忘忧,不知老之将至 《论语》原话。发愤起来忘记了吃饭,快乐得忘记了忧愁,简直不知道衰老就要到来。原是孔子讲自己发愤求学、乐观进取的人格精神。

温良恭俭让 《论语》原话。原意是讲孔子温和、善良、恭敬、俭朴、谦让的五种品质。现在五字连用,指人们谦恭善良的态度和修养。

和为贵 《论语》原话。

吾日三省吾身 《论语》中孔子弟子曾子的话,强调严格要求自己,每天再三反省自身。

闻过即改 《论语》原话是："过而不改,是谓过矣";"过则勿惮改"。强调犯了错误要勇于改正,有过不改,才是真正的过错。

而立之年　不惑之年 《论语》原话是："吾十有五而志于学,三十而立,四十而不惑,五十而知天命,六十而耳顺,七十而从心所欲,不逾矩。"这是孔子自述求学明道的经历，也为人们指出了人生修养之路。后人由此而将三十岁称"而立之年"，四十岁称"不惑之年"。

见贤思齐 《论语》原话是："见贤思齐焉，见不贤而内自省也。"主张学习别人的长处，并以别人的缺点为戒。

己所不欲，勿施于人 《论语》原话。自己所不喜欢的，也不要强加给别人。孔子认为这句话值得人们终生奉行。

见利思义 《论语》原话是："见利思义，见危授命，久要不忘平生之言，亦可以为成人矣。"孔子认为，见到财利而想到道义，面临危急能献出生命，长期穷困也不忘记平生的诺言，就是一个完人。

学而时习之，不亦说乎 《论语》原话。学了知识，又不断去温习它，实践它，是令人愉快的事情。

温故而知新 《论语》原话是："温故而知新，可以为师矣。"温习旧的知识而能从中获得新的见解，就可以做人的老师了。主张做学问要有自己的创见。

学而不厌，诲人不倦 《论语》原话。

学而不思则罔，思而不学则殆 《论语》原话。只读书不思考容易迷惑，只思考不读书则会精神疲惫而无所得。提倡读书思考相结合。

三人行，必有我师 《论语》原话。强调随时随地虚心向别人学习。

既往不咎 《论语》原话。主张向前看。

朽木不可雕也 《论语》原话。

不耻下问 《论语》原话。

听其言而观其行 《论语》原话。

非礼勿视，非礼勿听，非礼勿言，非礼勿动 《论语》原话。强调人的一切言谈举止，都要以礼为标准。

道听途说 《论语》原话是："道听而途说，德之弃也。"孔子反对不负责任地传布消息。

君子不器 《论语》原话。主张人应有志于道，而不囿于一技之长。

后生可畏 《论语》原话。

不愤不启，不悱不发　举一反三 《论语》原话是："不愤不启，不悱不发。举一隅不以三隅反，则不复也。"不到学生冥思苦想而想不通的时候不开导他，不到学生想说而不能明确说出的时候不启发他。告诉他一个角落的样子他不能推知其他三个角落的样子，就不急于再去教他。这是孔子的启发式教学原则。

有教无类 《论语》原话。受教育不分贵贱、贤愚，机会均等。

过犹不及 《论语》原话。过分与欠缺同样不好。

名正言顺 《论语》原话是："名不正则言不顺，言不顺则事不成。"强调做事要师出有名，有正当的名义。

欲速不达 《论语》原话是："欲速则不达，见小利则大事不成。"主张办事要有远大眼光。

鸟之将死，其鸣也哀；人之将死，其言也善 《论语》原话。将死的人说的话是善意的，值得重视。

工欲善其事，必先利其器 《论语》原话。要做好工作，得先修好工具。

人无远虑，必有近忧 《论语》原话。要人们居安思危。

小不忍，则乱大谋 《论语》原话。小事不能忍耐，就会败坏大事，不能因小失大。

当仁不让 《论语》原话是："当仁，不让于师。"面临施行仁德的事，可以不对老师讲谦让。应该做的事要积极主动去做。

既来之，则安之 《论语》原话。

文质彬彬 《论语》原话。质，内容；文，文采，形式。原意指内容、形式的统一。现在用以形容君子仪态、君子人格。

不在其位，不谋其政 《论语》原话。

《论语》箴言具有顽强的生命力，仅以上所举这些，读者即会有似曾相识之感，甚或十分耳熟。足可见孔夫子其人，仍生活在我们现代人之中，我们在很多方面都还自觉不自觉地实践着他的思想。不管是积极还是消极的，我们受孔夫子和他的《论语》的影响实在太深了。认真总结《论语》对我们两千多年历史的各方面影响，弄清传统思想的来龙去脉，回顾一下民族文化的发展道路，是极其必要的、有益的。特别是在当前，我们正处在一个文化的转型期，我们整个的民族文化传统、国民精神面貌，都正经历着社会主义市场经济大潮的洗礼，我们的民族文化从哪里走来，将走向何方，应该如何去重新建设和塑造，是一个必须回答的重大文化课题。研究《论语》的历史影响、它和现代生活的关系，就是回答上述文化课题的一项虽然微小但却十分必要的工作。

二 《论语》的思想体系

1.《论语》的思想核心 ——"仁"

《论语》是一本语录体的书。从表面上看,全书20篇512段话,都是相互没有任何联系的只言片语,是不同语言环境中讲话的辑录。但是,结集在一起的这512段话,却有一个内在的体系。这个体系,不光是贯彻了编辑者的眼光和思想,更重要的是,孔夫子本人的所有言论,有着一个"一以贯之"的内在思想。

(1)"吾道一以贯之"

《论语·卫灵公》(以下引《论语》中话,只注篇名)载,有一次,孔子和他的弟子们聊天,学生子贡盛赞老师的学习精神,感佩孔子博学强记的天才。孔子说:"赐呀,你以为我是多多地学习而且能记住各种知识吗?这就错了。

我并不是这样,我只是能够用一个根本的东西把我的知识、思想贯穿起来。"孔子原话是"予一以贯之"。

《里仁》篇,孔子又对弟子曾参说:"参乎,吾道一以贯之。"强调他的学说可以用一个根本的原则贯通起来。

这些记载说明,孔子本人曾反复讲过,他的学说思想有一个内在的根本的核心。《论语》的思想体系,就是围绕这个核心构造成的,孔子的所有言论,都是对这个核心的阐释和发挥。那么,孔子思想中的这个"一以贯之"的东西是什么呢?

只要反复通读几遍《论语》,就不难发现,孔夫子那个"一以贯之"的东西,就是一个"仁"字。"仁"即孔子学说的核心。孔子谈论任何问题,不论是讲为政还是讲做人,不论是讲求学还是讲交友,不论是讲修身还是讲处世,无不围绕着这个"仁"字。"仁"既是一切行为的出发点,又是人的一切行为的归宿;既是人安身立命的原则,人的最高道德信条,又是人所以为人的根本,是人的本质。请看下列关于"仁"的论述:

"夫仁者,己欲立而立人,己欲达而达人。"(《雍也》)能够推己及人,即是"仁者"的品质。

"仁者先难而后获。"(《雍也》)抢先做艰难的工作,遇到论功行赏的事便退居人后,也是"仁"的要求。

"刚、毅、木、讷,近仁。"(《子路》)刚强、果断、质朴、言语谨慎,有这四种品德的人,接近于达到"仁"的要求。

"樊迟问仁。子曰:'居处恭,执事敬,与人忠。'"(《子路》)在家态度恭敬,办事严肃认真,对人忠心诚实,是"仁"的基本品质。

"孝弟也者,其为仁之本与!"(《学而》)孝悌是"仁"的根本。

"人而不仁,如礼何?人而不仁,如乐何?"(《八佾》)一个人没有仁爱之心,讲礼讲乐也就失去了意义。礼、乐也归结为"仁"这个根本。

"克己复礼为仁。一日克己复礼,天下归仁焉。"(《颜渊》)克制自己的欲望,而践行礼的规范,即是达到了"仁"的要求。

"君子以文会友,以友辅仁。"(《颜渊》)交友的目的归结为培养"仁德"。

"君子无终食之间违仁,造次必于是,颠沛必于是。"(《里仁》)君子不会有吃一顿饭的时间离开仁德,即使在最匆忙的情况下,在颠沛流离之中,也一定施行仁德,"仁"是君子的人格体现。

"志士仁人,无求生以害仁,有杀身以成仁。"(《卫灵公》)"仁"是一切志士仁人的最高追求。

"民之于仁也,甚于水火。"(《卫灵公》)老百姓对仁德的需要,比对于水、火的需要更迫切,"仁"也是庶民百姓应有的品质。

"士不可以不弘毅,任重而道远。仁以为己任,不亦重乎?"(《泰伯》)实现"仁"的目标,是知识分子的政治使命。

以上足以证明,孔子的学说思想,无处不围绕着"仁"去展开。有人统计,《论语》中"仁"字出现了109次。大概正是由于孔子老是讲"仁",并且把"仁者"的形象设计得过于高大完美而不可企及,所以使得他的学生也对之产生怀疑。有一次,学生宰我跟孔子开了一个小玩笑。他说:"一个有仁德的人,如果告诉他说井里面掉下去一位有仁德的人,他会跟着跳下井去吗?"这个带有戏谑性的问题,使孔子十分不快,他说:"为什么要这样做呢?君子可以设法到井边去救人,不能自己陷入井中;君子可以被人用正当的理由欺骗,不能被人无理愚弄。"

(2)"仁"的外延与内涵

孔子反复强调的这个"仁"字,究竟是什么意思呢?如何去归纳它的外延与内涵?从孔子对"仁"的大量阐释中可以知道,"仁"的内容可以归结为以下几个方面:

"仁者爱人"

《颜渊》篇载,学生樊迟问什么是"仁",孔子说"爱人"。后来的孟子也将"仁"的本质解释为"仁者爱人"(《孟子·

离娄下》)。"仁者爱人"是"仁"这个概念的最基本的规定。在孔子之前,"仁"字的本义中已含有"爱人"之义。历代释"仁"的人很多,多以为"仁"从人从二,二人相对,仁即讲人与人的关系。此说尚欠稳妥。周谷城先生曾这样解释"仁"的意义:(一)"仁"这个字,是由"人""人"合成的,而不是由"二""人"合成的。人人两字连写,常写成"人=",即在头一个人字下加"="即得,正如君君、臣臣、父父、子子,常写成君=、臣=、父=、子=一样。(二)"人人"意即像人或把人当人:对自己讲,要争取做人;对别人讲,要把人当人。我们尊崇此说。把人当人,就要去爱人。爱人是"仁"的第一个界说。

孔子弟子三千,因材施教,对不同的学生,在不同的场合,对"仁"有不同的解说。但仔细分析便可发现,他所有的解说都与"爱人"相关。

仲弓问仁,孔子说:"出门如见大宾,使民如承大祭。己所不欲,勿施于人。在邦无怨,在家无怨。"(《颜渊》)"如见大宾""如承大祭"表示对人的恭敬、尊重,它既是严肃的爱,又是真诚爱人的首要条件。"己所不欲,勿施于人",自己不喜欢的东西不强加于别人,也体现着爱人的精神。"在邦无怨,在家无怨",不论在诸侯的封国,还是在卿大夫的封地,都没有人对自己有怨气,这正是自己爱人的结果。

子张问仁,孔子说:"能行五者于天下,为仁矣。"又问"五者"的具体内容,孔子说:"恭、宽、信、敏、惠。"(《阳货》)恭,对人的礼仪要恭敬;宽,待人要宽厚;信,为人做事要忠诚有信;敏,为人做事要勤快;惠,对人慈爱。这五点,无一处不贯穿着真诚爱人的精神。

司马牛问仁,孔子说:"仁者,其言也讱。"(《颜渊》)意思是说,仁人的言谈是谨慎的,不多言,不急躁,以免轻率伤人,使人难堪。说话谨慎也是要替别人着想,包含着爱人的精神。

"爱人"是"仁"的第一要义、第一个规定或界说。孔子后学都对此有过阐说。孟子称"仁"为"恻隐之心",即一种怜悯爱人之心;荀子说"仁,爱也",更是直截了当。"仁"的本质是爱人,孔子思想的核心是爱人,这一点自古以来几乎没有什么异议。只是在对"爱人"的客体、对象的理解上,有过一些分歧。孔子之后的一些非儒学派,如墨家曾攻击孔子讲的"爱人"是亲亲之爱,爱有差等,不及墨子讲的"兼爱"之大公无私。墨家讲"兼爱"固然体现了爱无差等的精神,但孔子讲的"爱人"也确实不局限于亲亲的范围。孔子讲的仁爱是以"孝亲"为基础的,所以他在很多地方将"仁者爱人"与"亲亲"连在一起,但却不能说他的仁爱思想只局限于血缘家族的范围。《论语》中许多讲仁爱的地方,都超出了亲亲范围,表现出一种博爱、泛爱的倾向和精神。如：

《乡党》篇载："厩焚，子退朝，曰：'伤人乎？'不问马。"孔子家的马棚失火了，孔子从朝廷回来，问伤人了没有，而不问马的情况。他所问及的马夫，就很难说是他的亲族。

《学而》篇载，子曰："弟子入则孝，出则弟，谨而信，泛爱众而亲仁。""泛爱众"就是博爱的精神，它包括所有应该爱的人。"出则弟，谨而信"明显不是对家族内部而言，孔子的"泛爱众"已超越了狭隘的爱亲范围，爱一切相对于自己而言的他人。

在过去"左"倾时代，有人从狭隘的阶级观点出发，认为孔子的"仁者爱人"是只爱奴隶主阶级，把爱人的"人"理解为奴隶主贵族，这是没有道理的。"泛爱众"的"众"字，是不能解释为奴隶主的；孔子所关心的那位马夫更不可能是奴隶主，孔子主张"修己以安人""修己以安百姓"，其中的"人"和"百姓"也都不是奴隶主阶层，而是超越了阶级界限的一般人民。应该说，孔子的"仁者爱人"是一种伟大的博爱精神。"爱人"的"人"，是泛指相对于己而言的他者，可以是贵族，也可以是平民，同时也包括了奴隶。

"孝弟为仁之本"

孔子的"仁"，有一个重要的出发点，这便是"孝"。就是说，孔子的"爱人"，是由爱亲发展培育起来的。由"爱亲"推及"爱人"。

《学而》篇载，有子曰："其为人也孝弟，而好犯上者鲜矣；不好犯上，而好作乱者，未之有也。君子务本，本立而道生。孝弟也者，其为仁之本与！"这是孔子弟子有若的话，意思是说，为人孝顺父母，敬爱兄长，就很少去触犯上级；不触犯上级的人，就不会犯上作乱。君子应该致力于根本，根本树立了，治国做人的原则就会形成，而"孝悌"二字就是"仁爱"的根本。所以，君子的道德修养，应该从"孝悌"二字做起。这段话很好地说明了仁和孝的关系。

"孝"是"仁"的前提，基础；"仁"是"孝"的发展，扩充。于是，"孝悌"二字就成了孔子"仁"的最根本的内容。

"孝悌"如何能扩充为一种博大、丰满的"仁爱"精神呢？这需要从对"孝"的理解谈起。在孔子的理论中，"孝"不只是单纯的赡养行为，更重要的，它是一种情感，一种根源于血缘联系的自然亲情。《为政》篇中，孔子说，现在的孝子，只是说能供养父母就行了。就是犬马，都能得到饲养。如果内心深处没有对父母的孝敬之情，那么，供养父母和饲养犬马有什么区别呢？孔子讲孝悌，强调的是发自人内心的自然亲情，不在于外在的形式，更不是后世所发展出来的纲常教条。有一副古联说：

> 百善孝为先，原心不原迹，原迹贫家无孝子；
> 万恶淫为首，论迹不论心，论心世上少完人。

孔子的"孝"即是"原心不原迹"，重心诚情真，不重外在形式。孔子论"孝"，着眼于两点，一是强调对父母的内在感情，二是强调态度上的恭敬。有了内在的感情，就会有对父母的敬，就会有对父母意志的绝对遵从。

对父母的爱、敬之情是从哪里来的呢？在孔子看来，一是根源于血缘的联系，是骨肉之情；二是对父母养育之恩的回报。在《阳货》篇，学生宰我与孔子有一段对话。宰我说："子女为父母服丧三年，时间太长了。君子三年不习礼仪，礼仪会败坏；三年不奏音乐，音乐会荒废。服丧一年就可以了。"孔子说："父母死后不到三年，你就去吃好米饭，穿绸缎衣服，你心安吗？"宰我说："心安。"孔子说："心安你就做吧。君子在服丧期间，吃美味不知道香甜，听音乐不感到快乐，而你倒心安！"宰我走后，孔子说："宰我真不仁啊！儿女生下来三年才能离开父母的怀抱，为父母守孝三年是天下之通礼。宰我的父母难道就没有抱他三年吗？"这段对话说明，在孔子看来，对父母的爱、敬之情，不仅是自然亲情，也是一种必须回报的感情，是任何人都必须做到的。那么，这种对父母的爱和敬，又怎样推及他人和社会，变成一种博大的仁爱精神呢？

这里，要注意两点：一是孔子谈论社会，总是家国并举，要求人们把家庭里的行为推及国家生活之中。如：

> 出则事公卿，入则事父兄。(《子罕》)
>
> 迩之事父，远之事君。(《阳货》)
>
> 长幼之节，不可废也；君臣之义，如之何其废之？(《微子》)
>
> "孝乎惟孝，友于兄弟；施于有政。"是亦为政。(《为政》)
>
> 事父母，能竭其力；事君，能致其身。(《学而》)

二是孔子论人处世，讲人生道理，最基本的方法是"推己及人"。如：

> 己所不欲，勿施于人。(《颜渊》)
>
> 己欲立而立人，己欲达而达人。(《雍也》)

有了这两点，家庭伦理中的孝悌，很自然就放大成了一种社会伦理。对父母兄长的亲情之爱，扩充为对整个社会人群的博爱、泛爱；对父母的敬，就衍化出对君主、贵族、上级及长者的忠诚和顺从。于是，"仁者爱人"的思想，便从平易亲切、极易为人们所接受的出发点上，培育起来了。所以，在孔子的仁学体系中，"孝"是基础、前提、出发点，"孝"是"仁"的最基本的内涵之一。

"夫子之道,忠恕而已"

"忠恕"是"仁"的重要内涵,可以从《论语》中的不少段落去分析。

《里仁》篇载,孔子告诉曾参"吾道一以贯之"的话后,曾参从孔子房里走出来,别的学生问老师的话是什么意思,曾参说:"夫子之道,忠恕而已矣。"他认为老师的思想,说到底就是"忠恕"二字。

《卫灵公》篇载,子贡向老师讨教做人的真谛,想让老师给他一句可作为座右铭的话,孔子说:"其恕乎!己所不欲,勿施于人。"孔子认为,这个"恕"字值得人终生实践,"己所不欲,勿施于人"是对"恕"的解释或界说。这很容易使人想起"吾道一以贯之"的话。既然"恕"值得人们终生去奉行,当然应该是"一以贯之"的内容了。

《雍也》篇子贡和孔子又有一段对话,子贡问:"如果一个人能博施于民,周济大众,是否可以算是仁人?"孔子答复说:"这岂止是仁人,一定是圣人了。"接着孔子说:"夫仁者,己欲立而立人,己欲达而达人。能近取譬,可谓仁之方也已。""己欲立而立人,己欲达而达人"即是"忠",是尽心帮助别人;"能近取譬",推己及人,则包含了忠、恕两方面的含义。可以说,孔子将忠与恕都看作"仁"的基本内容,又是实践"仁者爱人"的途径和方法。

然而,"忠""恕"二字怎样体现了"仁"的基本精神呢?

所谓"忠",就是要尽己为人。后世把"忠"字只看作是处理君臣关系的道德规范,是臣民对国君的伦理义务。但在孔子的时代,"忠"的含义并非如此。《论语》中"忠"字出现了17处,讲君臣关系的只有两处,一处是《八佾》篇讲"君使臣以礼,臣事君以忠";另一处是《为政》篇讲"孝慈,则忠",说国君要上孝于亲,下慈于民,才可能赢得老百姓对他的忠诚。孔子没有讲过对国君应无条件地忠诚、顺从。孔子讲的"忠",可以从下面的话中去体察其本义:

> 吾日三省吾身,为人谋而不忠乎?(《学而》)
> 事君,能致其身。(《学而》)
> 居之无倦,行之以忠。(《颜渊》)
> 爱之,能勿劳乎?忠焉,能勿诲乎?(《宪问》)

可以看出,孔子讲的"忠",主要是尽己,是对自己的要求,要求自己端正对人对事的态度,真心诚意,积极为人,勤勉办事,恪尽职守。每天都要再三反省自己,看替人办事是否尽到了最大努力;事奉君主,是否竭尽全力,尽职尽责;忠于一个人,就要对他的错误进行劝说,为他着想;等等。忠的这一切表现,都是"爱人"原则的要求和体现。只有做到了"忠",才真正实践了崇高的仁道。"忠",尽己为人,体现了"仁者爱人"的积极方面的意义。

所谓"恕",孔子给它的定义是"己所不欲,勿施于人",

是一种推己及人，设身处地去体谅别人、宽恕别人的精神。它体现了"仁者爱人"的消极方面的意义，但却是待人处世的极为有益的态度和方法。《论语》中讲"恕"的地方很多：

"以直报怨，以德报德。"（《宪问》）要人们用正直去报答怨恨，用恩德来报答恩德，既不赞成以德报怨的无是非观念，也反对冤冤相报。

"恶称人之恶者，恶居下流而讪上者。"（《阳货》）君子应该憎恶宣扬别人坏处的人，憎恶处下位而诽谤上级的人，反对揭发别人的短处和缺点。

"躬自厚而薄责于人。"（《卫灵公》）多责备自己而少责备别人。

"伯夷、叔齐不念旧恶，怨是用希。"（《公冶长》）表彰伯夷、叔齐不记旧仇的宽容精神。

"既往不咎。"（《八佾》）已经过去的事不再责备。

孔子讲的"恕"，要求人们推己及人，以己之心去度人之心，以博大的胸怀，去宽容别人的不周、不妥、不到之处，以实现人和人的和睦相处。严于律己，宽以待人，是爱人的一个重要方面，是"仁者爱人"的内在要求。"忠"者，以诚恳为人之心去替他人着想、办事，竭尽自己的忠诚与才能；"恕"者，无丝毫害人之意，以仁慈博大的胸怀，以直报怨，宽容、谅解他人的缺点和错误，勉励人改过从善，化解怨恨，从而使人人友好相爱，和睦相处。这二者的结合，就完美地体现了"仁者爱人"的基本精神,曾参所言"夫子之道,忠恕而已矣",确是抓住了孔子"仁"的真谛。

总起来说,《论语》是有一个思想体系的。这个体系的核心是"仁","仁"的基本内涵是"爱人""孝悌""忠恕"。孔子的思想体系就是围绕这六个字建构起来的。

(3)"仁"的历史评价

"仁者爱人"是一个具有时代精神的重要命题。孔子仁学思想体系的确立,具有重大的历史意义。孔子之前的"仁"字,虽然也有了某些"爱人"的萌芽,如《周书》中载,单襄公就说过"爱人能仁"一类的话,但这种思想一方面是偶尔提及,不成体系;另一方面,当时的"爱人能仁"只能从属于爱有差等的亲亲之爱、贵族之爱,不可能冲出等级森严的礼制范围。从《左传》来看,该书中讲"仁"33次,讲"礼"462次,这个巨大的反差说明,春秋时期的思潮是以"礼"为核心,"仁"是为"礼"服务的。单襄公的"爱人能仁",也只能限制在由"礼"所规定的等级秩序之中,所谓"人",是指具有等级特权的奴隶主阶层,至于下等平民,或者广大奴隶,是不可能被列入"仁者"所爱的对象范围的。孔子的"仁"冲破了"礼"的束缚,并且改变了"仁"与"礼"的位置,以"仁"为核心,"礼"成为表现"仁"的外在形式,并且明确提出"仁"的最高标准是"泛爱众""济众""博施于民""安百姓"等思想,把"仁爱"推广到"民",扩大到"众",并原则上承认原来不具有"人"的资格的奴隶阶层,有了人格上的平等。

在奴隶制时代,广大奴隶处在社会的最下层,没有人的地位和尊严,只是会说话的工具。殷周之际的历史变革,显示了下层平民及奴隶们的社会力量,并开始引起他们历史地位的逐步改变。所以,从西周以来,包括奴隶在内的"民"的地位开始上升,统治者日益认识到民的重要,"保民"意识逐渐发展。《国语》中就出现了"仁所以保民也","不仁则民不至"等重视"民"的思想。孔子"仁者爱人""泛爱众"的思想,正是对日益受到重视的"保民"思潮的总结和推进,是顺应历史潮流的重大思想成果,具有积极的历史意义。

评价孔子的"仁",还要指出一个很重要的方面,即孔子强调的"仁"是个"大仁",不是一般的小仁小义,不是庸俗的不分是非的忠恕之道。孔子论"仁",确实还有一种辩证的精神。下面,我们以孔子对管仲的评价为例,来谈谈这个问题。

《宪问》篇里,围绕对管仲的评价,孔子和弟子们有两段对话。先是子路对孔子发问:"齐桓公杀了公子纠,召忽自杀以殉,而管仲却不跟着去死。管仲这样的人不算是仁人吧?"孔子说:"齐桓公多次主持天下的诸侯会盟,不使用武力,这都是管仲出的力啊!这就是他的仁德!"孔子很不赞成子路对管仲的评价。

后来,子贡再次对孔子提出这个问题:"管仲不能算是仁人吧?齐桓公杀了他的主人公子纠,他不自杀,还去辅佐齐桓公。"显然,子贡是了解孔子对管仲的看法的,他再次提出这个问题,并举出两个方面的证据,是想和孔子理论一番。孔子感到对管仲的评价是个大是大非问题,也关系到如何准确把握"仁"的精神,便非常严肃地说:"管仲辅佐齐桓公,称霸诸侯,匡正天下,百姓到如今还蒙受着他的恩惠。如果没有管仲,我们恐怕已经变成落后民族了。难道他也要像普通男女那样死守小节小信,在山沟中上吊自杀而没有人知道吗?"

要理解这段话中孔子对"仁"的辩证阐述,得先讲一下关于管仲的故事。公元前686年,齐国内乱,齐襄公被杀。襄公弟弟公子小白在鲍叔牙的辅佐下逃奔莒国,襄公的另一个亲弟弟公子纠在管仲的辅佐下逃往鲁国。管仲和鲍叔牙是很要好的朋友,但谁都想辅佐自己的主子夺得齐国国君的位置。齐国政治平定后,大贵族们派人到莒国去,迎公子小白回国,而鲁国也派军队护送公子纠回国,另派管仲率军到莒国通往齐国的道路边守候,以阻拦公子小白回国。管仲赶到莒国边境时,正好碰见鲍叔牙和公子小白等一行的车队,管仲心中发急,便暗暗拿出弓箭,射向公子小白，幸好射中小白衣服的带钩，没有伤着身体。小白假装中箭，大叫一声倒在车上，管仲以为小白已经死了，立即送信给鲁国。鲁国得到消息，以为公子纠失去了竞争对手，便放慢了送公子纠回国的速度。而公子小白一行却加快速度，日夜兼程，抢先赶到齐国首都，并立即即位，是谓齐桓公。齐桓公一即位，立即派军队抵抗鲁军。鲁军战败后，鲍叔牙送信给鲁国说："公子纠是我们国君的兄弟，齐君不忍心亲自杀他，请鲁国杀掉他。而管仲则是我们国君的仇人，齐君要亲自杀他解恨。如果不答应，齐国就发兵攻鲁。"鲁国没有办法，只好杀了公子纠，把管仲关进囚车，押送齐国。召忽是公子纠的一名家臣，公子纠死后，他便拔剑自杀，以身殉主。管仲没有为他的主人殉死，而被押回齐国。齐桓公恨透了管仲，一心要报一箭之仇，被鲍叔牙竭力劝阻。鲍叔牙说，桓公要想称霸诸侯，非有管仲的辅佐不可，说服桓公改变了主意，将管仲押回是他们定的一计。押送管仲的囚车刚进齐国国境，鲍叔牙就前来迎接。到了国都临淄，桓公立即拜管仲为相。齐桓公不计较管仲的一箭之仇，并重用其为相，传为千古美谈。管仲也没有像召忽那样为他原来的主子公子纠殉身，而是归服了齐桓公。管仲辅佐桓公在政治、经济、军事各个领域进行改革，很快兵强国富。在此基础上，管仲促使齐桓公采取尊王攘夷、争取与国的方针，建立起强大的霸业。相传，强大的齐国九合诸侯，一匡天下，主持诸侯会盟，用它强大的经济、军事力量，成功地避免了不少战争，维护了社会的稳定，并抵御了夷狄的侵犯，保障了华夏文明的延续与发展。

这就是历史上的管仲。子路和子贡仅仅是从字面上记住了"与人忠"的话，认为管仲不忠于公子纠，并去辅佐杀自己主子的仇人，是缺乏仁德的不仁不义之人。这种对"仁"的理解确实太死板太狭隘。在孔子看来，"仁者"并不是拘泥古板的殉道主义者，更不必为某一个人而无益地去牺牲。对于政治家来说，最大的"仁"则是他能顺乎历史的潮流，从根本上爱护人民，造福于人民，这才是"仁者爱人"的根本所在。像召忽那样为主子殉死，对人民没有好处，是小忠小信；管仲不死，却辅佐桓公建立了霸业，使天下得到匡正，人民得到好处，人到于今称之，并使人民避免了沦为夷狄的危险，是整个华夏民族的功臣。管仲的历史勋业，远非召忽的小忠小信可与之相比。像这样的人不能称作仁人，那么"仁"还有什么意义呢？孔子这样评价管仲的仁德，确实是从历史发展的潮流、趋势出发，从人民、民族的利益出发，从"仁"的大处着眼。从孔子对管仲的评价，我们不仅看到了孔子"仁"的辩证精神，更体会到了"仁"的精义所在。后世所谓仁义忠信，从一而终，不事二主，"君叫臣死，臣不得不死；父叫子亡，子不得不亡"等，只讲形式上的愚忠愚孝，和孔子的仁学精神相去远矣。

2. "一日克己复礼,天下归仁焉"——"仁"与"礼"

"仁者爱人。""仁"讲的是人对他人的内在感情，是个体社会成员内在的道德修养。一个人是否有道德，有修养，有爱人之心，一句话，是否达到了"仁"的标准，如何去衡量呢？衡量一个人的仁德，不能看这个人的自我表白，不能听他的漂亮言辞，应该看他的社会行为。而什么样的行为才是体现"仁"的行为,怎样做才算是一个"仁者"呢？孔子提出了一个衡量人的行为是否为"仁"的外在标准，那就是"礼"。

（1）"礼"是"仁"的外在节度

简单地说，"礼"是维持社会稳定、和谐、秩序的典章制度、仪式条文和行为规范。如果一个人能够有一种内在的自觉去处处按"礼"所规定的社会秩序、行为规范行事，那就可以表现他的爱人之心，实践"仁"的要求。反过来说，一个人如果违背"礼"的规范，即使真有爱人之心，也不可能达到爱人的目的,即不是一个真正的"仁者"。"仁"是必须由"礼"来调节,来节度的。关于这一点,《论语》中有许多论述：

《颜渊》篇载,颜渊问仁,孔子说"克己复礼为仁",并说"为仁由己",施行仁德全在于自己。颜渊再问施行仁德的具体条件,孔子讲出了十六字名言:"非礼勿视,非礼勿听,非礼勿言,非礼勿动。"视、听、言、动,人的一切行为都不违背"礼",就是一个"仁者"了。

《为政》篇载,孟懿子问孝,孔子说"无违",即不要违背礼节。后来樊迟又问什么是"无违",孔子说:"生,事之以礼;死,葬之以礼,祭之以礼。"父母活着的时候,按照礼节侍奉他们;死了,按礼节埋葬他们,按礼节祭祀他们,这就是"孝"。作为"仁之本"的"孝",也是用"礼"来衡量的。

《卫灵公》篇载,孔子说:"知及之,仁能守之,庄以莅之,动之不以礼,未善也。"意思是说,用聪明取得了官职,能够用仁德保持它,并能用庄严的态度去治理百姓,但不能用礼节去动员百姓,那也不是很完善的。即使真有仁德的人,若有不合乎"礼"的做法,也不是完人。

《泰伯》篇载,孔子曰:"恭而无礼则劳,慎而无礼则葸,勇而无礼则乱,直而无礼则绞。"用现在的话说,即一味恭敬而不用礼作指导就会疲劳,小心谨慎而不用礼作指导就会畏惧,勇敢无畏而不用礼作指导就会作乱,心直口快而不用礼来指导就会尖刻。恭、慎、勇、直都是由"仁"所派生出来的道德素质,但它们如果不用"礼"来调节,也会走到自己的反面。

以上征引说明，在孔子看来，一个人光有仁爱之心是不够的，还必须遵从"礼"的规范来调节自己的行为，只有坚守"礼"的规范，才会有"仁"的实践。"礼"是孔子仁学系统中的一个基本范畴。有人统计，《论语》中有43段话说到"礼"，"礼"字出现了75次，可见孔子对"礼"的重视。

（2）"人而不仁，如礼何"

"礼"在孔子思想体系中占有突出而重要的位置，但它又毕竟是从属于"仁"的，是"仁"的外在要求，它的意义只在于使"仁"的内在价值得以外化，得到社会的承认。在二者的关系上，"仁"是内在的，"礼"是外在的；"仁"是决定性的，"礼"是从属性的；"仁"是"礼"的内容，"礼"是"仁"的形式；"仁"是"礼"的灵魂，"礼"是"仁"的表现。"仁"与"礼"的这种关系，在《论语》的许多地方都有所表现。

《八佾》篇中，有子夏和孔子的一段对话。子夏问曰："'巧笑倩兮，美目盼兮，素以为绚兮。'何谓也？"子曰："绘事后素。"曰："礼后乎？"子曰："起予者商也！始可与言《诗》已矣。"子夏问的是《诗经》上的几句话，译成现代文是：巧妙的笑容真好看啊，美丽的眼睛真明亮啊，白嫩的脸蛋打扮一下更漂亮啊。子夏问这几句诗是什么意思。孔子回答"绘事后素",即先有白底,然后画花。子夏听了"绘事后素"四字,顿觉大彻大悟,明白了一个深刻的道理,说:"看来礼义是产生在仁义之后吧?"子夏从"绘事后素"联想到"礼"和"仁"的关系,这使孔子大为高兴,说子夏能够阐发他的意思,可以和子夏谈论《诗经》了。子夏能从"绘事后素"联系到仁与礼的根本关系,实在了不起。一个人如果没有内在的"仁",外在的"礼"就没有了着落,无所附依,就像绘画而没有了底子。这正是孔子关于"礼""仁"关系的根本观点。

关于"孝"的解释,孔子曾讲过"事之以礼、葬之以礼、祭之以礼的话,然对孔子的话应抓住本质去辩证地理解。如果内心对父母没有深厚的感情,即使依"礼"而行也算不得孝,如前边讲过的孔子关于犬马皆有所养的比喻;而另一方面,只要有了内心深处的感情,在"事之以礼"的做法上,则可以根据具体情况而便宜行事。如《八佾》篇中林放问孔子"礼"的根本是什么,孔子回答:"礼,与其奢也,宁俭;丧,与其易也,宁戚。"意思是说,就礼节仪式来说,与其奢侈讲排场,宁可节俭朴素;就办丧事来说,与其在仪式上办得很周到,宁可内心真正悲痛。孔子的思想很明确,"礼"中体现的孝心是最根本的,而具体的礼节仪式则是次要的。从孔子的话来看,对"仁"与"礼"

还真要辩证地把握。否则，过于看重"礼"，只能走向形式主义。徒具形式的"礼"，毫无意义，因为它失去了"仁"这个根本。孔子下面的话，就是对这种现象的批评：

《阳货》篇："礼云礼云，玉帛云乎哉？乐云乐云，钟鼓云乎哉？"就是说，"礼"绝不是指的那些玉帛礼器，"乐"也绝不是指的那些钟鼓乐器，不能只抓住玉帛和钟鼓这些礼乐的形式，而丢掉了"礼"与"乐"的灵魂。

《八佾》篇中，孔子说："人而不仁，如礼何？人而不仁，如乐何？"一个人若失去了仁爱之心，就无需再去讲礼讲乐了，丢掉礼乐的"仁"的本质，空讲礼乐没有任何意义。

孔子的思想非常明确，一个有仁爱之心的人，应该通过"礼"来实践自己的仁德，处处用"礼"来节度自己，没有"礼"的规范和节度，仁爱只能是空洞的东西；但是，"礼"的一切礼节仪式、行为规范，都是为着表现"仁"而制定，附着在"仁"的内核之上的，失去了内在的仁爱之心，徒具形式的"礼"就没有了任何意义。如果用孔子的另一个概念来表达，"仁"是内在的质，"礼"是外在的文，"文质彬彬，然后君子"。一个真正的"仁者"，应是既有内在的仁爱之心，又处处依"礼"而行，视、听、言、动唯"礼"是从的完人。

（3）孔子对"礼"的设计

在"文革"的批林批孔运动中，人们抓住孔子"克己复礼"的主张，说他要复的"礼"是周礼，骂他是复辟奴隶制的罪人。这一点是需要辨明的。孔子心目中的"礼"，与周礼有很大的继承关系，但又不是原来的周礼，是对周礼有所"因革""损益"，甚至是有本质上的改造的。

孔子确实讲过"周监于二代，郁郁乎文哉！吾从周"的话，但"吾从周"只是说明他对周礼的继承，不能理解成原封不动地照搬。《为政》篇中，子张问十代以后的礼仪制度是否可以推知，孔子说："殷因于夏礼，所损益可知也；周因于殷礼，所损益可知也；其或继周者，虽百世，可知也。"有人抓住"虽百世，可知也"一语，联系到"吾从周"的话，附会出孔子认为周礼将百世不变的结论，这种推理是很荒唐、武断的。孔子既然明确肯定从夏礼、殷礼到周礼的演变，是一个不断损益的过程，是既继承又改造的过程，又怎么会得出周礼恒固不变的结论呢？正确的理解应该是，孔子认为，从夏到殷，从殷到周，历代礼制的因革是有规律可循的，从这个可循的规律中，可以推知周礼以后礼制发展变化的方向，所以"虽百世，可知也"。

孔子的"礼"对周礼确有损益。周礼"礼不下庶人，刑不上大夫"，"礼"为贵族阶层所专有，而孔子却主张对老百姓"齐之以礼"，把"礼"的实施范围扩大到老百姓即庶民身上。这即是对周礼的一个原则性的修正。

按周礼，选拔官吏的原则是"内姓选于亲，外姓选于旧"，而孔子则主张举贤才，打破了周礼亲亲故旧的原则。《为政》篇，哀公问怎样才能使老百姓信服而顺从，孔子说："举直错诸枉，则民服；举枉错诸直，则民不服。"用现代话说，选用正直的人安置在邪曲奸佞的人之上，百姓就会服从；任用邪曲奸佞之人，排斥正直的人，老百姓就不会服从。《子路》篇，仲弓问政，孔子明确提出"举贤才"的主张。以贤能正直的品质来选拔官吏，当然是对周礼的重大修正。

对周礼，哪些要革，哪些可因，孔子是从自己的认识角度作了选择的。《子罕》篇，孔子说了这样一段话："礼帽用麻料制作，是合乎周礼的，现在大家用丝线制作，更省俭些，我赞成这个改变。而臣见君，按周礼应先在堂下磕头，升堂之后再磕头，现在省去了在堂下磕头，这是傲慢的表现，我不赞成这种做法。"此例虽说从现在的观点看孔子不免有些迂腐，但它说明，孔子对周礼是有因有革，并非主张完全恢复周礼。

其实，当孔子"仁者爱人"的命题一提出，就是对周礼的一个根本性改造了。周礼是周代贵族阶层的专利品，在周礼施行的时代，庶民百姓，特别是奴隶阶层，是不被当作人看待的。孔子的仁学，肯定了包括奴隶在内的所有人的平等的人格，并要对他们"齐之以礼"，要教会人民遵守礼仪，无疑是抽掉了周礼的支点。当然，孔子确定的"礼"，不可能不是维护一种身份地位不平等的等级秩序，但在这个秩序中，庶民百姓则第一次有了人的尊严，成为统治者必须重视的对象。虽然老百姓依然处在社会的最下层，还要听命于贵族官僚阶层的支配，但在孔子的礼制秩序中，君主贵族已不能完全随意地支配人民，他们需要"使民以时"，"为政以德"，"修己以安百姓"。这和周礼的时代已经有所不同了。

孔子主张的"礼"，是对周礼进行过改造、有所损益的"礼"，这是由上边的文字已经证明了的。但是，孔子是否制定出一套成文的礼制，现在就很难确知了，文献中没有留下足够的证据。不过从《论语》中，孔子所主张的"礼"的基本精神，是可以看出来的。譬如关于君臣之礼、父子之礼，及一般社会成员之间的礼仪关系，他讲过不少带有原则性的话。

关于君之礼：

> 临之以庄，则敬；孝慈，则忠；举善而教不能，则劝。(《为政》)
>
> 君使臣以礼。(《八佾》)
>
> 修己以安百姓。(《宪问》)

道千乘之国，敬事而信，节用而爱人，使民以时。（《学而》）

关于臣之礼：

臣事君以忠。（《八佾》）

其行己也恭，其事上也敬，其养民也惠，其使民也义。（《公冶长》）

事君，敬其事而后其食。（《卫灵公》）

关于父子之礼：

父为子隐，子为父隐。（《子路》）

入则孝。（《学而》）

事父母，能竭其力。（《学而》）

三年无改于父之道。（《学而》）

父母在，不远游，游必有方。（《里仁》）

关于一般社会成员之间：

我不欲人之加诸我也，吾亦欲无加诸人。（《公冶长》）

己欲立而立人，己欲达而达人。（《雍也》）

君子成人之美，不成人之恶。（《颜渊》）

见危致命，见得思义，祭思敬，丧思哀。（《子张》）

居处恭，执事敬，与人忠。（《子路》）

以上引文很难说是孔子"礼"的条文,但应视为孔子"礼"的精神。另外,《论语》第十篇《乡党》,是关于孔子实践"礼"的具体行为和做法的记录,则可看作是孔子的"礼"的一些具体条文。如:

> 食不语,寝不言。
>
> 虽疏食菜羹,必祭,必齐如也。
>
> 问人于他邦,再拜而送之。
>
> 君赐食,必正席先尝之。君赐腥,必熟而荐之。君赐生,必畜之。侍食于君,君祭,先饭。
>
> 升车,必正立,执绥。车中,不内顾,不疾言,不亲指。
>
> 乡人饮酒,杖者出,斯出矣。

《乡党》篇全是记录孔子的行为,若看作是孔子"礼"的具体条文,是有道理的。根据以上考察,说孔子有一套体现"仁"的礼制,是不必怀疑的。"礼"的作用,在于使人们都安于一种有秩序的、和谐的社会关系,君仁,臣忠,父慈,子孝,交友有信,与人忠善,尊卑有别,长幼有序,人各乐其职,尽其责,相敬相爱,其乐融融。在这个"齐之以礼"的社会中,"仁爱"二字成为主旋律,这就达到了孔子"一日克己复礼,天下归仁焉"的政治理想。

3. "道之以德,齐之以礼"——"仁"与德政

把"仁者爱人"的精神推广到国家政治生活中,孔子提出了一整套德政思想。其主要内容,有以下三个方面。

(1)"为政以德"

在《为政》篇中,孔子说:"为政以德,譬如北辰,居其所而众星共之。"国君如果能以道德教化来治理国家,那就会像北极星一样,处于一定的方位而众星环绕着它。所以,孔子把"为政以德"作为他政治主张的基本原则。"为政以德"不是一个空洞的口号,其具体内容有:

为政要宽 为政要宽,是孔子针对春秋末年政治生活中乱用刑杀而提出来的。他认为,只有为政者具备宽容精神,才可能赢得众人的支持。《论语》中有几处谈到这问题:

《尧曰》篇:"宽则得众,信则民任焉,敏则有功,公则说。"宽厚就可以得到群众的拥护,诚信就可以得到别人的任用,勤敏就会取得成功,公平就使人高兴。

《阳货》篇载,子张问仁于孔子,孔子说能行五者于天下者即是仁者,五者即恭、宽、信、敏、惠。孔子说:"恭则不侮,宽则得众,信则人任焉,敏则有功,惠则足以使人。"其中的"宽则得众""惠则足以使人"都应看作是君德。

为政不宽,滥用刑杀,就会走到众叛亲离的境地。《八佾》篇,孔子对"居上不宽"表示了极大的不满。他说:"居

上不宽，为礼不敬，临丧不哀，吾何以观之哉？"对处于统治地位而不能宽宏大量的人，表示出看不下去的愤懑情绪。为政要宽，首先要去"刑杀"：

《颜渊》篇，季康子问政于孔子，曰："如杀无道，以就有道，何如？"孔子对曰："子为政，焉用杀？子欲善而民善矣。"

《子路》篇，子曰："'善人为邦百年，亦可以胜残去杀矣。'诚哉是言也！"他认为，善人治理国家一百年，就可以战胜残暴，免除杀戮了。

其次，居上要宽，要得众，还要有一种宽恕的精神，能够容忍臣下的一般过错。《子路》篇载，仲弓做季氏家臣的时候，曾问政于孔子。孔子说："先有司，赦小过，举贤才。""赦小过"，即赦免犯了一般错误的人。孔子认为，没有宽容精神，计较别人的过错，对人求全责备，是小人的气度。他说："小人难事而易说也。说之虽不以道，说也。及其使人也，求备焉。"（《子路》）译成现代的话说，在小人手下工作很难，而要讨他的欢喜却容易。即使用不正当的方式去讨他的喜欢，他也会喜欢。但到他用人的时候，他则往往是求全责备。对人宽恕、仁厚，是当政者应有的基本品质。

为政要惠 宽和惠都是"仁者爱人"精神对政治家的要求。但宽偏重于道德政治方面，惠则更多地涉及经济方面，要求统治者给人民以实际利益，惠民，富民，善民，利民。

《尧曰》篇，孔子讲执政者应有的五种美德："君子惠而不费,劳而不怨,欲而不贪,泰而不骄,威而不猛。"把"惠"列在第一位。孔子解释"惠而不费"的含义是"因民之所利而利之"，叫老百姓做对他们有利的事情，既使老百姓得到了好处，而为政者亦不耗费。

孔子是主张富民政策的。《子路》篇载有学生冉有和孔子的一段对话。孔子到卫国去，冉有给他赶车。一路上看到卫国人口众多，往来之人熙熙攘攘，冉有说："像卫国，人口已经众多了，下一步应该做些什么事呢？"孔子回答了两个字"富之"，叫人民富起来。冉有再问："富足之后，还要怎么办？"孔子答"教之"，即教育他们。这段话很好地体现了孔子的政治思想。在孔子看来，一个国家，只有人民富足了，才能够强盛。富民，是为政者的要务之一。

《颜渊》篇载，鲁哀公问孔子的弟子有若，年成不好，国库亏空，该怎么办。有若说，实行十分抽一的税率。哀公说，十分抽二还不够用呢，十分抽一怎么能行？有若回答："百姓足，君孰与不足？百姓不足，君孰与足？"强调只要老百姓富足了，国家才能富强，所以还是要实行薄赋税的政策，让老百姓先富起来。有若的话代表了孔子的思想。

孔子一贯反对对人民横征暴敛,对为政者的这类行为,他从不原谅。冉求本是孔子比较喜爱的一个弟子,但有一次孔子却对他大发脾气,并要将他逐出师门,问题就出在聚敛财富、搜刮人民方面。季孙氏是鲁国的大夫,冉求做他的家臣。季氏家里的财富已经积聚得比周天子左右的卿士还多,而冉求还帮助季氏去进行搜刮,增加他的财富,加重对人民的盘剥。孔子气愤地说:"非吾徒也,小子鸣鼓而攻之可也!"说冉求不再是他的学生了,要弟子们大张旗鼓地去攻击冉求。在富民问题上,孔子鲜明地表示了自己的立场和态度,坚定不移地贯彻"仁者爱人"的精神。

"使民以时" 这是"为政以德"思想的又一重要内容。"使民以时",就是役使老百姓要安排在农忙以外的时间,并含有不要过度劳民的意思,要尽量减轻人民的负担。如《学而》篇,孔子说:"道千乘之国,敬事而信,节用而爱人,使民以时。"《尧曰》篇,孔子要求当政者做到"劳而不怨",役使百姓又能使百姓没有怨恨。怎样达到这一点呢?孔子说:"择可劳而劳之,又谁怨?"选择老百姓可干的事情叫他们干,他们就不会有怨恨。统治者不役使百姓是不可能的,但要考虑人民负担的程度及不误农时,这就是孔子对当政者的要求。

(2)"政者,正也"

孔子的"仁"是一种内在修养,德政也要从为政者的内在修养做起。所以,孔子的德政理论,特别强调统治者自身的行为,那就是为政要"正",行为正派。《论语》中的论述有:

> 季康子问政于孔子。孔子对曰:"政者,正也。子帅以正,孰敢不正?"(《颜渊》)
>
> 其身正,不令而行;其身不正,虽令不从。(《子路》)
>
> 苟正其身矣,于从政乎何有?不能正其身,如正人何?(《子路》)

孔子认为,只要统治者走正路,就没有人敢不走正路;统治者的行为是最好的命令,如果当政者的行为不正派,就是发布命令老百姓也不会听从;只要统治者端正了自身,管理政事就不会有什么困难,如果不能端正自身,而要去端正别人,那是不容易做到的。总之,在政治治理中,统治者自身行为的正派是极为重要的。他们自身端正了,各级官吏就会上行下效,恪守等级名分,主动地推行政令;反之,就会使等级名分混乱,吏治腐败,最终导致国家败亡。《论语》中,我们可以看到大量关于上行下效、强调统治者行为影响作用的论述,为统治者正身修己敲响警钟。如:

慎终追远，民德归厚矣。（《学而》）

君子笃于亲，则民兴于仁。（《泰伯》）

上好礼，则民莫敢不敬；上好义，则民莫敢不服；上好信，则民莫敢不用情。（《子路》）

季康子问政于孔子曰："如杀无道，以就有道，何如？"孔子对曰："子为政，焉用杀？子欲善而民善矣。君子之德风，小人之德草，草上之风，必偃。"（《颜渊》）

正因为统治者的影响作用如此之大，所以，孔子特别强调统治者要加强自身的品德修养，要他们"修己以安人"，"修己以安百姓"。甚至他认为，不论号召做什么事情，为政者都应该走在前边，以身作则。《子路》篇载，当子路问政于孔子的时候，孔子就讲了四个字——"先之劳之"，要统治者先给老百姓带头，然后再让老百姓去干。我们现在都知道孔子主张德政，主张以德治国，但却并不知道，孔子所讲的以德治国之"德"，首先是国君的道德，强调国君应该有道德。在孔子看来，国君或当政者是百姓的表率，国君或当政者有道德了，老百姓才能跟着学。所以，他对季康子说"子欲善而民善矣"，只要你自己想当个好人，老百姓自然就学好了，这也就是"君子之德风，小人之德草"的真正含义，也是"政者，正也"的道理之所在。

（3）"齐之以礼"

孔子主张德政，反对滥用刑杀，提出的治理社会途径是教民，育民，用道德和礼来教化人民。《为政》篇载，孔子曰："道之以政，齐之以刑，民免而无耻。道之以德，齐之以礼，有耻且格。"他认为，用行政命令治理百姓，用刑法来制约百姓，只能使老百姓勉强克制自己避免犯罪，而不懂得犯罪的耻辱；相反，如果用德来治理，用礼来约束百姓，则会使百姓懂得做坏事可耻，并且知道自觉地去纠正错误。《卫灵公》篇中，孔子提出"民之于仁也，甚于水火"，认为"仁"对老百姓来说，比需要水火更迫切，必须把教民化民作为当政者的第一要务。孔子期望，通过"仁"和"礼"的教育，把老百姓的日常行为都纳入"礼"的规范，心灵得到净化，就可以出现和睦友爱、无纠纷、无争讼的理想局面。他表达过这样的理想："听讼，吾犹人也。必也使无讼乎！"一定要使诉讼案件不发生才好。

《尧曰》篇中，孔子答子张如何治理政事时，提出来"四恶"的概念："不教而杀谓之虐；不戒视成谓之暴；慢令致期谓之贼；犹之与人也，出纳之吝谓之有司。"译成今天的话说，不先进行教育便加杀戮，叫作虐；不事先告诫而要求立即做成，叫作暴；下达可以缓慢执行的命令而要求限期完成，叫作贼；同样是给人财物而舍不得拿出去，叫作吝啬。这四种恶政中的三条，即是不告民，不知民，不教民。

前边讲孔子的富民主张时，谈到过孔子和冉有途经卫国时的一段对话，原文是：

> 子适卫，冉有仆。子曰："庶矣哉！"冉有曰："既庶矣，又何加焉？"曰："富之。"曰："既富矣，又何加焉？"曰："教之。"（《子路》）

"庶""富""教"可以理解为孔子的治国方针。治理国家，先要有一个安定的环境，使人民安居乐业，人口发展，家丁兴旺，这是第一阶段；然后就要采用各种办法使人民富裕起来，人人有饭吃，有衣穿，丰衣足食，国力强盛，这是第二阶段；在国力强盛、人民富裕的基础上，再去进行仁德礼义教育，培育人民高尚的精神生活，以建成文明礼义之邦。庶、富、教是孔子实现其政治理想的"三部曲"，也是一般农业社会的富国强国之路。

孔子是主张育民的，但流行的观点是孔子主张愚民政策，这倒是一桩历史公案。问题出自对孔子一句话的理解。《泰伯》篇，孔子说："民可使由之不可使知之。"这句话如何断句，颇有疑问。传统的断法是："民可使由之，不可使知之。"这就理解为：老百姓只可以叫他们遵从（统治者的）指示去做，而不能让他们知道为什么要这样做。但这句话还可以有另外的断法："民可，使由之；不可，使知之。"这样一来,就有了新的理解:人民认为可以,就让他们如此干下去;人民认为不可以,就告诉他们为什么要这样干。这是两种截然不同的理解。然而,联系到教民育民的一贯主张,特别是他极力反对的四种恶政,笔者认为,这后一种解释可能更符合孔子的原意。孔子主张育民,不主张愚民,否则,他一生辛辛苦苦,创办私学,有教无类,诲人不倦,就很难理解了,"道之以德,齐之以礼"也无从谈起了。

(4)"知贤才而举之"

贯彻仁德政治的关键,在于执政人的素质,所以,孔子德政思想的另一重要内容,即是选拔贤才,贤人治国。儒家经典之一《中庸》里载有孔子答鲁哀公问政的一段话:"文武之政,布在方策。其人存,则其政举;其人亡,则其政息。人道敏政,地道敏树。夫政也者,蒲卢也。故为政在人。"意思是说,文王、武王的政令,记在木板简策上。文王、武王的贤臣存在,这些政令就能够施行;如果失去了那样的贤臣,政令也就随之而消失。人道的法则,是努力治理政事;地道的法则,是努力培育树木。政事就好比芦苇容易生长,君子从政如果能得到贤臣的辅助,也会很快成功。所以,治理政事,关键在于得到贤臣。这种贤人政治的思想表述得再明白不过了。《论语》中也有不少有关的论述，如前边已称引过的"赦小过，举贤才"，"举直错诸枉，则民服"等。那么，贤才出自哪里？人的品德和才能并不依赖于他的出身、门第、血统。因此，选拔贤才不应该强调门第身份，出身贫寒而有才德的人，也应该被选拔任用。《论语》中已表达了这样的见解。

《雍也》篇载，孔子对仲弓说："犁牛之子，骍且角，虽欲勿用，山川其舍诸？"此话直译是，耕牛生的小牛犊皮毛红色而且两角端正，虽然不想用它去祭祀，而山川之神难道会舍弃它吗？这是一个比喻。古代祭祀山川神灵，所用的牲牛必须是红色皮毛并两角端正，并要单独饲养，一般的耕牛是没有资格被摆上祭坛的。仲弓的父亲身份低下，大概仲弓学问很好，人们担心他因出身卑微而不能踏入仕途。孔子以犁牛比喻仲弓的父亲，犁牛之子比喻仲弓，这一比喻说明，仲弓虽然出身贫贱，也可做官，就像山川神灵不会舍弃"骍且角"的"犁牛之子"一样。孔子对出身卑贱的仲弓，抱着极大的期待。《雍也》篇中，孔子直率地评价过："雍也，可使南面。"南面，古代以面向南的座位为尊，天子、诸侯、卿大夫坐堂听政都面向南；雍即仲弓。孔子认为，以仲弓的才能，他应该能做卿大夫之类的大官。孔子举贤才的思想突破了奴隶制时代选官"举亲故"的观念，否定了贵族血统论。

即使是贤才、贤臣，各人的才能素质也不一样，应该量才使用，放在合适的位置上，这就是要"知贤才而举之"（《子路》）。孔子是很注意知人、分析人的才能的。《公冶长》篇中，孟武伯向孔子了解子路、冉求、公西赤几个人的才能，孔子分别作了评价，并指出他们各适合任什么样的官职。他说，由（子路）这个人，在一个拥有兵车千辆的国家里，可以主管军政工作；冉求可以到一个有千户人家的县里当县长，也可以在一个兵车百辆的采邑里当总管；而公西赤，则可以让他穿上礼服站在朝廷上接待宾客。录用贤臣，又量才任职，二者互相配合，就可以达到良好的治理，使法令适度，人民受益，天下太平。孔子评论过郑国政令的制定情况。郑国的政策法令适度有序，很少有不当之处，孔子认为它得益于四位贤臣的配合。他说："为命，裨谌草创之，世叔讨论之，行人子羽修饰之，东里子产润色之。"（《宪问》）有人草创，有人推敲，有人修饰，有人提高，四位不同才能的贤臣相互配合，共同成就了完美适度的政策法令。这段话表达了孔子对用人的看法。

举贤才，用贤臣，应该有个"贤"的标准，《论语》对此也有论及。在不同的地方，孔子强调了贤的不同方面，而不管哪一方面，则都是"仁"的体现。也就是说，孔子关于"贤才"的标准，是围绕"仁"去制定的。只有这样，选拔的贤才才能辅佐国君推行仁德政治。孔子的贤才标准，集中体现在他评价子产的一段话中："有君子之道四焉：

其行己也恭,其事上也敬,其养民也惠,其使民也义。"(《公冶长》)这"君子之道四"就是一个完整的贤才、贤臣标准。

以上就是孔子德政思想的基本内容。为政以德,对民宽惠,使民以时,选举贤臣,这样就可以使最高统治者身上及国家政策法令中,体现出"仁爱"之心,播"仁爱"于天下,赢得人民拥护,从而营造秩序和谐的社会环境。施行德政,可以赢得人民的信任;赢得人民的信任,国家就可以稳定,统治就可以巩固。因此,在孔子以"仁"为核心的政治思想中,取信于民占有极重要的位置。《颜渊》篇,孔子与子贡有一段对话:

> 子贡问政,子曰:"足食,足兵,民信之矣。"子贡曰:"必不得已而去,于斯三者何先?"曰:"去兵。"子贡曰:"必不得已而去,于斯二者何先?"曰:"去食。自古皆有死,民无信不立。"(《颜渊》)

孔子认为,粮食充足,军备充足,人民信任,三者是一个国家强盛巩固的根本条件。但真要对三者排个顺序的话,人民信任是第一位的,粮食次之,军备再次之。如果失去了人民的信任,粮食再充足,军备再强大,国家政权也难以巩固。而取得人民信任的首要条件,就是为政以德,对人民宽惠仁慈,富之,教之。由此看来,在孔子的政治思想中,以"仁"为核心的德政,无疑是国家的生命。

4. "能行五者于天下,为仁矣"——以"仁"为核心的伦理体系

要将"仁者爱人"的精神发扬光大,蔚为整个社会的风尚,光有"礼"的规范与节制和统治者的仁德政治是不够的,还必须使全体社会成员都能养成自觉的内在的仁德修养,把"仁爱"之心变成一种集体无意识。于是,孔子从"仁"的核心原则出发,提出了一整套社会道德规范,建立起一种在世界历史上独具特色的仁学伦理体系。《论语》中出现的德目很多,"仁"与"礼"有时候也作为德目出现,但"仁"却不能看作是一般的具体德目,而是所有道德条目的总纲;"礼"是具体的典章制度、仪式节文和行为规范,也不同于一般的道德规范。所以,在介绍孔子的道德规范时,我们将此二者略去。但不能忘记,孔子所有的道德规范,都是"仁"与"礼"的精神的体现。"仁"与"礼",在孔子设想的社会精神生活中,无所不在。

(1) 义、忠、孝

孔子的伦理道德体系,由几个层次构成。最高层次的道德,是具有核心意义的道德原则,它即是"义""忠""孝"三个字。

义 义是孔子伦理体系中的核心范畴，集中体现"仁"的本质，是人的一切行为的精神准则，最高层次的道德风范。《论语》中对义在各种道德规范中的核心地位多有论述：

《卫灵公》篇，子曰："君子义以为质，礼以行之，孙以出之，信以成之。君子哉！"孔子认为，君子以义作为做人的根本，用礼仪来实行它，用谦逊的语言来说出它，用忠诚的态度来完成它，这才是君子。

《阳货》篇，子路曰："君子尚勇乎？"子曰："君子义以为上。君子有勇而无义为乱，小人有勇而无义为盗。"勇是孔子伦理体系的重要德目之一，但它又必须附着于义，君子有勇无义便容易犯上作乱。

"君子义以为质""君子义以为上"，都强调了义在孔子伦理体系中的重要地位。那么，义的具体内涵到底是什么？这应从几个方面加以理解：

在国家政治生活中，恪尽职守，效忠国家，勇于献身，即为义，并谓之"大义"，是义的一切行为中最高尚的行为。《左传·哀公十一年》："孔子曰：'能执干戈以卫社稷，可无殇也。'冉有用矛于齐师,故能入其军。孔子曰：'义也。'"这里的义，即是国难当头，勇于献身的行为品质。《论语》中多处提到"见危授命"，就是指遇到国家危难时能献出生命。《泰伯》篇，曾子曰："可以托六尺之孤，可以寄百里之命，临大节而不可夺也。君子人与？君子人也！"这里的"君子人也"与《卫灵公》篇中"义以为质"的"君子哉"为同义,指的即是具有义这种最高尚的道德的人。"可以寄百里之命",把国家的政令寄托给他;"临大节而不可夺",在生死存亡的紧要关头也不动摇屈服——这才是真正的忠义之士。

在社会公共生活方面,义是处理一切问题、判断是非曲直的准则。事情该做不该做,即根据义去裁定。它具体表现为一种与人为善、助人为乐、舍己为人的品质。《里仁》篇,子曰:"君子之于天下也,无适也,无莫也,义之与比。"君子对于天下的事情,没有一定要怎样做,或一定不要怎样做,而是要根据具体情况,怎样做符合义就怎样做。《颜渊》篇,子张问怎样才可以叫作通达,孔子说:"夫达也者,质直而好义,察言而观色,虑以下人。"在孔子看来,通达的人,应该品质正直,能以合乎义的态度去对待人和事。《为政》篇,孔子告诫其弟子:"见义不为,无勇也。"主张积极地去做义事,见义勇为。

在经济生活中,在物质利益方面,义是指获得物质利益的正当性,其内涵是不自私自利。如"君子喻于义,小人喻于利"(《里仁》);"见利思义"(《宪问》);"见得思义"(《季氏》);"不义而富且贵,于我如浮云"(《述而》);"义然后取,人不厌其取"(《宪问》)等,都是讲义在经济领域中的行为。

忠 在讲"仁"的内涵时,我们阐述过孔子的"忠恕"之道,对"忠"做过介绍。不过,那里主要是讲了它"与人忠"的一面,即在一般社会生活中,与人相处,替人办事,要尽己以为人,这是忠的一个重要的基本的方面。但它毕竟是忠的一个方面,"事君以忠"是它另一方面的重要内容,特别是在秦统一六国之后,中国进入帝制社会时代,这一方面又渐次发展为忠的主导方面。所以,对忠所包含的忠君方面的内容,还需加以阐述。

古代人强调"君臣大义""忠孝两全",为国尽忠,为君尽忠,是做人之大节,是大德大义。然而,《论语》关于忠君的思想和后代有很大不同。后代的"臣事君以忠"是绝对的,无条件的,单方面的,而孔子讲的忠君,则是与"君使臣以礼"、君慈、君惠联系在一起的,并非"愚忠"。这一点有必要予以说明。

忠作为一种道德规范,它是"仁"的体现。所以,对忠的本质的理解,不能离开"仁"这个根本的原则。孔子讲忠君,就是把它放在由"仁"和"礼"所规定的等级秩序中去阐述的。齐景公问政于孔子,孔子对曰:"君君,臣臣,父父,子子。"(《颜渊》)这就是说,君有君道,臣有臣道。虽然君臣不是一种平等的关系,是上下级的隶属关系,但这种隶属是有条件的,是以各守其道为前提的。君道,对民慈惠,使臣以礼,敬事而信;臣道,事君以忠,以道事君。君臣各安其位，各尽其职，共同管理国家和人民。如果君不守君道，不慈爱他的人民，不能使民以时，使臣以礼，就不能要求臣下对他忠诚。"君使臣以礼，臣事君以忠"，前者是后者的前提，在君守君道的情况下，"臣事君以忠"实际上是"仁者爱人"的间接体现，是通过忠君而落实在忠于人民之上的。

如果君不守君道怎么办？《论语》有所论述。《季氏》篇，孔子引用古代史官周任的话说："陈力就列，不能者止。"就是说，尽自己的才力去担任职务，如果行不通就辞职，不能对不道之君盲目遵从。

《先进》篇，孔子说："所谓大臣者，以道事君，不可则止。"强调应该以正道事奉君主，如果行不通宁可辞职不干。

《宪问》篇，子路问怎样事奉君主，孔子说："勿欺也，而犯之。"强调对君主的过错要当面规劝，犯颜直谏。

孔子反对对国君盲目顺从、唯命是从的做法。本来，在为人处世上，他就反对那种不分是非的"老好好"。《阳货》篇中，他曾骂"乡愿，德之贼也"。"乡愿"就是那种没有是非原则的老好人，孔子认为这种好好先生是道德的败坏者。这种思想引申到臣道事君问题上，孔子当然就反对那种不分是非的忠君，唯君命是从之人被他视为小人。《八佾》篇中，孔子说："事君尽礼，人以为谄也。"过分顺从君主，就是对君主献媚讨好，是没有出息的小人作风。《子路》篇中，他说："如不善而莫之违也，不几乎一言而丧邦乎？"如果君主说了错话而没有人违抗，那就可以说是"一言而丧邦"，一句话（即君主的错话）而使国家败亡。

殷纣王在位，昏庸无道，倒行逆施，他的哥哥微子辞职隐去；他的叔叔箕子多次力谏，被罚作奴隶；纣王的另一个叔叔比干，则因劝谏而被剖心致死。《微子》篇载："微子去之，箕子为之奴，比干谏而死。孔子曰：'殷有三仁焉。'"孔子评价这三个不事昏君的人为仁人，鲜明地表达了他对君臣之道的看法。总起来说，孔子是主张"臣事君以忠"，但不是无条件的忠，不是愚忠，忠君是与"仁者爱人"相联系的。如果君不守君道，不行德政，而还要去顺从，去忠君，那就是小人之谄，不是真正的忠，而是"德之贼也"。

孝 孝是仁的基本内涵，前文已经讲过，这里略作补充。狭义的孝，是指子女对父母的感情和礼节；广义的孝，是孝道，泛指家庭伦理范畴。父慈、子孝、兄友、弟恭，这是孔子提出的家庭伦理道德的基本内容。强调子女对父母的孝，是家庭伦理的核心。一般讲中国伦理，都认为君臣之道、君礼臣忠，是父子之道、父慈子孝的推广及引申，这种说法大致不错，但在《论语》里，君臣关系和父子关系是有重大区别的。子对父是单方面的服从关系，不像君礼臣忠那样是相互的。父亲即使错了，子女也必须听从。如：

事父母几谏。见志不从，又敬不违，劳而不怨。（《里仁》）

三年无改于父之道，可谓孝矣。（《里仁》）

父为子隐，子为父隐，直在其中矣。（《子路》）

父母有做错的地方，子女应委婉地劝谏，若父母不听，则不能触犯他们，只能在心里忧愁而不怨恨；父亲死了，他定下的东西，即使错了，三年之内也不能改变；更甚者，父子之间要互相隐瞒包庇所干的错事。可见，孝与忠是有很大区别的。臣事君"勿欺也，而犯之"，是不能引申到孝道中来的。

"义""忠""孝"是孔子伦理体系中最高层次的道德规范，它们都是"仁"的根本精神的体现。"君子无终食之间违仁，造次必于是，颠沛必于是"，无论在什么情况下，都不能违背仁德，都不能丢掉义、忠、孝。失去这三种品质，所谓"仁"也就谈不上了。

（2）知、勇、恭、宽、信、敏、惠

孔子伦理体系的第二个层次，是关于为人处世、待人接物的一般行为规范。这一层次的德目较多，一般说，主要是知、勇、恭、宽、信、敏、惠等几种。

首先是知和勇。《论语》中孔子两次把知和勇与仁并举，强调它们是君子之德的重要素质。《子罕》篇，孔子说：

"知者不惑,仁者不忧,勇者不惧。"《宪问》篇又说:"君子道者三,我无能焉:仁者不忧,知者不惑,勇者不惧。"《礼记·中庸》中也说:"知、仁、勇三者,天下之达德也。"三者中"仁"是根本,自不待言。知、勇和仁并列,可见孔子对二者的重视。

知 即智,是道德认识、道德实践中的智慧与才能。"仁者爱人",实践仁德,需要在社会生活中明察善恶,区分是非,当然需要清醒的头脑和深刻的分析能力。所以,知是实践仁的必备的素质,是一种美德。知有丰富的具体含义:

"知之为知之,不知为不知,是知也。"(《为政》)这里的知,是学习中实事求是的科学态度;

樊迟问知。子曰:"知人。"樊迟未达,子曰:"举直错诸枉,能使枉者直。"(《颜渊》)这里的知,是识别人的能力;

樊迟问知。子曰:"务民之义,敬鬼神而远之,可谓知矣。"(《雍也》)这里的知,是懂得鬼神天地之理,有轻鬼神而重人事的远见卓识;

子曰:"可与言而不与之言,失人;不可与言而与之言,失言。知者不失人,亦不失言。"(《卫灵公》)这里的"知",指谈吐举止,适度得体。

《宪问》篇中,孔子刻画过一个完人的形象:"若臧武仲之知,公绰之不欲,卞庄子之勇,冉求之艺,文之以礼乐,亦可以为成人矣。"成人是完美无缺的人。孔子认为取诸名人之长集于一身，可以为成人，其中之一便是"臧武仲之知"。可见，孔子认为，"知"，即聪明和智慧，是成就一个完人的重要条件。

勇 上边孔子讲的"卞庄子之勇"，亦是一个完人的重要条件。勇，是道德实践方面的勇气。一个真正有仁爱之心的人，见到不仁不义之事，是能够有勇气挺身而出的，这就是见义勇为。勇是仁在实践上的要求，一种由仁派生出来的美德；但亦需置于仁的统帅之下，不能离开仁、礼、义去谈勇。《论语》中有关的论述有：

见义不为，无勇也。(《为政》)

仁者必有勇，勇者不必有仁。(《宪问》)

君子有勇而无义为乱，小人有勇而无义为盗。(《阳货》)

这些话中，仁与勇的关系很清楚。勇是一种美德，但它必须和仁的根本精神结合起来，见义勇为，是谓真勇。

其次，恭、宽、信、敏、惠五者，是孔子直接讲到的体现"仁"的五种美德。这五者，是人与人交往、任职做事的行为准则，是人的外在行为的道德规范，也可以称为实践道德。五者并提，见于《阳货》篇："子张问仁于孔子，孔子曰：'"能行五者于天下，为仁矣。''请问之。'曰:'恭、宽、信、敏、惠。恭则不侮,宽则得众,信则人任焉,敏则有功,惠则足以使人。'"从这段话看,恭、宽、信、敏、惠五者都发端于仁是没有疑问的,是行仁德的内在要求。

恭 一般指在社会交往中人的态度、容貌,严肃,庄重,谦虚,但又非虚伪的矫揉造作。《论语》中有关的论述有:

> 樊迟问仁,子曰:"居处恭……"(《子路》)
>
> 孔子曰:"君子有九思:视思明,听思聪,色思温,貌思恭……"(《季氏》)
>
> 有子曰:"……恭近于礼,远耻辱也……"(恭敬符合礼节,就可以避免耻辱。《学而》)
>
> 子曰:"巧言令色,足恭,左丘明耻之,丘亦耻之……"(孔子认为过分卑恭是可耻的,因为伪装出来的谦虚之貌,是虚伪的。《公冶长》)

宽 即宽容精神,集中体现着夫子的"忠恕"之道。"仁者爱人""泛爱众",宽容是基本的品德。《论语》中有关的论述有:

> 既往不咎。(《八佾》)
> 伯夷、叔齐不念旧恶,怨是用希。(《公冶长》)
> 攻其恶,无攻人之恶。(《颜渊》)
> 君子尊贤而容众,嘉善而矜不能。(《子张》)

> 人洁己以进，与其洁也，不保其往也。（人家洗净污点要求进步，就要赞许他们的洁净、进步，不要老抓住人家的过去不放。《述而》）

以上都是"宽"的表现。宽容是一种美德，既是爱人的一种表现，又为爱人所必须。只有行宽容之德，才能使人并为人人，成就"仁"的理想。

信 诚实无欺，是做人的基本品质，也是"仁"的内在要求。《论语》中的论述有：

> 主忠信。《学而》
>
> 敬事而信。（《学而》）
>
> 弟子入则孝，出则弟，谨而信，泛爱众而亲仁。（《学而》）
>
> 人而无信，不知其可也。大车无輗，小车无軏，其何以行之哉？（一个人不讲信用，怎么能立身处世？这好比车上没有驾牲口的器具，怎么能行走呢？《为政》）

以上引文说明，孔子把信看作人与人交往的基本品德，没有信，人将寸步难行。但是，孔子讲的信，是以仁、义为准则的。"信"作为一般性的行为规范，要接受仁、义基本精神的指导，信以符合仁、义为原则，而不是无原则的守信。从以前征引过的"君子义以为质，礼以行之，孙以出之,信以成之"的话来看,信的品质,在于用诚实的态度完成仁道的义举,是成就"义"的。所以,在具体的道德实践中,做某件事,要不要守信,应用"义"去判断。"信近于义,言可复也。"(《学而》)就是说,信约符合义,这约言才可以实行。孔子曾说过:"言必信,行必果,硁硁然,小人哉!"(《子路》)不问原则,只重然诺,那只是江湖义气。

敏 即勤敏,是做事的品德。无论干什么事情,没有辛勤的耕耘,都不可能有所收获。孔子是求实的,只有勤敏地工作,造福于百姓,才能实践高尚的仁德。所以,"敏"也是仁的内在要求。《论语》中的"敏"字出现了五六次,但不都是勤敏之义。如颜渊说"回虽不敏",敏当聪明讲,不敏即不才;孔子讲"敏而好学,不耻下问",其中的"敏"意谓思维敏捷,也是聪明睿智之义。把敏作为品德来提倡,有以下几处:

> 敏于事而慎于言,就有道而正焉。(《学而》)
> 敏则有功。(《尧曰》)
> 我非生而知之者,好古,敏以求之者也。(《述而》)

惠 即对人仁慈宽厚,给他人以好处,是"仁者爱人"的直接体现。"惠"字在《论语》中出现了几次,都是对当政者的要求,在讲孔子的德政思想时已经讲过。不过,作为一种品质,惠则不仅是为政者应有的修养,也应成为全体社会成员共同的道德修养。

（3）温、良、俭、让、刚、毅、木、讷

除了上边所讲之外，《论语》中还有不少德目，都是孔子伦理道德体系的组成部分，但这些德目比起上边所讲，是又低了一个层次，它们多不是行为道德规范，而是内在的品质修养，多属于道德情操、性格修养的范畴。这类德目主要见于下边两段话：

一是《学而》篇，子禽问子贡，夫子每到一个国家马上就了解到这个国家的政事，他是怎么知道的。子贡说："夫子温、良、恭、俭、让以得之。"就是说，夫子以温和、善良、恭敬、俭朴、谦让的态度对待人，人家便主动把政事告诉他。

另一段话是《子路》篇中，孔子说："刚、毅、木、讷，近仁。"刚强、果断、质朴、言语谨慎，有这四种品德的人接近于达到仁的要求。

这两段话中，除了恭前边已有论说外，又提出了温、良、俭、让、刚、毅、木、讷八种品德。这些，作为人的道德情操、性格修养来说，都是需要去追求，去培养的。

5. 为仁由己，求仁得仁 —— 成仁之路

实现"仁"的理想，德政是重要的，"礼"的节度是必须的，在"礼"之外再建立一套道德规范也是必要的；

然而，最重要的，是每个社会成员都能培育出内在的仁爱之心，把道德规范变成一种道德自觉，进而内化为个体人性之本质。这样，用"仁者爱人"的精神净化了人的心灵，铸造了人的灵魂，人们相互之间自然也就会以仁爱之心相待，也就在全社会实现了"仁"的理想。大概正是基于这样的考虑，孔子把加强个人道德修养，看作是实现"仁者爱人"的根本之路，提出了许多关于个人修养的理论和方法。

（1）为仁由己，笃实躬行

孔子认为，"仁"并不是远离人们而高不可攀的，只要树立了"欲仁"的信念，人人都可以成为仁人。他说：

> 欲仁而得仁。(《尧曰》)
> 为仁由己，而由人乎哉？(《颜渊》)
> 求仁而得仁。(《述而》)
> 仁远乎哉？我欲仁，斯仁至矣。(《述而》)

能否成为一个仁人，关键在于自己的"欲""求"。要有一种"欲仁""求仁"的内在驱动。只要立志去求仁，"苟志于仁矣，无恶也"(《里仁》)，立下了行仁的志向，就会自觉地杜绝恶行，成为一个有道德的人。如果能用更高的标准要求自己，"仁以为己任"(《泰伯》)，那则会产生"守死善道"的执着精神，成为一个高尚的人。

可见，孔子强调道德修养的关键在于自己，"君子求诸己，小人求诸人"(《卫灵公》)。真正的君子是严格要求自己，从自己身上找原因的。"为仁由己"，应强调自身在加强道德修养方面的自觉性、主动性、能动性。他举例说："譬如为山，未成一篑，止，吾止也。譬如平地，虽覆一篑，进，吾往也。"(《子罕》)功亏一篑，完全在于自己。这段话既突出了"为仁由己"的思想，又提出了一个"行"的问题。"欲仁"还要加上"求仁"，去努力追求，把道德观念变成道德行动、道德实践，才能真正成仁。

孔子说："有能一日用其力于仁矣乎？我未见力不足者。"(《里仁》)他认为，人人都有行仁的能力，但能否成为一个仁人君子，那就看你能否用力于"行"。因此，孔子特别看重道德实践中的"行"字。《为政》篇，子贡问什么是君子，孔子说："先行其言而后从之。"君子总是先做后说。《子路》篇，他说："君子名之必可言也，言之必可行也。君子于其言，无所苟而已矣。"君子绝不随便说话，说了就要实行。孔子提倡"讷于言而敏于行"(《里仁》)，评价人则"听其言而观其行"(《公冶长》)。而对于那些"色取仁而行违"(《颜渊》)，表面上主张仁德而行动上违背仁德；"躬之不逮"，说得出而做不到；"言而过其行"，言过其实的人……孔子则视为可耻的伪君子。当然，道德实践并不是容易的事，也不是一时之事，是人终生锲而不舍的追求。像孔夫子这样的圣人，对自己在道德实践上的功夫还很不满意。他曾说，作为一个"躬行君子"，自己还没有达到。这或许不是孔子的谦逊，正说明道德实践上的笃实躬行，是一个很高的要求、极高的目标，需要人们不懈地追求。

（2）内省自身，见贤思齐

"为仁由己"，表现在修养方法上，就是立足于自我，倡导主体修养的自觉性。从《论语》看，孔子倡导的修养方法有：

自省 即自我省察。人人都要对自己的言行负责，不断从内心深处省察自己，是否做到了"仁"的要求。如孔子说："见贤思齐焉，见不贤而内自省也。"（《里仁》）见到贤者就向他看齐；见到不贤的人就在内心反省，看自己有没有和他一样的毛病。"内省不疚，夫何忧何惧？"（《颜渊》）内省自身，问心无愧，就不会有什么忧愁和畏惧。孔子的弟子曾参说"吾日三省吾身"（《学而》），这可能是孔子对弟子们的要求，要他们每天都要再三反省。

自讼 自己在思想深处进行思想斗争，排除邪念，净化灵魂。孔子有一次谈道："已矣乎，吾未见能见其过而内自讼者也。"就是说，他还没有看到过能自觉发现自己的过错并在内心责备自己的人。可见，"自讼"并不容易做到。人们在日常生活中，经常会遇到物质利益与仁义道义的两难选择，在物质利益面前，经常会出现思想上的矛盾，"自讼"可以使自己排除物质利益的诱惑，"义以为质"，使自己的选择符合道义的要求。自讼是孔子设想的净化心灵、培养高尚情操的基本方法。

自责 对自己的过错进行自我批评，正视错误，改正错误，也是加强修养的重要途径。人非圣贤，错误总是难免的，重要的是有错即改，并能引以为戒，自责就是它的前提条件。只有经常性地自我批评，才能避免再犯以往的错误。《论语》中的论述有："过则勿惮改。"（《学而》）犯了错误就不要害怕改正。"过而不改，是谓过矣。"（《卫灵公》）犯了错误而不能改正，这才是真正的过错。"有颜回者好学，不迁怒，不贰过。"（《雍也》）他赞扬颜回是个不重犯同样错误的人。总之，孔子认为，人犯错误并不可怕，可怕的是不能认识，不能改正，如他说："闻义不能徙，不善不能改，是吾忧也。"（《述而》）孔子本人具有强烈的自责精神，并能做到闻过则喜。《述而》篇载有这样一件事：陈司败问孔子鲁昭公是否懂礼，孔子说懂礼。后来陈司败对孔子的学生巫马期说："我听说君子不包庇人，而孔子却包庇他的国君。鲁国、吴国是同姓，鲁君却从吴国娶了一位夫人，同姓婚姻这算什么懂礼？而孔子却说鲁君懂礼。"陈司败走后，巫马期把这话告诉了孔子，孔子高兴地说："我真幸运，只要有过错，人家就会指出来。"

择善而从 自觉学习别人的长处,是提高道德水平的重要途径。《论语》中孔子反复讲过:"三人行,必有我师焉。择其善者而从之,其不善者而改之。""多闻,择其善者而从之。"(《述而》)见贤思齐,择善而从,善于从他人身上,从各种意见中吸取有益的东西,不仅需要内在的自觉,还需要有分析鉴别的能力和精神,有分析地对待各种意见。《子罕》篇中,孔子这样讲道:"法语之言,能无从乎?改之为贵。巽与之言,能无说乎?绎之为贵。"合乎正道的话,能不听从吗?但听从之后改正错误才可贵。谦恭顺耳的话,听了能不高兴吗?但要对这些话分析鉴别才可贵。"改之为贵""绎之为贵",可谓至理名言。

(3)笃信好学,守死善道

孔子认为,学习是提高道德水平的重要途径。"笃信好学,守死善道。"(《泰伯》)一个有坚定信仰和好学精神的人,才会用生命去捍卫那些善的道义原则。所以,孔子一贯倡导"博学于文""学而不厌",并且他本人即是好学的典范。孔子强调学习对于道德修养的重要性,讲过这样一段话:

> 好仁不好学,其蔽也愚;好知不好学,其蔽也荡;好信不好学,其蔽也贼;好直不好学,其蔽也绞;好勇不好学,其蔽也乱;好刚不好学,其蔽也狂。(《阳货》)

仁、知、信、直、勇、刚这六种美德，如果不和学结合起来，它们都会发展到自己的反面，由六德变成六蔽。在孔子看来，一个人的修养和学习是密切相关的。当然，学习也是要和道德修养联系起来，脱离道德修养的读书学习，也并不能有助于提高人的修养，反倒是一种虚伪和炫耀。他曾批评说："古之学者为己，今之学者为人。"(《宪问》)就是说，古人学习是为了提高自己，而今天的人学习则是为了装饰自己给人看，这是不可取的。学习既然是为了提高道德修养，那么学习的落脚点，学与不学的区分，即在于自己的品质如何，不光看手拿书本这种形式。孔子和他的学生，都表述过这样的思想：读书给别人看的人，虽学亦谓之"不学"；真正树立了高尚品德的人，即使没有读过《诗》《书》《礼》《乐》，也应算是"好学"的人了。孔子讲的"好学"二字，也有点辩证的味道。他不是看形式，而是落脚到实际的品德修养上。当然，孔子将学习的主要目的、主要内容都归结到品德修养上，对中国文化的发展也造成了极为严重的负面影响，这一点，本书后边还将有专门讨论。

综上所述，《论语》这本散乱的语录体著作，还真是有一个思想体系的。这个体系的核心是"仁"，由"仁"再派生出一套"礼"的秩序，设计出一套治国安邦的德政模式，建立起一系列实践"仁"的道德规范，并指出一条通向"仁人"的自我修养之路。如果这些都能得到实现，那将是一幅怎样的社会画卷呢？

《先进》篇载有孔子和几位弟子聊天的情景。有一天，子路、曾皙、冉有、公西华四人陪孔子坐着聊天。孔子说："你们几个不要以为我在这儿就感到拘束，都随便一点，谈谈自己的理想。如果有人任用你们，你们将怎么做？"一向比较鲁莽的子路还是率先发言："一个拥有兵车千辆的国家，夹在大国之间，受到外国军队的侵犯，再加上国内闹饥荒，在这样内忧外患的形势下让我去治理，只需三年，我可以使它变得人民勇敢善战，并且懂得礼义。"孔子听着，讥讽地笑了笑他。孔子又问冉求，冉求说："一个国土纵横六七十里或五六十里的小国，让我去治理，三年时间，可以使人民丰衣足食。至于这个国家的礼乐，只好等待君子来施行了。"冉求似乎谦虚一点，孔子没有表态。第三个发言的是公西华，他说："我不是说有能力做到，只是愿意学习罢了。举行宗庙祭祀，或者诸侯会盟，我愿意穿着礼服戴着礼帽，做一个小傧相。"孔子问："曾点（即曾皙），你怎么样？"曾皙腼腆地说："我的志愿和他们不同。"孔子说："这不妨事，各抒己见嘛，谈谈吧。"曾皙说："暮春三月，已经穿上春装了，我和五六位成年人，六七个少年人，去沂水中洗洗澡，去舞雩台上吹吹风，然后一路唱着歌回来。"听了曾皙的话，夫子喟然叹曰："吾与点也！"

谁也没想到,孔子最赞成的即是曾点的理想。

"吾与点也!"孔子的一声长叹,使两千多年来不少的文人学者大惑不解。暮春三月,人们三五成群,洗洗澡,吹吹风,唱着歌,这究竟是个什么境界?这个境界似乎说不上伟大,算不得高尚,实乃人生之常境。但仔细思量,这不正是"仁"的理想实现之后的社会图卷吗?社会安定,天下太平,人人怀友爱之心,个个无忧心烦恼,快乐惬意地融入大自然之中,尽情地享受着生命的欢乐。这不正是孔子"仁者爱人""博施于众""修己以安百姓""老者安之,朋友信之,少者怀之"的"仁"的最融洽、最和谐、最生动的描绘吗?

在春秋末年那个礼崩乐坏、天下大乱、诸侯连年混战、人民生灵涂炭的年代,孔子的仁学理想,无疑表达了人民对生的渴望,对安定、秩序、和谐的新时代的期待;而其理论价值,则是在中国思想史上,第一次对"人"的价值的真正肯定。

三 《论语》与中国国民性格

《论语》对中国文化最深层次的影响，在于它参与塑造了中国人的国民性格。可以说，在研究中国国民性的文化基因时，《论语》是首先要重视的文化因子，中国国民性格的所有方面，无不与之有着直接的因果关系。中华传统文化中，可以列入元典之列的著作有几十种，而像《论语》这样对我们的国民性格有如此广泛而深刻影响的，则不过几种而已。

概而言之，由《论语》所奠基、塑造的国民性格，表现为以下几个方面。

1. 乐观豁达，自强不息

中华民族在两千多年的历史长河中，经历过许多坎坷磨难，内部的动荡，外部的侵扰，甚至还有过几次灭顶之灾的危难，然而，它都历史地挺了过来，文化精神绵延不断，历史统绪一脉相承。中华民族总是以乐观豁达的气度面对历史的挫折，以自强不息的精神去创造和发展，表现出乐观、自信、进取的民族风范。而这一宝贵的民族性格，就是与《论语》相联系的。

（1）"知其不可而为之"

《论语》中的孔子，是一个乐哈哈的老头子。尽管一生经历了各种各样的苦难，然而他总是那样豁达大度，对生活充满乐趣。孔子的乐是"贫而乐"，不同于一般的欢乐，而是一种精神境界，一种积极可贵的人生态度。

> 子曰："饭疏食，饮水，曲肱而枕之，乐亦在其中矣。不义而富且贵，于我如浮云。"（《述而》）

> 子曰："贤哉，回也！一箪食，一瓢饮，在陋巷，人不堪其忧，回也不改其乐。贤哉，回也！"（《雍也》）

孔子吃粗食，喝白水，枕着胳膊睡觉，而乐在其中；他的学生颜回，身居陋巷，粗茶淡饭，别人不堪忍受，而他则不改变他的快乐。这就是孔子师徒的生活态度。有人总结孔子师徒的乐观主义生活态度，提出一个"孔颜乐处"的概念，而这个"乐处"究竟在哪里呢？北宋程颢有一首诗《秋目偶成二首（其二）》：

> 闲来无事不从容，睡觉东窗日已红。
> 万物静观皆自得，四时佳兴与人同。
> 道通天地有形外，思入风云变态中。
> 富贵不淫贫贱乐，男儿到此是豪雄。

这首诗似乎可以帮助我们解开"孔颜乐处"。孔子的快乐是一种精神的超越，他"道通天地""思入风云"，已将自己的全部身心融入对天地精神（即真理）的追求之中，那些具体的物质条件，不管是贫贱还是富贵，都已被他置之度外。正像孔子自己所说，为了追求真理，实现他的政治理想，他已达到了"发愤忘食，乐以忘忧，不知老之将至云尔"的程度。可以说，孔子的乐观，是一种心灵无限宁静、不受任何物质条件所干扰的心平气和的精神境界。

有了这样的精神境界，才会有博大的胸怀、豁达的气度，以君子坦荡荡、不忧亦不惧的冷静态度，去处理现实世界中的困难和纷扰。所以，孔子在任何艰难困苦的条件下，都能表现出自信乐观、泰然处之的态度。周游列国时，在匡地被困，一时陷入绝境，孔子镇静自若，"七日弦歌不绝"。在宋国被司马桓魋追杀，弟子们劝他快逃，孔子则满不在乎地说："天生德于予，桓魋其如予何？"说老天爷生下我来就是让我宣扬仁德，拯救人民的，他桓魋能把我怎么样？表现出充分的自信。在陈蔡被围，绝粮七日，孔子还跟学生开玩笑，说等将来颜回富有了，他去给颜回当个管家。可以说,无论在任何条件下,孔子的处世态度,总是冷静、自信、豁达、泰然、乐观、进取,对人生充满着希望。

当然,有了这样的人生态度,才可能激发奋发向上、自强不息的奋斗精神。可以说,孔子的一生,都在自强不息地奋斗和追求。自强不息,就是孔子人生的写照。在学习生涯中,他否认自己是生而知之者,而是学而知之者,一生"敏而好学,不耻下问",孜孜以求,学而不厌;在教育生涯中,他致力于平民教育,广收弟子,来者不拒,循循善诱,诲人不倦,一生教授生徒三千,在教育领域中辛勤耕耘了50余年;在道德实践中,他认为"为仁由己",仁德的获得靠自己去实践,所以他不断反省自己,要求自己,严于律己,闻过即改,为了弘扬仁道,做了"杀身以成仁"的精神准备;在政治生涯中,长达14年的周游列国,无数次的艰难曲折,都没能动摇他的理想和信心,坚韧不拔,愈挫愈奋,被时人称为"知其不可而为之"的人。孔子在各个方面所表现出来的奋斗精神,如果用一句话来概括,那就是"自强不息"。

(2)自强不息的民族风范

孔子乐观豁达、自强不息的精神风范,通过《论语》的传播,在长达两千多年的历史熏陶中,逐渐化为中国国民的一般性格，成为中国传统文化的基本精神。

　　成书于战国时期的《易传》中说："天行健，君子以自强不息。"天地运行，永无已时，故称为健。"健"，含有主动性、能动性和刚强不屈之义。君子效法天的意志品质，故应自强不息。从汉代到清代，《易传》相传为孔子的著作，此说并不可靠，但如果说"天行健，君子以自强不息"这句话真实地反映了孔子的思想，典型地概括了孔子的人格精神，则是完全正确的。不管怎么说，刚健有为、自强不息的品质，在历史上是与孔子的名字联系在一起而影响了我们这个民族的。自强不息、乐观进取的精神，在两千多年的历史中，不管是对国君、士大夫阶层，还是对一般民众，都产生了极为强烈的激励作用。

　　宋儒张载说："贫贱忧戚，庸玉汝于成也。存，吾顺事；殁，吾宁也。"(《西铭》)范仲淹说："不以物喜，不以己悲……先天下之忧而忧，后天下之乐而乐。"(《岳阳楼记》)这都是继承了孔子乐观豁达的品格。而孟子的千古名句"富贵不能淫，贫贱不能移，威武不能屈"，则更是对刚健有为、自强不息精神的极为精彩的阐述和发挥，成为两千多年间历代志士仁人立德立言、安身立命的座右铭。孔子豁达乐观、自强不息的精神，在几千年的生活实践中，已经融化在中国人的思想意识里和行为规范中，浸透在人们的肌体和血液中，成为地地道道的民族基因。

这样的民族基因，在全民族的历史创造活动中发挥着潜在的支配作用，在不同的社会群体中展示出不同的风采。在先秦时代的知识分子身上，我们看到了这种品格："昔西伯拘羑里，演《周易》；孔子厄陈蔡，作《春秋》；屈原放逐，著《离骚》；左丘失明，厥有《国语》；孙子膑脚，而论兵法；不韦迁蜀，世传《吕览》；韩非囚秦，《说难》《孤愤》；《诗》三百篇，大抵贤圣发愤之所为作也。此人皆意有所郁结，不得通其道也，故述往事，思来者。"（《史记·太史公自序》）司马迁的这段名言，反映了历代知识分子愈是遭受挫折愈是奋起抗争的精神状态和坚韧不拔、自强不息的意志品质。

在中国历代有作为的帝王身上，也体现着乐观进取、自强不息的民族性格。秦始皇"续六世之余烈，振长策而御宇内，吞二周而亡诸侯，履至尊而制六合，执棰拊以鞭笞天下，威振四海"，体现的是这种精神；刘邦"大风起兮云飞扬，威加海内兮归故乡，安得猛士兮守四方"，也充溢着刚毅威武的气度，奋发向上的精神；至于明太祖朱元璋，从布衣小民而登至尊之位，更是靠着乐观进取、自强不息的奋斗。正是历代像秦皇汉武、唐宗宋祖那样有作为的帝王，有着刚毅的性格，博大的胸怀，自强不息的精神，开拓进取的气概，也才有我们今天地大物博的中国，也才使得我们中华民族以中原的华夏族起步，像滚雪球似的越滚越大,成为今天世界上无与伦比的民族。乐观进取、自强不息的民族性格,使我们中华民族几千年的历史生生不已。

(3)乐观豁达两面观

乐观豁达的国民性格,在人们的日常生活中,往往发挥正反两方面的作用。从积极方面说,它不断调节人们的心理情绪,使其以冷静的态度去看待人生的际遇。人生在世,富贵发达,万事顺利,财源不断,官运亨通者有之;仕途坎坷,宦海浮沉,天灾人祸,饱经风霜者有之。正所谓月有阴晴圆缺,人有悲欢离合;天有不测风雨,人有旦夕祸福。人在顺利坦途之中,容易以健康的心理情绪去面对现实,处理问题;而在逆境之中,则容易产生悲观心理,以消极的心理状态去面对世界。中国人乐观豁达的性格,使我们的人民始终能以乐观主义的态度去面对世事的变迁。在遭遇险恶之时,淡化悲观心理,对未来充满希望。我们总是能把失败看作成功之母,把挫折看作成功的契机。即使犯了天大的错误,我们也不会自暴自弃,而会像毛泽东所说的那样,错误和挫折教训了我们,使我们比较地聪明起来了,我们的事情就办得好一些。在险恶的逆境之中,我们会坚信物极必反,否极泰来,曙光即在眼前。豁达乐观的性格,使我们总能从逆境中找到奋发向上的支撑点。

一般来说，一个民族的英雄人物，最能集中体现民族的优秀品格。譬如毛泽东，在他身上，乐观豁达的性格就表现得十分典型。"道路是曲折的，前途是光明的"，是他常说的一句话；"不管风吹浪打，胜似闲庭信步"，是他的著名诗句；中国一穷二白，他说一张白纸好画最新最美的图画；1954年长江发大水，淹了不少地方，他说，"好，旧的不去新的不来"；1959年福建沿海发生沉船事故，他在事故报告上批示，"沉舟侧畔千帆过，病树前头万木春"；60年代中苏论战，气氛紧张，国际环境异常险恶，毛泽东对苏共方面来下"战书"的特使说："别着急，笔墨之战是死不了人的。起码有四件事我可以保证，不管你们怎么批评我们，天照样下雨，女人照样生孩子，草木照样生长，鱼照样在河里游。"毛泽东从来没有把困难和挫折放在心上，总是以乐观豁达的人生态度期待着未来。乐观豁达的国民性格，使人们永远保持积极向上的人生态度。

但是，乐观豁达的人生态度，如果不是以冷静的分析认识为基础，不是与自强不息的奋斗精神相结合，则会导致盲目的乐观主义，而成为一种消极的惰性心理。中国传统社会中知足者常乐，逆来顺受，自我满足，不求进取，缺乏危机感、幻灭感、紧迫感，在历史紧要关头而漠然置之，坐失良机的情况，也甚是常见。在国民性格中，最为常见的阿Q精神，似乎也与此相关。请看鲁迅笔下的阿Q形象：

阿Q在形式上打败了，被人揪住黄辫子，在壁上碰了四五个响头，闲人这才心满意足的得胜的走了，阿Q站了一刻，心里想，"我总算被儿子打了，现在的世界真不像样……"于是也心满意足的得胜的走了。

阿Q想在心里的，后来每每说出口来，所以凡有和阿Q玩笑的人们，几乎全知道他有这一种精神上的胜利法，此后每逢揪住他黄辫子的时候，人就先一着对他说：

"阿Q，这不是儿子打老子，是人打畜生。自己说：人打畜生！"

阿Q两只手都捏住了自己的辫根，歪着头，说道：

"打虫豸，好不好？我是虫豸——还不放么？"

但虽然是虫豸，闲人也并不放，仍旧在就近什么地方给他碰了五六个响头，这才心满意足的得胜的走了，他以为阿Q这回可遭了瘟。然而不到十秒钟，阿Q也心满意足的得胜的走了，他觉得他是第一个能够自轻自贱的人，除了"自轻自贱"不算外，余下的就是"第一个"。状元不也是"第一个"么？"你算是什么东西"呢？！

阿Q以如是等等妙法克服怨敌之后，便愉快的跑到酒店里喝几碗酒，又和别人调笑一通，口角一通，又得了胜,愉快的回到土谷祠,放倒头睡着了。

阿Q的精神胜利法,实在是很奥妙。它总能使一个人站在胜利的舞台上乐观一番,不管他受尽了多少屈辱。因为,他不需要自强,不需要在事实上战胜对方,他的胜利是一种无往而不胜的不战而胜。这种不思进取并带有自欺欺人的盲目乐观,是我们这个民族国民性中的劣根性之一,是乐观豁达精神的扭曲和衍变,至今仍在侵蚀着国民的健康心理。这种精神胜利法,不仅阿Q式的农民,就是在我们的知识分子、文化精英身上,也时有显现。君不见有多少人在挖空心思地寻找中国的世界之最,甚至有一本又一本的集子出版;有多少人面对西方的科技发现,总能从自己老祖宗那里找到根据,那样豁达、潇洒、轻松自如地没收了西方人的"版权"。只要一有什么新的科技问世,他马上能乐观自豪地宣布:"中国早就有了!"中国人不战而胜!阿Q本不就是一个人,是鲁迅对我们这个民族劣根性的提炼。在我们弘扬民族的乐观豁达、自强不息的优秀品格的同时,不能不严肃地指出,一切盲目的乐观主义,一切不思进取、缺乏危机感、紧迫感的豁达大度,一切阿Q式的精神快乐主义,可以休矣!我们需要以冷静的乐观态度去面向未来,以自强不息的精神去迎接挑战,以刚健坚毅的气质去展现华夏文化的风采。

2.取验务实,注重实践

取验务实,注重实践,是中国国民性格的又一突出特点。然而,也与《论语》的奠基作用密切相关,也是受儒家学说熏陶的结果。

(1)"子不语:怪、力、乱、神"

早在西周初期,受殷周之际社会变革的启迪,统治者的天命鬼神思想就开始动摇,他们把维护自身统治的希望,从对天命的依赖转移到对现实社会的治理,提出了"敬德保民"的政治思想。从根本上说,周初的统治者认为,周代殷是受命于天,但他们又说"天命靡常","皇天无亲,唯德是辅","民之所欲,天必从之","天不可信","当于民监"。也就是说,他们已经认识到,能否巩固自己的统治,根本的问题是能否对现实社会进行良好的治理,能否取得人民的支持。这是历史上最早出现的重视政治实践、注重人事治理的宝贵思想。春秋以来,"天命"思想日益动摇,有作为的政治家日益表现出对现实社会问题的重视。《左传·昭公十八年》载,晋国的占星术者,根据天象预言郑国将要发生大火,郑国的大夫子产说:"天道远,人道迩,非所及也,何以知之?"孔子继承了西周春秋以来的无神论思想传统,罕言天命、鬼神,重视人事实践,表现出重实际而黜玄想的思想倾向。

《论语》中,孔子也谈到天,但很少具有信仰天命的思想。孔子谈到"天""命"二字的地方,可分为几种情况:

在紧急危难之时,借传统的"天"的说法,来为自己壮胆鼓气,而非一般信仰。如:"天生德于予,桓魋其如予何?"(《述而》)"天之未丧斯文也,匡人其如予何?"(《子罕》)等等。

把"天"和"命"当作一种自然规律、一种不可抗拒的必然性去看待。如:"天何言哉?四时行焉,百物生焉,天何言哉?"(《阳货》)天什么话也没说,但四时运行,百物生长,各有其序。这里的"天"是自然之天;"道之将行也与,命也;道之将废也与,命也。公伯寮其如命何!"(《宪问》)道的兴废由命运来决定,"命"实际上是一种不依人的意志为转移的客观必然性,而不是人格化上帝的安排。可以说,孔子讲到的"天"并不是真正主宰人类命运的人格神;所谓"命",也不是这种人格神的意志的安排。

而且,在孔子看来,所谓"命",并不是绝对不可改变的。《先进》篇中,他说:"赐不受命,而货殖焉,亿则屡中。"说端木赐(即子贡)不听天由命,而去经商,猜测商情常常能够猜中。所以他主张,"不怨天,不尤人",重在发挥个人的主观努力。于是,孔子的整个思想体系,显示出轻天道、重人道、重视人的实践的倾向。在本书前边的讲述中,我们也可以看到,孔子"仁"的思想体系,没有任何神学色彩，他的社会政治理想，完全是靠仁人君子的道德实践去实现的。所以，他讲"仁"，特别强调躬行实践，强调一个"行"字。

当然，从《论语》中看，孔子并不是一个彻底的无神论者，在那样的时代，真正从理论上论证天命的不存在，并非易事。孔子做不到这一点，而以聪明的态度对待之，对这些玄奥的问题不去管它，多闻阙疑，存而不论，把思考的重心放在现实之中。这就是黜玄想而重实际。这是一种清醒的理性选择。在对待鬼神的问题上，这一点表现得最为鲜明。

《雍也》篇，樊迟问知，子曰："务民之义，敬鬼神而远之，可谓知矣。"樊迟问什么是聪明，孔子说，努力从事人民认为合理的工作，尊敬鬼神却远离它，这就是聪明。

《公冶长》篇，子曰："臧文仲居蔡，山节藻棁，何如其知也？"孔子说，臧文仲把大乌龟壳藏在家中，刻上花纹图案，日日供奉，求神祈福，这怎么是聪明呢？

《先进》篇，季路问事鬼神，子曰："未能事人，焉能事鬼？"曰："敢问死？"曰："未知生，焉知死？"季路问怎样事鬼神，是想知道如何事奉鬼神才能求福避祸，孔子反对这种思想，但未直言，而把话题转到人事上去，人还不能事奉好怎么能去事奉鬼神？回避了事鬼神的问题。季路进一步追问"死"是怎么回事，孔子仍是微妙而模棱两可地回答，生还弄不懂，怎么懂得死？要学生把注意力转到"生"的方面，现实的方面，人事方面；至于鬼神及死后的情况，不要去想。对鬼神这东西，敬而远之，虚以待之，悬而置之。

孔子为什么对鬼神采取这样的态度呢？首先是他重视的是现实的人生；其次是这些玄奥的问题不能用经验去证明，陷入这些问题的争论会误入歧途，而生活中又很难回避它，只好敬而远之。"祭神如神在"（《八佾》），每逢祭祀的时候，就郑重其事，祭祀之后也就算了，人的主要精力应关注人世间的问题。从这样的思想基础出发，"子不语：怪、力、乱、神"（《述而》）。他从来不谈论怪异鬼神之事。其实，孔子不谈论这些问题，不置可否，存而不论，也是从一定的实践目的出发的，由清醒的理智指导的。《说苑》中有这样的记载：子贡问孔子人死了以后还有没有"知"，即有没有灵魂。孔子说，我若说有灵魂，恐怕那些孝顺的子孙都"妨生以送死"，像事奉活着的父母一样去办理后事，那会十分铺张；我若说无灵魂，又恐怕那些不孝之子孙，将老人弃之不葬。子贡呀，这个问题，等你死的时候再去感受它也不算晚吧！这段材料的真伪已说不清楚，但确实反映了孔子的鬼神观。他事实上是不重视鬼神，而只重视人事，只重视实际的。孔子从清醒的理智出发，对鬼神采取了一种实用主义的态度。

（2）国民所重：政事日用，工商耕稼

在学术界，有人用"实践理性"的概念来概括孔子轻天道、重人道，轻鬼神、重人事的思想，并认为它深深影响了我们整个民族的思维方式、心理结构和国民性格。李泽厚认为："孔子通过教诲学生，'删定'诗书，使这个模式产生了社会影响，并日益渗透在广大人们的生活、关系、习惯、风俗、行为方式和思维方式中，通过传播、熏陶和教育，在时空中蔓延开来。对待人生、生活的积极进取精神，服从理性的清醒态度，重实用轻思辨，重人事轻鬼神，善于协调群体，在人事日用中保持情欲的满足与平衡，避开反理性的炽热迷狂和愚盲服从……它终于成为汉民族的一种无意识的集体原型现象，构成了一种民族性的文化—心理结构。"（《孔子再评价》）这个推断大体不错。孔子重实际而黜玄想的思维方式，确实深深地影响了我们这个民族，塑造了我们国民性格中极端现实性的品格。恩格斯说过，在一切实际事务中，中国人远胜过一切东方民族。其观察可谓深刻。近代学者章太炎说："国民常性，所察在政事日用，所务在工商耕稼，志尽于有生，语绝于无验。"（《驳建立孔教议》）其论甚为精辟。主要由儒家思想所培育的我们的国民性格，确实太着重于现实中的事物。政治家关心的是治乱兴衰，思想家思考的是道德伦理，老百姓关心的是柴米油盐。至于人世间的是是非非，统治政策的好好

坏坏，也都只有一个标准，那就是是否符合国家人民之利，是于世无补还是于世有益。取验务实，注重实践，成为中国国民性格的一个重要特征。

取验务实、注重实践的国民性品格，曾经是中华民族兴旺发达、创造古代辉煌业绩的重要精神条件。它引导人们抨击空谈和玄想，执着于现实的创造，务实求是，脚踏实地，通过自身的努力，去改造自己的生存环境，它是中华民族创造力的精神源泉。中国历史上长城、运河的伟业，汉唐盛世的史诗，都与这一国民性品格相联系。中国历史发展的许多特点，也都与这一国民精神相关。在中国几千年的文明史上，曾经有过种种土生的或外来的宗教流传，但没有任何一种宗教像西方的基督教、中东的伊斯兰教、印度的佛教那样，征服过全民族的心灵，甚至没有任何一种宗教在意识形态中处于主导的地位。所以，历史上的中国人，从来没有陷入全民族性的宗教迷狂。在取验务实、关注现实的精神指导下，世俗的、入世的思想，始终压倒神异的、出世的思想。中国人对生命终极意义的追求，不是到彼岸世界寻求解脱，而是在此岸世界学做圣贤，躬行实践，建立功业，以求流芳百代，名垂千古，把生命的永恒置于历史的无限发展之中。

取验务实、注重实践的国民性格，影响到学术思想的发展道路。一方面，它遏制了纯思辨色彩的哲学的发展，使中国哲学摆脱对天、地、自然本身的探索，而导向人生论的方向，并使哲学过多地打上社会伦理的色彩。确切地说，自汉儒以后，中国哲学并不是完全不谈天、地、自然问题，而有趣的是，人们对天、地、自然的探讨都与对人的探讨联系在一起，天人合一，把自然人格化，以人为核心。中国思想史上也有各家各派，但都全神贯注于人与人的关系、人伦关系的研究，这成为各种学派共同的潜质。中国哲学的这一发展方向，弱化了中华民族思辨理性的睿智。另一方面，取验务实、注重实践的精神品格，却促成了中国历史学的繁荣，中国古代史学的成就为世界上任何民族所不及。因为，解决现实中的问题，不能靠玄思冥想，必须靠实证的经验；还有，解决社会问题，瘅恶彰善，不能靠单纯的伦理说教，按照孔夫子的说法，"我欲载之空言，不如见之于行事之深切著明也"，用历史事实、古圣先贤的榜样进行社会教育，是唯一有效的途径。于是，历史学在各朝各代都备受重视，官修史书统绪不断，私人修史代有其人。中国史学就是本着经世致用、惩恶劝善这样一个资治通鉴的现实目的而发展、繁荣起来的。它积累了中华民族五千多年文明史的宝贵遗产。

取验务实、注重实践的国民性品格，也影响到中国古代科技的发展。从实践实用的角度出发，中华先民们过于重视技术科学的发展。我们的青铜铸造技术、冶铁技术、天文仪器以及后来的四大发明，都说明我国古代的科技成就一直处于世界的前列。但是，蕴含在这些科技成就中的科学原理，却大多没有流传于世，或者说根本就没有进行独立的研究或总结。重实际而黜玄想的精神品质，使先民们过多地受到"政事日用""工商耕稼"这些现实需要的局限，而不关注纯科学的玄思；过多考虑一种思想、一个方案或一种技术的有用性、可行性，而不追求精密严谨的思辨体系。这样，在中国历史上，很少见到亚里士多德式的不以实用为目的而由探索自然奥秘的好奇心所驱使的文化人，也不曾见到有人像牛顿那样去为苹果为什么会落在地上这样的问题而发呆痴想。中国人从来不提出纯科学的问题，任何科学都无例外地和具体的技术连在一起。所以，中国古代科学的发展从来没能从技术的发展中剥离出来，形成独立的发展道路，因而受到很大的束缚和局限。

受《论语》等儒家经典熏陶、影响所形成的取验务实、注重实践的国民性格，既有它优秀的、积极的一面，也有它明显的局限性。它所造成的实用理性的思维方式，把人们的思维局限在眼前现实利益的狭小圈子里，忽视长远利益，偏重短视行为，缺乏科学理性。这些都务必引起当代国人的注意。

3. 贵和持中，和谐中庸

贵和持中，和谐中庸，看重和谐，坚持中道，是中国国民为人处世、调解人际关系和社会矛盾的基本思想，也是以孔子为代表的儒家思想所塑造的中国国民性格的最鲜明的特征。

（1）"中庸之为德也，其至矣乎"

在中国思想史上，"中"与"和"的概念，在孔子之前即已产生，并且有许多富有价值的思想，而"中庸"则是孔子的发明。毛泽东曾说，孔子的中庸"是孔子的一大发现，一大功绩，是哲学的重要范畴，值得很好地解释一番"。孔子的中庸，最早即见于《论语》。

《雍也》篇，孔子说："中庸之为德也，其至矣乎！民鲜久矣。"孔子认为，中庸是一种最高的道德，或者说是一种最高的准则，人们缺乏这种道德或准则已经很久了。那么，中庸这种道德或准则，它的基本内容是什么？从《论语》中看，中庸思想包括两个方面：

过犹不及 就是说过头和不及这两种行为状态都是有害的，处理一切事情，既要反对过头，也要反对不及、达不到，应该采取中道。"过犹不及"出自孔子与子贡的一段对话：

子贡问:"师与商也孰贤?"子曰:"师也过,商也不及。"曰:"然则师愈与?"子曰:"过犹不及。"(《先进》)

子贡问孔子,颛孙师和卜商两个人哪个好些,孔子说颛孙师办事过头,偏激;卜商办事赶不上,达不到。子贡说,那么是不是颛孙师好一些呢?孔子强调说,过头和赶不上一样不好。看来,孔子认为,办任何事情都有个标准,不能超过这个标准,也不能达不到标准,应该是完全合乎标准的中正不偏,准确适度,不偏不倚,无过无不及。所以,又可以说,孔子的"过犹不及"是崇尚中道,是一个"持中"的原则。《尧曰》篇有"允执其中"的话,孔子认为,任何事物都有两端、两头,即对立的两个方面,而正确的态度即是"叩其两端"而用之,在对立的两极之中把握住一个最适当的度。不管是治理国家、管理经济,还是修养道德、为人处世,办理任何事情,最重要的就是要坚守中道。《论语》中对此有许多论述:

居敬而行简。(《雍也》)

乐而不淫,哀而不伤。(《八佾》)

君子矜而不争,群而不党。(《卫灵公》)

温而厉,威而不猛,恭而安。(《述而》)

学而不思则罔,思而不学则殆。(《为政》)

质胜文则野,文胜质则史,文质彬彬,然后君子。(《雍也》)

君子惠而不费,劳而不怨,欲而不贪,泰而不骄,威而不猛。(《尧曰》)

以上敬与简,乐与淫,哀与伤,矜与争,群与党,温与厉,威与猛,恭与安,学与思,文与质,惠与费,劳与怨,欲与贪,泰与骄等,都是事物的两端、两头,要在这两端之中把握一个合适的度,既不过头,也无不及,这是中庸思想的第一个要求。

和而不同 任何事物的最佳状态,都是多种事物的对立统一而构成的和谐。孔子崇尚"和",但却不是单一的清一色的"同"。这一思想是对西周春秋以来的"和同论"的继承和发展。

西周末年的史伯和春秋末年的晏婴,都进行过"和同之辨"。"和"是不同事物之间的谐和,"同"是简单的同一。史伯说:"夫和实生物,同则不继。以他平他谓之和,故能丰长而物生之。若以同裨同,尽乃弃矣。"(《国语·郑语》)"以他平他谓之和",是说聚集不同的事物而得其平衡,叫作和,这样能产生新事物,所以"和实生物";"以同裨同",即把相同的事物加起来,那是不能产生新事物的,所以"同则不继"。晏婴也阐述过同样的道理。他以君臣关系为例,说君臣之间，臣能提出不同的意见，君能容纳不同的意见，即是和，就能实现政局平稳，民无争心。如果不是这样，国君搞一言堂，不论说得对错，臣都一致赞成，根本没有意见交换，即是同，这就一定会犯错误，国家就会出现危险。孔子继承了这些宝贵的思想财富，提出"君子和而不同，小人同而不和"（《子路》），说真正的君子是讲协调而不盲目附和，只有小人才盲目附和而不讲协调。

"君子和而不同"的根本出发点是"和"，即主张人与人之间的统一与和谐，反对人与人之间的斗争，提倡用宽容谅解的精神去缓和人与人之间的紧张关系。如他提倡"君子周而不比"（《为政》），君子讲团结而不互相勾结；"君子无所争"（《八佾》），君子没有什么可争的事情。这都是为了实现和谐的社会关系。

孔子崇尚的"和"，还有另一层意思，即"中和"，就是恰到好处。也就是说，人与人的和谐，也是有原则的，即以符合"礼"为标准。如孔子的学生有若所说："知和而和，不以礼节之，亦不可行也。"（《学而》）只知道和顺的可贵而一味地和顺，不要原则，不用"礼"去节制约束它，这样的和也是行不通的。可见，孔子主张的和，不是无原则的和，那种无原则的和气、和顺、老好人作风，孔子是极端讨厌的。我们曾经讲过，孔子骂"乡愿，德之贼也"，他认为不讲原则的一团和气，是对道德的败坏。

做事恰到好处，为人坚持原则而又能团结和谐，这的确是一种很高的修养境界，达到这种境界是不容易的。《论语》中孔子也提出了达到中庸之至德的修养方法。如他强调自我修养，认为要达到中庸之德，就必须能自我克制，严于律己，宽以待人，减少与他人的摩擦，缓和紧张的社会关系；推己及人，行忠恕之道，将心比心，理解别人，"己所不欲，勿施于人"，"己欲立而立人，己欲达而达人"，以消除人与人之间的对立情绪；以"礼"节之，用"礼"节制自己的社会行为，把自己的一切言行都纳入"礼"的规范之中，说话做事都完全与自己所处的地位相符合，这样就不会破坏社会的等级秩序，维持社会的和谐。"礼之用，和为贵"，"礼"的根本用途即在于维持社会的和谐与秩序，只要社会成员都能依"礼"而行，也就最终实现了社会的和平与稳定。

《论语》中孔子的中庸思想即如上述，以往人们有把孔子的中庸理解为折中、调和，那是对孔子的歪曲或曲解。"中"是对事物的度的恰如其分的把握，"和"是有原则的思想统一，"中庸"是一种宝贵的思想品质。孔子不仅不主张折中主义，无原则的调和，而且坚持原则，守死善道，反对乡愿式的老好人主义。至于后世儒家将"中庸"思想扭曲、附会，那是不能由孔子来负责的。

（2）"读中国的书使人静下来"

孔子的中庸思想被后人继承和发展，在战国时期就出现了《中庸》专篇。《中庸》是《礼记》中的一篇，相传为孔子的孙子子思所作，在宋代受到二程、朱熹等大儒的重视，将其单独抽出，作为"四书"之一，捧到至尊的地位，中庸思想也就产生了更加广泛而深远的影响。

《中庸》中说："喜怒哀乐之未发，谓之中；发而皆中节，谓之和。中也者，天下之大本也；和也者，天下之达道也。致中和，天地位焉，万物育焉。"意思是说，喜怒哀乐没有表达出来的时候，称为中；表现出来之后符合常理，称为和。中是天下的根本，和是贯通天下的原则，达到"中和"的境地，天地便各在其位了，万物便生长发育了。这是对中庸为天下之"至德"的发挥和强调。

战国时期的墨家，虽然反对儒家，但其不少思想也表现出中庸色彩。如墨子"兼相爱，交相利"的思想，主张"视人之国若视其国，视人之家若视其家，视人之身若视其身"，即与儒家推己及人的中庸相一致。墨子设想，诸侯相爱，就不会发生战争；大夫相爱，就不会互相篡夺；人与人相爱，就不会彼此伤害；天下之人皆相爱，强的对弱的，众的对寡的，富的对贫的，贵的对贱的，智的对愚的，都要做到兼爱互利，那就能建立一个美妙和谐的社会。可以说，墨家在政治、伦理、人际关系的范畴上，也发展和突出了儒家的和谐论思想。

先秦思想家们关于贵和持中、和谐中庸思想的论述，在当时那诸侯争霸、战乱频仍的年代，显得有些不合时宜，不为各诸侯国所接受，未能显示出重大的实践价值。但在秦汉以后，随着国家的统一，政治的稳定，贵和持中、和谐中庸的政治、伦理思想，则刚好适应了大一统的政治要求，又迎合了宗法社会温情脉脉的伦理情感的需要，被历代政治家、思想家所推崇，所提倡，并随着儒学的传播、深入人心而为全社会所接受，从而成为整个民族的情感心理原则，内化为一种基本的民族性格。在两千多年的传统社会中，中国人为人处世的基本原则，即是中庸之道。"己所不欲，勿施于人"，"老吾老，以及人之老；幼吾幼，以及人之幼"即是最响亮的格言。从官僚士大夫到一般老百姓，无论是对人、对事、对己都尽量避免对立，采取中和，不走极端，与世无争，与人无争，忍让为重，安分守己。明代人洪应明的《菜根谭》是一本为人处世的格言集，其中所讲的根本道理即是"中庸"二字，很能反映中国人在中庸观念熏陶下形成的国民性格。譬如该书讲：

> 人情反复，世路崎岖。行不去处，须知退一步之法；行得去处，务加让三分之功。

处世让一步为高,退步即进步的张本;待人宽一分是福,利人实利己的根基。

我有功于人不可念,而过则不可不念;人有恩于我不可忘,而怨则不可不忘。

性躁心粗者一事无成,心和气平者百福自集。

读这样的书,很自然使我们想起鲁迅先生的话,读中国的书使人静下来。的确如此,中国人的书,都是我们的国民性的外化,同时又都在培育、固化着传统的国民性格。中庸之道的教育,确实起了巨大的作用。中国传统农业社会长期延续,经济、文化长期在和谐统一的社会环境中求得发展,是与我们贵和尚中的国民性格有关联的。

西方著名文化学者汤因比说:"人类已经掌握了可以毁灭自己的高度技术文明手段,同时又处于极端对立的政治、意识形态的营垒,最需要的精神就是中国文明的精髓——和谐。"这是对中庸精神积极因素的极高评价。今天,我们处在社会的大变革时代,文化的转型在所难免,虽然我们的国民性是历史文化积淀的结果,但也需要从今天的历史高度去进行反思,从而有利于国民性的改善。

老实说,中庸之道,"无过无不及",做人处世的"度"是不好把握的,怎样做才算是真正的"持中",无法用严密的数学公式来推演,只能凭直觉、经验来把握。把握好了,它就发挥积极的社会作用；把握不好就会滑向调和、折中，而产生消极作用。所以，中庸之道在人们的社会实践中，一直存在着双向的社会效果。

一方面，它要求中正准确，恰到好处，对中华民族严肃认真、朴实无华风格的形成起了积极作用。它要求"中立而不倚"，坚守节操，守死善道，对培育中华民族坚韧不拔、刚直不阿的精神产生了积极影响；而另一方面，它要求凡事都做到中正准确，"言必有中"，在实际生活中很难做到。而要死守这些信条，势必导致谨小慎微、害怕风险的保守心理。于是它又成为因循守旧、胆小怕事的民族劣根性的根源。

中庸之道崇尚中和，把维护社会的统一、和谐看作最高道德修养，强调为社会为他人勇于牺牲个人利益。它一方面造成了祖国长期统一的深厚心理基础，是爱国主义、集体主义的精神源泉，造就了强大的民族凝聚力、向心力；另一方面，中和思想的基点是"和"，强调"不争"的人生态度，容易导致无原则的调和，养成一团和气、滑头世故的社会恶习。并且，过于强调中和，忽视矛盾的斗争和转化，也起到了阻碍社会发展的消极作用。

中庸之道要求人们学会克制个人欲望，防止和抑制过激情绪的产生，用理智去克服情绪，保持平衡的心境。这一方面使中国人形成了清心寡欲、恬淡平和的心理特点，有利于人们调节不良情绪，对一切恩怨荣辱、是非得失都能看得开，想得通，防止了偏激情绪的产生，维护了社会的稳定，也有利于个人身心的健康；但另一方面，理性对感性的过分压抑，则限制甚至抹杀了社会成员的个性发展，使人人都成为安分守己、小心谨慎、与人无争、听天由命、不分是非、恭维顺从的庸人，从而抹杀了整个民族的创造能力和生命活力。

总之，中庸之道影响了我们的国民性格，创造了几千年文明史的大一统的历史奇迹，造就了一个古老民族温文尔雅的大国风度，形成了古朴敦厚的民俗民风；然而，它也在一定程度上抑制了民族的竞争精神，形成了浓厚的保守心理，使我们这个曾有过辉煌历史的民族，日益失去创造的活力，成为近代历史上的落伍者。对于贵和持中、和谐中庸的民族性格，需要冷静地辩证地对待。

4. 重义轻利，礼让敦厚

重道义人情，不计较眼前小利；见义勇为，扶助危难；滴水之恩，涌泉相报；宽惠仁慈，淳朴厚重；热情好客，温柔敦厚。这是中国老百姓的古朴民风，也是中国人最普遍最基本的性格特征。而这一点，也与孔子《论语》的教化相关联。

（1）孔子所倡导的民风

《论语》中，孔子关于如何培养淳朴厚重的社会风习，有不少论述，大抵表现在重义轻利、见义勇为、忠信无怨、以德报德、济众助人等几个方面。

重义轻利 义利之辨，在孔子思想中是个很重要的问题。原则上说，从治理国家的角度讲，孔子主张"富民"，重视老百姓的物质利益；从社会道德、个人修养的角度讲，孔子主张重义轻利，把道义放在首位。这里，我们是从道德修养的角度来讨论孔子的义利之辨。他说：

> 君子喻于义，小人喻于利。(《里仁》)
> 见利思义，见危授命。(《宪问》)
> 君子谋道不谋食……君子忧道不忧贫。(《卫灵公》)
> 不义而富且贵，于我如浮云。(《述而》)
> 富与贵，是人之所欲也，不以其道得之，不处也。贫与贱，是人之所恶也，不以其道得之，不去也。(《里仁》)
> 放于利而行，多怨。(《里仁》)

见义勇为 《论语》中说：

> 见义不为，无勇也。(《为政》)
> 君子义以为质。(《卫灵公》)

> 君子之于天下也，无适也，无莫也，义之与比。(《里仁》)
>
> 君子义以为上。君子有勇而无义为乱，小人有勇而无义为盗。(强调以义为本，义勇统一。《阳货》)

忠信无怨 这是交朋友和处理一般人际关系的信条。《论语》中说：

> 为人谋而不忠乎？与朋友交而不信乎？(《学而》)
>
> 与朋友交，言而有信。(《学而》)
>
> 己所不欲，勿施于人。在邦无怨，在家无怨。(《颜渊》)
>
> 居处恭，执事敬，与人忠。(《子路》)
>
> 宗族称孝焉，乡党称弟焉。(《子路》)
>
> 贫而无怨难，富而无骄易。(《宪问》)

以直报怨，以德报德 这是处理人与人之间恩怨的伦理原则。孔子主张厚于友情，不忘故旧，知恩图报，不计较别人的怨恨。《论语》中说：

> 躬自厚而薄责于人，则远怨矣。(《卫灵公》)
>
> 以直报怨，以德报德。(《宪问》)
>
> 克、伐、怨、欲不行焉。(《宪问》)
>
> 故旧不遗，则民不偷。(《泰伯》)
>
> 伯夷、叔齐不念旧恶，怨是用希。(《公冶长》)

济众助人 这是孔子提倡的又一美德。《论语》中说：

博施于民而能济众。(《雍也》)

己欲立而立人，己欲达而达人。(《雍也》)

君子敬而无失，与人恭而有礼，四海之内皆兄弟也。(《颜渊》)

君子成人之美，不成人之恶。(《颜渊》)

子路曰："愿车马衣轻裘与朋友共，敝之而无憾。"……子曰："老者安之，朋友信之，少者怀之。"(《公冶长》)

最后一段话是孔子和弟子子路抒发各自的志向。子路的志向是拿出自己的车马、衣服与朋友共同使用，用坏了也不抱怨。而孔子的志向是，愿天下的老年人得到安逸，朋友们得到信任，少年人得到关怀。

（2）一诺千金，信义为重

《论语》的上述思想，对塑造中华民族的性格，确实起了极为重要的作用。特别是其中重道义、守信诺的思想，加上后来墨家学派的掺杂合流，逐渐培养出一种侠义精神，在两千多年的历史中常盛不衰。行侠仗义，除暴安良，江湖义气，几乎成了中国下层文化的主流。《三国演义》《水浒传》《七侠五义》之类历史小说之所以为中国老百姓津津乐道，大抵都在于"义气"二字。中国老百姓的许多历史知识，几乎都是和这些替天行道、除暴安良、仗义疏财、打富济贫、绿林好汉、江湖义气、路见不平拔刀相助之类的故事、传说相联系的。人们可以不懂得三国之兴衰，但不会不知道桃园三结义；人们不必去弄清革命与反抗、造反与招安，但不能不知水泊梁山聚义厅。《水浒传》第71回说梁山好汉：

> 八方共域，异姓一家，天地显罡煞之精，人境合杰灵之美，千里面朝夕相见，一寸心死生可同。相貌语言，南北东西虽各别；心情肝胆，忠诚信义并无差。其人则有帝子神孙，富豪将吏，并三教九流，乃至猎户渔人，屠儿刽子，都一般儿哥弟称呼，不分贵贱……

这梁山一百单八员好汉，确实身份复杂，性格各异，个个栩栩如生，然而，却有一个共同之处，即每个人身上都浸透着"信义"二字。中国老百姓对《水浒传》的接受，并不在于著作者的文学才华，也不在于每位好汉个性的独特与典型，唯在于人物形象中蕴含的"信义"二字，正是这两个字在中国老百姓心中引起了共鸣。

信与义是连在一起的。《论语》中有："信近于义，言可复也。"符合义的信约，就必须履行。中国人重信诺的特点是鲜明的。早在汉代，就有季布"一诺重千金"的传说。

在中国人的观念里，讲信用，重诺言，就等于一个人的道德生命。读《三国演义》，一般老百姓骂曹操而拥戴刘皇叔，然而却没有人去深究刘备为一句诺言而葬送蜀国命运的重大失误。当初，刘、关、张桃园结义立下誓约："刘备、关羽、张飞，虽然异姓，既结为兄弟，则同心协力，救困扶危；上报国家，下安黎庶。不求同年同月同日生，只愿同年同月同日死。皇天后土，实鉴此心，背义忘恩，天人共戮！"后来吴、蜀荆襄之役蜀军战败，关羽身亡，刘备践履誓约，倾全国之兵为关羽报仇。当时，曹操病死，曹丕篡夺了汉家天下，遭到天下志士的普遍反对，刘备成都称帝，正顺民意，若不计较吴国的恩怨，继续执行联吴抗曹的隆中决策，很可能陷曹魏于不利，最终实现光复汉室的目标。这步棋许多将军都看得明白，劝刘备勿发兵东吴。但刘备却意气用事，不顾国家安危，只念旧誓前约，说："今若与之连和，是负二弟当日之盟矣。"结果发兵东吴，猇亭一战，几乎全军覆没，蜀国从此元气大伤，终被曹魏所灭。然而，喜欢《三国演义》的中国老百姓，对刘备的这一重大失误并不放在心上。究其原因，是刘备重义气，守信诺，迎合了国民心理。当然，中国历史上也有忘恩负义、背信弃义之人，但在文艺作品中，这些人没有不遭到报应的，而且所遭的报应，也必定应验他当初的誓约。这正好也从另一个侧面证明中国人对信义的崇尚与追求。

（3）一饭难忘，礼让为先

中国传统社会民风淳厚，礼让为先，知恩图报，故旧不遗，反映这种文化性格的故事、传说，占据了民间文艺作品的很大比重。韩信"一饭难忘"的故事，就是一个"滴水之恩，涌泉相报"的例子。韩信不得志的时候，饿得不得了，在一条小河边吃了一个洗衣服的老太婆的饭，后来他封了王，找到那个老太婆报答旧恩，赏赐其千金，权作报答。

故旧不遗，也有很多传说。一个人做了大官，不能忘记过去共患难的老朋友。"苟富贵，无相忘。"陈胜说的这句话虽然他自己没能做到，但倒成了后人相传千年的格言。东汉光武帝刘秀当皇帝后，下令在全国寻找他幼年时的同学严子陵。两人见面之后，不叙君臣之礼，还和当年一样，晚上睡在一个床上。严子陵睡觉有个坏习惯，腿压在刘秀肚子上，以至于被太史发现了"客星犯帝座"的天象。这当然是传说了。朱元璋当了皇帝后，在全国下令找他的老朋友田兴。田兴硬是不愿意出来做官，朱元璋亲自写信给他说："皇帝是皇帝，朱元璋是朱元璋，你不要以为我做了皇帝就不要老朋友。你不来，就没有种。我们兄弟俩还是好兄弟，我今天不是以皇帝身份找你来。我们两兄弟见面，皇帝是皇帝，朱元璋是朱元璋，有种的你过河来吧！"口气和当年放牛时打架对骂一样。做了大官不忘故旧的例子就更多了。这些故事都不一定是真实的，但却真实地反映了淳朴厚重、故旧不遗的民族性格。

孔子提倡的宽惠仁慈、济众助人、扶助危难、和睦谦让的道德品格，也早已化作中国人内在的心理素质。中国人一向以行善积福为乐，不好计较一己私利，直到商品经济发达的今天，很多人还不习惯于市场交易中的讨价还价，不习惯于在熟人朋友之间讨论正当的利益分配问题，还是孔子那种"罕言利"的观念意识。与人共事，谦让为先，发财致富，不忘乡亲，这些在历史上都有不少记载和传闻。春秋晚期，陶朱公做生意三致千金，几次富裕到家有千金的程度，但他却把财富散给贫穷的乡亲和族人，可谓"博施于众"的一个典型。我们再举一个谦让的例子。据说桐城有一条巷子叫"六尺巷"。清代康熙、雍正年间，桐城人张廷玉在京城做官，在家乡盖相府时，邻居与他家争三尺宅基地，官司打到县衙里。张家总管写信给张廷玉，希望他给县令写信通融。张廷玉见信后，在原信上批了一首诗寄回家，诗曰："千里求书为道墙，让他三尺又何妨，长城万里今犹在，谁见当年秦始皇？"张家总管接信后，立即让出三尺地来，邻居看到张家退让了三尺，也让出来三尺，于是留下了一条人人都能通行的六尺巷道。中国古代儒家提倡无讼，不打官司，很多民间纠纷是通过民事调解，以谦让精神来解决的。

重义轻利，礼让敦厚，是一种宝贵的国民素质，任何时代都需要善良淳朴的民心民风，需要有见义勇为、关心他人、宽宏大量、谦让有礼的道德风范。但应看到，重义轻利的精神品质，也在一定程度上抑制了人们的竞争心理，使我们这个民族在近代以来经济竞争日趋激烈的国际环境中，显得有些步履蹒跚，并使一些国民面对当前市场经济的大潮感到难以适应，出现了心理失衡，有人甚至发出"道德沦丧"的哀叹。其实，我们几千年积淀而成的心理素质，国民性品格，主要的是一种历史的产物，它是应随着时代的发展而不断更新、改善的。传统道德风尚的调整、改造，甚至部分的"沦丧"，既不是历史的过错，也不是世风的衰退，是国民素质不断发展改造的正常现象。

5. 崇尚统一，趋同求一

中国人似乎天生就有着崇尚统一的政治追求，很是向往大一统的政治局面；而在思维方式上，也有趋同求一之特性。价值观追求统一，社会行为也尚同求一，追求无差别的人类行为，而容不得有不同个性的人的存在。这种价值观和思维方式的趋同求一，似乎构成了整个民族的重要特性。中国人所以有这样的民族特性，一方面与中国两千年的历史道路有关，是较早形成大一统国家的历史特点的产物；另一方面，也与孔子及其《论语》的影响有关。

(1) 孔夫子的大一统政治思想

客观地说，孔夫子并没有直接提出一个大一统的概念，但一统天下的思想或观念，对统一局面的向往，却可以从他的不少言谈中分析出来。

中国自古就有大一统的政治传统和思想传统，夏、商两代都是天下万国的局面，但万国是有共主的，所以在政治上是为一统。西周的封邦建国，更是有着周王室这个强固的政治中心，整个国家的政治统一，有着强国的联结，是名副其实的大一统局面。这在孔子的观念中有着深刻的历史印记，所以，在政治上他是主张统一的，对于春秋时期礼崩乐坏、诸侯各自为政的局面，他表现出了极度的不满。《季氏》篇载：

> 孔子曰："天下有道，则礼乐征伐自天子出；天下无道，则礼乐征伐自诸侯出。自诸侯出，盖十世希不失矣；自大夫出，五世希不失矣；陪臣执国命，三世希不失矣。天下有道，则政不在大夫；天下有道，则庶人不议。"

对春秋时期这种礼乐征伐自诸侯出，甚至政出家门的局面，孔子抱有深深的忧患，他极端渴望礼乐征伐自天子

出的政治大一统局面。他的政治理想,是"天下为一家""天下大同"的大一统。《礼记·礼运》篇中,孔子所描绘的理想之世是:

> 大道之行也,天下为公。选贤与能,讲信修睦。故人不独亲其亲,不独子其子,使老有所终,壮有所用,幼有所长,矜寡孤独废疾者,皆有所养。男有分,女有归。货恶其弃于地也,不必藏于己;力恶其不出于身也,不必为己。是故,谋闭而不兴,盗窃乱贼而不作,故外户而不闭,是谓大同。

> 故圣人耐以天下为一家,以中国为一人者,非意之也,必知其情,辟于其义,明于其利,达于其患,然后能为之。

天下大同是孔子的政治理想。而且他认为,这种统一和大同,是可以做到的。就像他所说,"圣人耐以天下为一家",圣人就能够把天下团结为一家,把中国团结得像一个人一样。在他看来,这并不是臆想,是可以做到的。这是很明确很坚定的天下一统理念。

在《论语》中,"天下"这个词出现的频率很高,他经常谈天下如何如何,总是站在大一统的角度来谈论问题。如:

> 君子之于天下也,无适也,无莫也,义之与比。(《里仁》)
>
> 泰伯,其可谓至德也已矣。三以天下让,民无得而称焉。(《泰伯》)
>
> 一日克己复礼,天下归仁焉。(《颜渊》)
>
> 能行五者于天下为仁矣。(《阳货》)
>
> 兴灭国,继绝世,举逸民,天下之民归心焉。(《尧曰》)

这种"天下"观念,就是"大一统"观念的真切反映,这说明在孔子的潜意识里,天下本来就是一个统一体,"统一"是社会存在的本然形态。所以,在孔子的观念中,统一天下的意识非常牢固。

(2) 从政治一统到思想统一

孔子的大一统政治理想,被后人所继承,并从政治统一的理想,发展到统一思想的主张。本来在孔子那里,"统一"主要是个政治观念、天下观念,虽然他也有思想统一的意识,比如经常谈到"道之以德""齐之以礼"的问题,有潜在的整齐人心的倾向,但他毕竟没有明确提出统一思想的问题,没有这方面的集中表达。但到了孔子之后的战国时期,统一思想的要求就非常突出了,此时兴起的各家各派,都对统一思想有明确的表达。墨子的尚同,就是一个典型例证。

墨子认为,从春秋到战国,天下散乱不能统一,其根源就是人心的不一。"一人一义,十人十义,百人百义"的思想纷乱,是政治混乱、社会混乱的根源。如果要天下统一、秩序稳定,就必须要有思想的统一,并且是必须用最高当权者天子的思想去统一。《墨子·尚同中》:

> 选择天下贤良圣知辩慧之人,立以为天子,使从事乎一同天下之义。

> 凡国之万民,上同乎天子,而不敢下比。天子之所是,必亦是之。天子之所非,必亦非之。去而不善言,学天子之善言。去而不善行,学天子之善行。天子者,固天下之仁人也。举天下之万民,以法天子,夫天下何说而不治哉?

一国之是非,上同于国君;天下之是非,上同于天子。普天之下、全社会都以天子之是非为是非,做到思想的绝对统一。这就是墨子对统一思想的要求。待到孟子,他就不仅要统一人们的思想,还要用某种确定的思想去统一,这个确定的思想就是他所认定的孔子之道、圣人之义,并自觉地负起批判所谓异端邪说的使命。在他的时代,充盈天下的杨朱、墨翟之言,成了他要抵制和批判的主要对象。《孟子·滕文公下》载,孟子的学生公都子问他,别人都说你喜欢和人辩论,这是为什么呢?孟子说,我哪里是喜欢辩论,不得已而为之呀。当今这个时代,世衰道微,荒谬的学说、残暴的行为都冒出来了,一般的士人胡乱议论,杨朱、墨翟的学说充满天下,我不说话不行啊。杨朱主张个人第一,这是目无君上;墨翟主张天下同仁,不分亲疏,这是目无父母,那不就成了禽兽了?杨朱、墨翟的学说不消除,孔子的学说就不能发扬,我要端正人心,消灭邪说,反对偏激的行为,继承发扬大禹、周公、孔子三位圣人的学说和事业,所以,我不能不辩论啊!孟子认为天下只能有一种思想,那就是大禹、周公、孔子的思想,而不同于这种学说的杨朱、墨翟之学必须予以抵制、批判,甚至禁绝。而到了荀子的时代,他所主张的思想统一就比孟子更厉害了,他除了和孟子一样要禁止邪僻之言(其实就是不同的思想主张),用儒家思想去统一天下之外,还进一步提出动用政治强权的力量去强行统一:

> 凡邪说辟言之离正道而擅作者,无不类于三惑者矣……故明君临之以势,道之以道,申之以命,章之以论,禁之以刑。(《荀子·正名》)

荀子认为,权势与刑法,比辩说更能"息奸言",更能对付那些不同于王道政治的异端邪说;思想归于正道,实现思想的统一,不能靠说理,而要靠极权政治的威势,靠强权和刑法。他已经把禁止所谓异端思想，实现思想统一，看作是圣王们必须动用强权去实现的神圣使命。在这一点上，战国时期的法家，比起荀子也是不遑多让。《管子》书曰：

> 昔者，圣王之治人也，不贵其人博学也，欲其人之和同以听令也……有国之君，苟不能同人心，一国威，齐士义，通上之治，以为下法，则虽有广地众民，犹不能以为安也。(《管子·法禁》)

> 明君在上位，民毋敢立私议自贵者。国毋怪严，毋杂俗，毋异礼，士毋私议。倨傲易令，错仪画制，作议者尽诛。故强者折，锐者挫，坚者破。引之以绳墨，绳之以诔僇，故万民之心皆服而从上。(《管子·法法》)

《管子》的作者告诫国君，古之圣王在考核人才的时候，不是看他们是否博学，是否有学问有思想，而是看他们是否能与国君保持思想的一致性。一国之君，如果不能整齐人心，不能统一士人的思想和意志，虽有广土众民，也不能保障国家的安全。他告诫统治者，统一思想是国家安危之枢机。因此，圣明的君主治国，就是要做到人民不敢私立异议，不能有自己的个性，一国之内的风俗习惯、法度礼节、思想议论都必须绝对统一。对那些傲慢不恭、乱改法令、私立异说的，都要加以诛戮或惩罚。对那些有强烈个性的人，强硬的使之屈服，冒尖的使之挫折，顽固的必须攻破。用法度制裁、杀戮、管制等严酷的强制性手段，使亿万民众的思想都绝对地服从君王，时刻与国家或君王保持一致。《管子》是在《法法》篇依法行法的语境中来谈思想专制主张的，要用法的严酷性与强制性来实现一国之内的思想统一，这就是赤裸裸的思想专制了。

战国晚期的韩非子，要求用法家思想统一人们的言行："境内之民，其言谈者必轨于法。"（《韩非子·五蠹》）不是行为符合于法的问题，是言谈，思想与言论，都必须合乎于法，不能思考法之外的问题，"言行而不轨于法令者必禁"（《韩非子·问辩》）。并主张将思想控制深入到人们的心灵深处："禁奸之法，太上禁其心。"（《韩非子·说疑》）这样的思想专制主张，使人闻之心寒。

孔子之后，战国时期的思想家们，都无例外地主张思想统一，这是孔子大一统思想的延展和深化。他们都无例外地把社会治理的根本点对准了人的心灵领域，将控制人心、统一思想作为统治者实现社会控制的基本途径，甚或是基本目标。这也成为后世中国历史和中国政治的基本特征。

（3）从统一思想的要求到趋同求一的心理定势

《论语》表达了政治统一的愿望，战国时期的思想家们进而发展为对思想统一的强烈追求，而到了秦汉之后，随着政治上的统一，维护大一统政治的需要，则使政治家、思想家们，把先秦思想家们统一思想的愿望，变成了一种高度自觉、高度理性化的思想主张，并一步步付诸实施。统一思想，成了秦统一六国之后治理国家的明确目标。

秦始皇的"焚书坑儒"是皇权政府统一思想的第一个重大举措。李斯的《焚书议》，从历史进化的角度来论证政治统一和文化统一的对应关系。"古者天下散乱"，故政治与文化都不能统一，而当今皇帝并有天下建立了大一统的专制政体之后，则不能再听任思想的自由发展。儒生们"入则心非，出则巷议，夸主以为名，异取以为高"，势必会造成"主势降乎上，党与成乎下"的恶果，从根本上危及专制统治，必须"别黑白而定一尊"，确立与中央专制集权相适应的思想文化专制，统一全体国民的思想。于是，460余名儒生成了这次统一思想的牺牲品，孔子所期望的思想统一，首先殃及的是他的后学。

汉武帝采纳董仲舒的"贤良对策"，"罢黜百家，独尊儒术"，是中国皇权时代统一思想的第二个重大举措。董仲舒的"贤良对策"，不仅明确提出了"师异道，人异论"的现实危害，而且首次提出统一思想的明确标准，即"六艺之科，孔子之术"。李斯只强调了"禁之便"，将《诗》、《书》、百家杂语等一切书籍，"非秦记皆烧之"，不许人们有法家之外的其他思想；而董仲舒则积极引导人们如何去思想，根据什么去思想，使"民知所从"，给老百姓一个明确的思想导向，从根本上杜绝异端思想的发生。所以，汉武帝接受董仲舒的建议独尊儒术，在中国思想史上影响特别深远，正负作用都十分突出。

皇权时代统一思想的第三个重大举措，是隋唐科举制度的建立，以及元代以后科举考试内容的进一步规范、划一。科举取士对传播文化、统一思想的意义，在本书其他地方已有论述。总之，元代以后，儒学的官方意识形态的独断地位已彻底确立起来，它贯彻到国家政治生活、精神生活及公民生活的各个领域，使人们本来无限丰富多彩的精神生活领域，变得统一而单调。马克思在抨击普鲁士政府的书报检查令时，这样写道：

> 你们赞美大自然悦人心目的千变万化和无穷无尽的丰富宝藏，你们并不要求玫瑰花和紫罗兰散发出同样的芳香，但你们为什么却要求世界上最丰富的东西——精神只能有一种存在形式呢？我是一个幽默家，可是法律却命令我用严肃的笔调。我是一个激情的人，可是法律却指定我用谦逊的风格。没

>有色彩就是这种自由唯一许可的色彩。每一滴露水在太阳的照耀下都闪耀着无穷无尽的色彩。但是精神的太阳，无论它照耀着多少个体，无论它照耀着什么事物，却只准产生一种色彩，就是官方的色彩！精神的最主要的表现形式是欢乐、光明，但你们却要使阴暗成为精神的唯一合法的表现形式；精神只准披着黑色的衣服，可是自然界却没有一枝黑色的花朵。(《评普鲁士最近的书报检查令》)

如果用这段话来讨伐元代以后的思想统一局面，那是再精彩恰当不过了。但不管怎么说，通过科举取士，统治者企图确立的统一思想，变成了真正统一的思想，达成了当年孔夫子的历史夙愿。然而，这种思想一统，使我们整个民族付出了多么沉重的历史代价！它对整个民族思维的扭曲和窒息，使得我们在五十年前的"文革"时期，还得再次咀嚼它的恶果。

在政治一统、思想一统的历史氛围中生活了两千多年的中华民族，在思维方式上最明显的收获，即是培育出了"求同""求一"的思维定式。因为思想从来就是一个，行为准则从来就是那样整齐划一，是非标准从来就是那样同一与分明，所以，这个民族就习惯于从同一个角度（官方所提倡、圣人所规定的角度）去认识事物，看待事物。

这个角度是上帝授意的，圣人规定的，不需要怀疑、思考和验证的。于是，任何不同的思想都不应该存在，任何异己的东西出现就应该口诛笔伐，全民族共讨之，共诛之。渐而久之，人们就形成了一种尚同求一的集体无意识心理状态。强调共性，抹杀个性；强调平均，反对差别；赞美同一，害怕"多""异"，就形成在大一统政治、思想氛围中生活的民族所特有的民族精神与民族心理。这种民族精神，曾经是民族凝聚力、民族团结、民族发展与扩展的重要因素，但也逐渐成为民族振兴的惰性心理。它在束缚、限制、扼杀民族创造力方面的负面影响，也是无法估量的。

6. 忠君爱国，义重如山

忠君爱国，看重君臣大义、民族气节，是两千多年帝制社会培育出来的国民精神。从文化渊源上讲，这一国民精神的形成，也与《论语》的影响直接相关。

（1）孔子论君臣之义

孔子是提倡忠君的，《论语》中有"事君,能致其身""臣事君以忠"等不少说法；不过，正如本书前边已阐述过的，孔子并不主张愚忠，并没有提出绝对的忠君思想。孔子主张，事君"勿欺也，而犯之"，应该"事君以礼""以道事君"，臣下不能为君主文过饰非，对君主不合"礼"的错误要敢于犯颜直谏。但是，实事求是地说，在君臣关系上，以君为主，臣从属于君这个基本框架还是由孔子奠定起来的。孔子弟子子路曾说："长幼之节，不可废也；君臣之义，如之何其废之？"（《微子》）君臣之义，是人之"大伦"，不可废弃。这也是孔子的基本思想。

孔子之后，孟子不赞成忠君的提法，荀子则又把孔子的忠君思想加以强调，提倡"以礼待君，忠顺而不懈"（《荀子·君道》），"忠"之外又加了一个"顺"字。但荀子也不是愚忠，他也说过"从道不从君，从义不从父，人之大行也"一类的话。在儒家学派中，把君权提到绝对不可侵犯的地位，提出"君为臣纲"思想的，是汉儒董仲舒。他说"君为臣纲，父为子纲，夫为妻纲""王道之三纲，可求于天"，是天地运行而推及于人道的不变法则。再加上后代专制帝王要加强自身的绝对权威，就特别强调忠君问题。如唐代明君李世民就这样说："天地定位，君臣之义以彰。""君虽不君，臣不可以不臣。"（《旧唐书·太宗本纪上》）如此这般，也就势必形成"君叫臣死臣不得不死"的绝对的忠君观念。

忠君与爱国的关系，在《论语》中似乎没有直接谈及。但《论语》中孔子对管仲的评价，则隐含有忠君与爱国相统一的观点。管仲"相桓公，霸诸侯，一匡天下"，"九合诸侯，不以兵车"，完成了尊王攘夷的大业，孔子大加赞赏，说管仲是真正有大仁大德的人。这一评价，事实上是将忠君与爱国统一起来了。待到董仲舒确立"三纲"说之后，国君获得了绝对独尊的地位，并成为国家的唯一代表，于是，忠君与爱国便成了同一个问题。忠君即是爱国，爱国即是忠君。中国老百姓的忠君爱国观念慢慢就培养起来了。

与忠君、爱国相联系的道德范畴是"义"。孔子谈到这一问题所使用的"义"或"仁"，不同于一般的信义，而是子路讲的人之"大伦""大节"。如"杀身以成仁""士见危致命""临大节而不可夺"等，指的都是在事关国家兴亡的危急关头，能够以身许国，为民族利益而献身的大义之举。孔子重视大义、大伦、大节的思想，对后世影响极大。

（2）"人生自古谁无死，留取丹心照汗青"

孔子"杀身以成仁""见危致命"，重视大义、大节的思想，经过历代儒家的弘扬和发挥，培育出了中华民族志士仁人"临大节而不可夺"的民族气节。在汉代有苏武牧羊的动人故事。汉武帝时人苏武，代表汉王朝出使匈奴被匈奴所扣，迫其投降。苏武忠于汉廷，不辱君命，至死不降，被流放到今西伯利亚贝加尔湖。苏武在荒漠寒冷、不见人烟的北海牧羊19年不改其志，直到汉朝和匈奴和好后完节而归。《汉书·苏武传》说："武留匈奴凡十九岁，始以强壮出，及还，须发尽白……使于四方，不辱君命。苏武有之矣。"苏武"临大节而不可夺"的民族气节，名垂青史，人到于今称之。"人生自古谁无死，留取丹心照汗青"，这妇孺皆知的名句，是文天祥的千古绝唱，也是中华民族无数志士仁人人格精神的写照。文天祥抗元被俘，在元大都狱中被关了将近四年。元世祖忽必烈亲自召见他，他至死不肯下拜。忽必烈许以宰相之职劝其投降，并尽量礼遇优待，但文天祥始终不为所动，唯求一死，最后被元王朝杀害，以死报国。文天祥殉国后，人们从他的衣带里发现了一首赞词："孔曰成仁，孟曰取义，惟其义尽，所以仁至。读圣贤书，所学何事，而今而后，庶几无愧。"近代以来，面对帝国主义列强的侵略，许多志士仁人在反侵略的战场上赴汤蹈火，以死报国。甲午海战中，致远号管带邓世昌在战舰受损的危急形势下，亲自掌舵，开足马力冲向敌舰，全舰将士壮烈殉国。广东水师提督关天培在保卫虎门的战斗中，带领400多名将士死守靖远炮台。他负伤十多处，血流如注，依然指挥镇定，最后以身殉国。北洋水师提督丁汝昌，在刘公岛基地被围、北洋海军面临覆亡之际，自杀"成仁"。这些忠烈义士以身殉国的壮举，大义凛然的气节，都是儒家精神所培养的结果。文天祥在狱中留下了一首气贯长虹的《正气歌》：

> 天地有正气，杂然赋流形。下则为河岳，上则为日星。于人曰浩然，沛乎塞苍冥。皇路当清夷，含和吐明庭。时穷节乃见，一一垂丹青：在齐太史简，在晋董狐笔。在秦张良椎，在汉苏武节。为严将军头，为嵇侍中血。为张睢阳齿，为颜常山舌。或为辽东帽，清操厉冰雪。或为《出师表》，鬼神泣壮烈。或为渡江楫，慷慨吞胡羯。或为击贼笏，逆竖头破裂。是气所磅礴，凛烈万古存。当其贯日月，生死安足论？地维赖以立，天柱赖以尊。三纲实系命，道义为之根……

"三纲实系命，道义为之根"，正是君为臣纲，君、国统一这种忠君爱国的道义精神，培育了他顶天立地的气概。诗中所列齐太史、晋董狐、秦张良、汉苏武等一系列历史人物所表现出的浩然正气，都是忠君爱国、义重于山的民族精神的集中体现。正是靠着这种国民精神，中华民族才战胜了来自外部和内部的无数次邪恶势力的侵袭和进击，以不屈的品格，自立于世界民族之林。忠君与爱国连在一起，是皇权时代历史的产物，在今天看来不免荒唐愚昧，但在历史上，它是民族凝聚力的核心。中国历史上的爱国主义，"精忠报国"式的民族英雄，都是靠它去培养的。对"忠君爱国"的国民性品格,应历史地评价。

(3) 君臣大义,不事二姓

《论语》中的"君臣大义",在后世还有另外一个方面的发展,即它并不与爱国精神联系在一起,而是单纯地忠贞于一姓王朝,甚至是某一个皇帝本人。所以,在每一次改朝换代之后,都会有一批前朝的遗老遗少,他们以"守节"自诩,一身不仕二朝,在社会上博得很高的声誉。而一般国民,也确实将这些遗老遗少看作是忠臣义士。这说明我们的国民性中,包含着根深蒂固的愚昧的忠君意识,即忠于本朝君主的意识。这一点很值得引起注意。

清军入关清王朝建立之后,许多有名的知识分子都隐居不仕,表示对明王朝的忠贞。聪明的康熙皇帝,为了收买这些读书人,就在科举中特别开了一个"博学鸿词科",明王朝的遗老们,只要随便报个名,走一下应考的形式,就给予很好的官位。即便这样优待,也还是有许多大学问家不愿"失节"屈就。这些人也明知对抗大清是无能为力的,改朝换代也是可以理解的历史常事,可就是不愿丢了所谓名节。像顾亭林、李二曲等人就是这样。李二曲不与清廷合作,康熙帝不怪他,并且在视察陕西的时候,特命陕西督抚尊李二曲为当代大儒,并要亲自去拜访他。李二曲知道康熙来家拜访，是逼他降清。因为不管怎么说，当今皇上驾到，怎敢不去接驾？但只要一接驾，向康熙磕一个头，也就完了，就算是投降了，什么忠臣义士、大义名节就统统丢掉了。李二曲无法只好装病，躺床不起，表示无法接驾。然后打发儿子去看一下康熙，表示点谢意。康熙看出个中原委，也不再去难为于他。这个李二曲总算保住了大明遗老的名节。而著名诗人吴梅村的情况就不同了。清政府挟持了他的老母亲，逼他出来做官，吴梅村只好就范。他名气大，进京时有好多人给他送行。但在送行的宴会上，他却收到一封信，当场拆看，气得浑身发抖。原来信中有诗一首，将他和为他送行的人骂了一通。诗曰："千人石上千人坐，一半清朝一半明。寄语娄东吴学士，两朝天子一朝臣。"骂吴梅村一身事于二姓，失了名节。在中国人看来，忠于当今皇上，一身不事二姓，这是个大义大节问题。清王朝虽然竭力逼迫、诱惑大明遗老们出来做官，但后来写历史时，还是下令把这些出来做官的人列入了"贰臣传"。吴梅村当然也是其中之一。

五代时有个冯道，活了73岁，与圣人同岁，自号"长乐老人"。这个人从后唐时开始做官，经历了唐、晋、汉、周四个异姓王朝。每个王朝都征他做官，竟至于"事四姓相六帝"，是个不倒翁。若说到个人品质，无可挑剔。官高位尊，与仆人同食；家乡有灾，以自家粮食救济贫民；

生活俭朴，不近女色；气量宏大，能化敌为友，人格修养可谓炉火纯青，无懈可击。"事四姓相六帝"也并不是他有官瘾癖好，多是被征不得已而为之。他自己也看不惯那个战乱不堪、王朝更换不已的状况，写有这样的诗句："但教方寸无诸恶，虎狼丛中也立身。"认为自己只要光明磊落，就不怕与野兽为伍。他是抱定洁身自好之志去应征做官的。尽管这样，他"事四姓相六帝"在中国人的传统意识里，就是失了大节，受到后人唾骂。《旧五代史·冯道传》评论说："道之履行，郁有古人之风；道之宇量，深得大臣之体。然而，事四朝，相六帝，可得为忠乎！夫一女二夫，人之不幸，况于再三者哉！"冯道死后，周世宗追封他为瀛王，谥为文懿，虽然德行很好，但不配谥"贞""忠"二字。欧阳修的《新五代史》评价冯道："礼义，治人之大法；廉耻，立人之大节……予读冯道《长乐老叙》，见其自述以为荣，其可谓无廉耻者矣。"冯道之例，足以说明传统国民意识中"君臣大义"的含义。一女不嫁二夫，一身不事二姓，只能忠于一姓王朝。

中国人还很欣赏那些忠于主子、拼死效力、舍生取义的义举。《赵氏孤儿》《狸猫换太子》一类传统戏备受国人的喝彩，就反映了这种社会心理。为了保住主上的后代、嫡传，不惜牺牲自己的生命，甚至牺牲自己爱子的幼小生命。这正是《论语》中"可以托六尺之孤，可以寄百里之命,临大节而不可夺"的典型。可以把年幼的君主托付给他,可以把国家的政令寄托给他,他在生死存亡的关头都不会动摇屈服,这才是中国人心中的大丈夫、真君子。忠君爱国,不事二主,受人重托,义无反顾,大义大节重于生命,这些都是中国国民性格的重要素质。这些国民素质,曾经砥砺过民族精神、民族气节,培育过无数民族的精英;但亦含有浓厚的愚昧愚忠色彩,培育过不少旧王朝的殉道士,造成过不少历史的悲剧。对国民性的这一方面,亦需有所分析,有所扬弃。

以上,我们评说了中国国民性的诸多方面,并且证明这诸多方面都是与《论语》相联系的,《论语》对塑造我们的国民性格,起到了极为重要的奠基作用。但是,也需要说明:(一)国民性格是中国几千年历史积淀的结果,是政治、经济、文化乃至历史地理环境诸多复杂因素相互作用的结果,不能单单归于元典著作的奠基与支配,不能过分夸大国民性格塑造中的文化因素。(二)《论语》对中国国民性格的影响,主要是在汉代将儒家定为一尊之后才开始发挥作用的;而后代儒家对《论语》的解释,都在不同程度上有悖于《论语》的本意,《论语》是作为一种不断变化着的历史文化去发挥影响作用的。所以,《论语》的不少负面影响,应该有分析地对待,不能都算到孔夫子的头上。(二)《论语》在塑造国民性格方面的积极影响,有不少是今天仍需发扬的东西。但亦应明白，即使真正的精华，也和产生它乃至发展它的历史时代相联系，被深深地烙上了旧时代的痕迹。所以，对于需要发扬的东西，要慎重地分析、批判、改造，不能简单地承袭下来。(四)《论语》对中国国民性格的影响与塑造，不管是积极的方面还是消极的方面，它都是历史的事实。我们只能研究它、改造它，但无法否定它，不能回避它，要承认这个历史的事实，肯定《论语》作为中华文化元典的地位。

四 《论语》与中国传统思想

《论语》的影响,涉及中国传统思想的各个方面,在本书中不可能全面展开讨论,只能就其影响中国政治思想的几个方面,作一评说。然而,即使是这有限的几个方面,也足以证明,《论语》对中国传统思想的形成,起了多么重要的奠基作用。

1. "大一统者,天地之常经,古今之通谊"——《论语》大一统思想的历史影响

(1) 孔子大一统的政治思想

本书前边在讲"《论语》与中国国民性格"问题时谈到过孔子大一统思想的影响问题,这里重提似有重复之嫌,但有不同的立意。

在中国，"一统天下"的意识，可以追溯到夏、商、周甚至更遥远的古代。大禹建立的夏朝，就已经统一了万国诸侯。《诗经》有云："溥天之下，莫非王土；率土之滨，莫非王臣。"说明周代一统天下的意识就已非常明确、强烈。但是，夏、商、周的统一，却不可以与秦汉以后的统一同日而语，对"统一"的理解也不相同。史籍中说："大禹之时，诸侯万国"；"及汤之时，诸侯三千"；"至周克商，制五等之封，凡千七百七十三国"；直至春秋战国，还存在着许多大小不等的诸侯国。可见上古三代的统一是极为松散的，统一王朝下的诸侯国，从一开始就有很大的独立性，直至逐渐膨胀到王权所无法驾驭的程度，造成天子衰微、诸侯争霸称雄的局面。

孔子对春秋以来礼崩乐坏、诸侯争霸的局面极为不满，萌发了建立大一统王朝的强烈愿望。他赞颂管仲，就是从管仲相桓公、建霸业、维护了国家统一的角度出发的："管仲相桓公，霸诸侯，一匡天下，民到于今受其赐。"他所憧憬的是"天下有道"的大一统社会。

"天下有道，则礼乐征伐自天子出；天下无道，则礼乐征伐自诸侯出。"（《季氏》）政治清明的理想社会，制礼作乐、出兵征伐之大事，都是由天子决定的；而由诸侯来操作制礼作乐及征伐之事的时代，则是天下无道的黑暗年代。这里，孔子表现出对"礼乐征伐自天子出"

的大一统政治局面的强烈向往。

"如有用我者,吾其为东周乎?"(《阳货》)孔子发出誓言,如果有人肯用他,他一定要把鲁国建成一个强大统一的东方的周王朝。

(2)大一统思想传统的形成

自从孔子提出了大一统的政治理想之后,历代思想家都承袭了这一思想。

孟子明确地阐发过大一统的思想。《孟子·梁惠王上》载,孟子见梁襄王,梁襄王问他天下要怎样才能够安定,孟子回答:"定于一。"这斩钉截铁的回答,表达了一个坚定的信念:统一天下,结束分裂状态,救民于水火之中。

孟子深深同情人民的战乱之苦,强烈谴责春秋以来各诸侯国为扩充地盘而发动的不义之战。他说:"争地以战,杀人盈野;争城以战,杀人盈城,此所谓率土地而食人肉,罪不容于死。"(《孟子·离娄上》)他认为,那些为争夺土地城池而残杀人民的人,死刑都不足以赎出他们的罪过。孟子的这一态度,在"文革"的"评法批儒"运动中,被说成是反对天下统一,企图复辟倒退,这实际上是强加于孟子的诬蔑不实之词。孟子反对的战争是不义之战,而真正为统一天下而进行的正义战争,他则持以歌颂的态度。如他对商汤征伐夏桀而统一天下的战争,就做过这样的描述：商汤是凭借着纵横各长70里的一小片国土来统一天下的。《尚书》说，商汤征伐，从葛国开始，天下人都很拥戴他，盼望他及早到来。因此，商汤向东方进军，西方国家的百姓便不高兴；向南方进军，北方国家的百姓便不高兴，都说，为什么把我们放到后面呢？人们盼望商汤的军队，正像久旱盼望乌云和虹霓一样。汤的征伐一点都不扰乱百姓，做买卖的照常来往，种庄稼的照样下地，只是诛杀那些残暴的国君来安抚被暴君残害的百姓。他的到来，就像下了及时雨一样，老百姓非常高兴。孟子是把所谓的正义战争大大理想化了。但是，这段话中，他赞成为统一天下而战的正义战争，态度是非常鲜明的。

当然，孟子崇尚统一，设计的基本途径是施行仁政。他认为，只有行仁政、不好杀人的国君，才能统一天下。他说，当今各国的国王，没有一个不好杀人的。如果有一位不好杀人的国君，那么，天下的老百姓都会伸长脖子期待他的解救。真是这样的话，百姓们归附于他，就像水向下奔流一样，有谁能阻挡得住呢？孟子的想法固然有几分幼稚天真，然而，他主张统一、向往统一的愿望，则是真诚而强烈的。

孟子之后，正式提出"大一统"三个字，并系统阐述这一思想的第一部著作，是《春秋公羊传》。《春秋》是孔子根据鲁国史籍编定的先秦鲁国的编年史，记载从鲁隐公到鲁哀公共12君242年的历史,后世称为《春秋经》。该书文字过于简略,孔门后学则对之注释和说明,后人的注释就叫作"传"。由于不同的人有不同的解释角度,各种解释在传授中形成了不同的学派,所以,"传"就形成了不同的传本。对后世影响最大的《春秋传》传本,有《春秋左氏传》《春秋公羊传》《春秋穀梁传》。《公羊传》的作者,相传为公羊高,子夏的门人,战国时人。公羊高传《春秋》,并未形成文字,是口耳相传,大概经过几代人的传授,到汉初著于竹帛,著录成文,是为《公羊传》。

《公羊传》打出的旗帜即是"大一统"。《春秋经》开篇第一句话是:"元年春,王正月。"《公羊传》解释这句话说:"何言乎王正月?大一统也。"开宗明义,提出了传文作者的政治主张。他希望实现高度统一的君主专制,"王者无外",天子无可争辩地拥有最高政治权力和对全国土地的最高所有权。《公羊传》说:"王者以天下为家。""有天子存,则诸侯不得专地也。"主张在全国形成最高权力一元化的君主专制政体。权力一元化是实现并保障大一统的要害所在,因此,《公羊传》把君臣理论加以强调,严格确立君臣之间的主从隶属关系,臣必须绝对按照君主的命令行事。《公羊传》本来是讲求亲亲之道,维护父权的权威的,但为了强调君权的绝对权威,它提出,如果父权与君权发生冲突时,父即让位于君。它说"不以父命辞王父命""不以家事辞王事",君命高于父命,王事重于家事。只要君命在身,就义无反顾,即使家里死了父亲也不能废弃君命,强调君命的绝对性。同时,《公羊传》还提出了一套抑制臣下、大夫、诸侯权势膨胀的禁规,以保证君主一统天下的实施,防止春秋以来君权衰落的现象再度发生。《公羊传》著录成文于汉初,是秦汉大一统天下的理论反映,当然也就受到了专制皇权的欢迎。在大一统的西汉时期,以宣扬大一统为旗帜的《公羊传》,其命运就优于《左氏传》和《穀梁传》。

董仲舒是汉初治公羊学的大师,当然就进一步强调发展了大一统思想。首先,在政治上,他要求加强君主的绝对权威,提出君权天授的思想,认为国君的绝对权力,是"受命于天",因此是绝对的,毋庸置疑的。他说:"古之造文者,三画而连其中谓之王。三画者,天、地与人也……取天、地与人之中以为贯而参通之,非王者孰能当之?"在他看来,王是沟通天、地、人三者联系的中间人。对天来说,王是天下人民的总代表,他代表老百姓与天对话;对民而言,王代表天来治理人间。"王者天之所予也","唯天子受命于天,天下受命于天子"。既然君权是天命所授,那么,全体人臣、国民则都要无条件服从君主。他说,老百姓服从君主,就如身体服从心的指挥,"心之所好,体必安之;君之所好,民必从之"。

君主成了整个社会政治生活中的最高权威,天下的统一则是必然无疑的。

其次,董仲舒又从统一思想的角度,论证了大一统问题,要求从统一思想着手,来确保大一统的巩固。他在"贤良对策"中说:"春秋大一统者,天地之常经,古今之通谊也。今师异道,人异论,百家殊方,指意不同。是以上亡以持一统;法制数变,下不知所守。臣愚以为,诸不在六艺之科、孔子之术者,皆绝其道,勿使并进。邪辟之说灭息,然后统纪可一而法度可明,民知所从矣。"(《汉书·董仲舒传》)董仲舒这道"贤良对策",可谓意义深远。一方面,它揭开了中国两千年思想专制的序幕;另一方面,也奠定了后世崇尚政治大一统的心理基础。

从历史上看,董仲舒"大一统者,天地之常经,古今之通谊"的思想,为历代思想家、政治家所接受,所推崇。历史上一旦出现了分裂局面,就不仅有思想家们为历史的重新统一而大声疾呼,而且有政治家、军事家们,义不容辞地担当起统一中国的历史重任,从而有力地维护和保障了中国历史的长期统一。

分裂不得人心,统一为万民所望。要求国家统一,不仅成为熟悉儒家经典的士大夫们的共同信仰,而且也是中国老百姓的强烈愿望。北魏鲜卑贵族统治下的陕西地区,就爆发过一次明确提出统一天下口号的农民起义。这次起义为卢水胡人盖吴所领导,提出了反对"九域分崩"、建立"五洲同盟"的口号,受到匈奴、氐、羌、汉各族人民的响应。"九域"即九州,是中国的代称;"五洲"即五湖,也指代中国。这个口号就是要求实现国家统一,反对国家分裂。盖吴起义虽然失败了,但反映了下层人民要求统一、反对分裂的愿望。在中国历史上另一次大分裂即五代十国时期,南汉张遇贤于942年领导了农民起义。张遇贤自称"中天八国王","中天"即天的中央;"八国王",当时中国正分裂为南汉、南唐、吴、越、楚、闽、后蜀、南平等八国,张遇贤不仅要取南汉的王位而代之,而且要当整个八国的皇帝。"中天八国王",就是要统一中国,建立统一的中央政权。以上两例说明,在中国历史上,大一统的思想,一直深入到老百姓的心中。

强大统一的政治局面,既是经济文化繁荣发展的保障,又是各民族交往、融合的政治基础,中华民族在历史上的强盛和发展,是与长期维持大一统的政治局面相联系的。所以,由孔子所奠基的大一统政治思想传统,在两千多年的历史中,起了积极的历史作用。它作为历代志士仁人的共同愿望,产生出一种强大的民族凝聚力、向心力,为中华民族的牢固统一,造就了深厚的社会心理基础。

2. "得天下也,以仁"——《论语》德治思想的历史影响

(1) "苛政猛于虎"

本书第二部分中,我们曾从"为政以德""政者,正也""齐之以礼""知贤才而举之"等诸多方面,系统阐述过孔子以"仁"为核心的德政思想,这是孔子政治思想的核心。

《礼记·檀弓下》记载,有一次,孔子从泰山脚下经过,听到一位妇人凄惨悲哀的哭声。孔子平息而听,感到这哭声甚哀,非同一般,便叫弟子子路前去问话。子路走上前去,对妇人说:"你哭得如此悲哀,是不是有双重丧事?"妇人说:"是,过去,我的公爹就曾死于猛虎,后来我的丈夫也死于虎口,如今我的孩子又被猛虎吃掉了。"孔夫子听了,说:"您为何不离开这个地方,致使一再遭此悲剧?"妇人说:"只因这里没有苛政。"听了妇人的答话,孔子颇有感触,对弟子们说:"小子识之,苛政猛于虎也。"他要学生们明白,对于老百姓来说,苛重暴虐的统治,比猛虎还厉害。由此,"苛政猛于虎",就成为人们指责暴政的一句名言。

(2) 孟子的仁政思想

战国时期的孟子,发展了孔子的德政思想,提出了系

统的"仁政"学说。孟子认为:"三代之得天下也,以仁;其失天下也,以不仁。国之所以废兴存亡者亦然。"(《孟子·离娄上》)国家的兴衰存亡,就取决于君主是否行仁政。他说:"地方百里而可以王。王如施仁政于民,省刑罚,薄税敛,深耕易耨;壮者以暇日修其孝悌忠信,入以事其父兄,出以事其长上,可使制梃以挞秦楚之坚甲利兵矣。"(《孟子·梁惠王上》)这就是说,一个地方百里的小国,只要肯施行仁政,以利于生产的发展,使人民丰衣足食,并注重礼仪教化,那么,人民就会拥护国君,士气旺盛,凭着制作的木棒也可以抗击拥有坚甲利兵的秦国、楚国军队。行仁政是立国的根基。《孟子·公孙丑下》有一段脍炙人口的名言:

> 天时不如地利,地利不如人和。三里之城,七里之郭,环而攻之而不胜。夫环而攻之,必有得天时者矣;然而不胜者,是天时不如地利也。城非不高也,池非不深也,兵革非不坚利也,米粟非不多也,委而去之,是地利不如人和也。故曰:域民不以封疆之界,固国不以山溪之险,威天下不以兵革之利。得道者多助,失道者寡助。寡助之至,亲戚畔之;多助之至,天下顺之。以天下之所顺,攻亲戚之所畔,故君子有不战,战必胜矣。

孟子认为，战争的胜负，取决于人心的向背，而人心的向背，又在于是否施行仁政。行仁政的帮助他的人多，不行仁政的帮助他的人少，帮助他的人多到极点时，全天下的人都会顺从他。多助者胜，少助者亡。故圣君明主，好施仁政的，若要使用战争，是必然会胜利的。

施行仁政，不是一句空话，是要有具体的施政措施来体现的。孟子主张的仁政，基本内容是：（一）"制民之产"，给民以恒产，即土地和宅园。孟子认为，一般人如果没有固定的产业收入，便不会有一定的道德观念和行为准则，也就会胡作非为，违犯法纪，什么事都干得出来。作为国君，不给老百姓一定的产业，逼得他们去犯罪，然后再去处罚他们，就等于是陷害百姓。所以，英明的君主规定人们的产业，使他们上足以赡养父母，下足以抚养妻儿；好年成丰衣足食，坏年成也不致饿死。然后再去教导他们走上善良的道路，老百姓就很容易地听从他了。（二）轻徭薄赋。赋税和徭役对农民的生产和生活有直接影响，因此，孟子主张赋税徭役要有定制，并且以不违农时为原则，即孔子讲的"使民以时"。（三）重教化，轻刑罚。孟子认为，老百姓所以犯罪，大多是统治者逼迫的结果。所以，统治者在轻徭薄赋的同时，应重教化，"谨庠序之教，申之以孝悌之义"，并减轻刑罚。特别是孟子明确提出了"罪人不孥"，即反对株连的主张。（四）保护工商业者。孟子有社会分工的思想，认为工商是社会生产与交换所不可缺少的经济部门，因此，国君行仁政，应该重视、保护工商业的发展，并为之提供方便。他提出，"关，讥而不征"，对贩运中的商品，只进行必要的检查而不征税；"市，廛而不征，法而不廛"，在市场上，给商人提供储藏货物的场地，但不征税；当货物滞销时，政府要依法征购，使之不致长久积压。这些都是为了保护工商业者的利益。

孟子在与齐宣王谈话时，描绘了他所主张的仁政的前景：现在大王如果能改革的话，施行仁德，便会使天下的士大夫都想到齐国来做官，庄稼汉都想到齐国来种地，行商坐贾都想到齐国来做生意，来往的旅客也都想取道齐国，各国痛恨本国君主的人们也都想到您这儿来控诉，"其若是，孰能御之"？果然做到了这样，又有谁能抵挡得住您呢？

（3）德治仁政思想的历史影响

孟子的仁政思想，是对孔子"为政以德"主张的全面继承和发展。孟子之后，施行仁政，便成了历代思想家共同的政治理想。孔孟的德治仁政学说，首先是对中国两千年的传统思想，起到了深刻的影响作用。

汉儒董仲舒虽然提出"君权神授"，认定国君受命于天，将其披上神学的色彩，但他也是主张国君应以德治国、施行仁政的。他说，君主受命于天，就应该循天道治国，而天道的特点是"任德不任刑"，所以国君也必须推行德治。他认为，天授命于君主，可以"予之"，也可以"夺之"。国君行仁道以安乐百姓，天将与之；行暴政以残害百姓，天将夺之。君主受命于天来治理人民，如果治理不好，"天命"就要转移，就会改朝换代。原话是："天之生民，非为王也；而天立王，以为民也。故其德足以安乐民者，天予之；其恶足以残害民者，天夺之。"（《春秋繁露》卷七《尧舜不擅移汤武不专杀》）董仲舒也提出了一整套仁政措施。

宋代理学，是儒学发展的一个重要阶段。理学家们也把"仁政""德治"作为他们的政治理想。二程说："王道之本，仁也。"朱熹说："德与政非两事，只是以德为本，则能使民归。""为政以德，非是不用刑罚号令，但以德先之耳。以德先之，则政皆是德。"（《朱子语类》卷二三）

不仅儒家学派，其他思想派别也受到孔孟德治仁政思想的影响。汉代早期道教的经典著作《太平经》，也提出"尊道重德"的政治主张。《太平经》的作者认为，道治和德治是治国的最佳方案。自古以来，圣人治国都依靠道德，以道德治国，可以治心治里，使人心悦诚服，从而使国家兴旺；而靠刑罚治国，只能治外、治表，使人表面服从，内心不满，所以，靠刑罚治国，则会导致国家混乱。以道德治国，以德服人，君主要先行道德："为人君上者，当象天而行,乃以道、德、仁为行三统。君上乐欲无事者,朝常念道,昼常念德,暮常念仁,既无一事矣。"(《太平经》)此外,再用道德对人民进行教化,"教导之以道与德,乃当使有知自重自惜自爱自治"。这样,社会自然也就自治自理,臻于太平了。早期道教理论的这一治国思想,多么像是孔子德政教化思想的翻版。

其次,中国历史上比较开明的帝王,是接受了孔孟的德治仁政思想的。汉初几代帝王,总结秦亡的教训,轻徭薄赋,约法省禁,田租三十税一,开放山林苑囿之地给贫民耕种,可以说是在一定程度上实践了仁德政治。汉昭、宣二帝时期,更自觉地以儒家思想为指导,施行仁德政治,先后七次颁布减免田租、口赋和其他杂税的诏令,六次颁布赈贷种、食和"勿收债"的诏令,减轻农民负担。宣帝还曾命令"勿行苛政"。汉代帝王行仁政的结果,是推进了社会经济的发展,以致出现了"文景之治""昭宣中兴"等繁盛局面。唐代的"贞观之治""开元盛世",以及明初发展经济的一系列措施,可以说都是仁德政治的体现。朱元璋就清醒地体会到儒家富民主张的作用。他说:"民富则亲,贫则离,民之贫富,国家休戚系焉。"所以,他竭力主张通过发展生产,给民实惠,以达到长治久安的目的。由于统治阶级与人民群众在利益上的对立,要真正实施仁政是不可能的。但是,一方面,出于长治久安、笼络人心的需要，统治者不得不实施一些仁政措施，以安抚人民；另一方面，历代帝王都需要做出"仁"的姿态，需要用圣明贤君的牌子来欺骗世人，所以，在口头上，表面上，没有不打"德治""仁政"招牌的。尽管统治者不可能真正接受仁政思想，但由孔子奠基的这一传统思想，对统治者则是一个强大的压力，使他们不能不打这一旗帜，并在行动上不同程度地做出表示。这样，德治仁政思想传统在历史上也就起到了一些实际的作用。历史上那些太平盛世的出现，是与之相关的。

再次，德治仁政思想，还成为历代为民请命的清官及变法改革者的一面旗帜。宋代的包拯，以"惩赃吏，减民赋"为职志，明代的海瑞上书指责嘉靖皇帝"一意修真，竭民脂膏，滥兴土木"，以致"吏贪官横，民不聊生，水旱无时，盗贼滋生"，反映了一种鲜明的反苛政倾向。"二十四史"中的《循吏传》篇章，记载的都是实践仁政方面的杰出官吏，他们都是以为政清廉、使民以时、劝耕农桑、注重教化而显名于世。秦汉以后，历代的改革家，大都打出行仁政的旗帜。王莽变法实行"王田"制，规定天下田为"王田"，禁止私人买卖，无田人按制度授田，一夫一妇授田百亩；北魏孝文帝改革实行均田制等，都是对孟子"制民之产"思想的继承。五代时周世宗改革，鼓励农民开垦荒地，减轻租税，兴修水利，要求在刑法上做到"狱讼无冤，刑戮不滥"等,都是儒家仁政思想的实践。北宋仁宗时范仲淹改革,提出"明黜陟,抑侥幸,精贡举,择官长,均公田,厚农桑,修武备,减徭役,覃恩信,重命令"等十项改革主张,其核心是推行仁政。王安石变法中的青苗法、农田水利法、募役法、方田均税法等,也渗透着儒家德治仁政的精神。每当政治腐败、吏治混乱、社会黑暗、民不聊生之时,儒家的德治仁政理想,便会激励一些志士仁人,提出变法改革的呼吁,要求改革政治,宽惠于民,挽救国家的危亡。仁政的理想,已经深深扎根于历代士大夫的心中。

孔孟德治仁政思想深入人心,还表现在历代文人身上。文学家、诗人们也都深受儒家思想的熏陶,他们以文学的形式,控诉暴政,呼吁实现仁道政治。杜甫是一位深受儒家思想影响的诗人,他的诗歌发扬了先秦儒家思想传统,注重现实,谴责暴政,反映人民疾苦,有很深刻的思想性。如他的《兵车行》,抨击唐玄宗的穷兵黩武,不行仁政,致使人民流血破产的现实,字里行间充溢着对苛政的责怨,对人民的同情,对仁政的期待:

> 车辚辚,马萧萧,行人弓箭各在腰。耶娘妻子走相送,尘埃不见咸阳桥。牵衣顿足拦道哭,哭声直上干云霄。道旁过者问行人,行人但云点行频。或从十五北防河,便至四十西营田。去时里正与裹头,

> 归来头白还戍边。边庭流血成海水,武皇开边意未已。君不闻汉家山东二百州,千村万落生荆杞。纵有健妇把锄犁,禾生陇亩无东西。况复秦兵耐苦战,被驱不异犬与鸡。长者虽有问,役夫敢伸恨?且如今年冬,未休关西卒。县官急索租,租税从何出?信知生男恶,反是生女好:生女犹得嫁比邻,生男埋没随百草。君不见,青海头,古来白骨无人收。新鬼烦冤旧鬼哭,天阴雨湿声啾啾!

《兵车行》和孟子对不义之战"争地以战,杀人盈野;争城以战,杀人盈城"的谴责,多么相似!

白居易这位人民诗人,也是习儒学出身的士大夫中人,熟读儒家经典,进士、拔萃、制举,十年间三登科第,吸取了儒家思想的宝贵精华。他写的大量讽喻诗,都是揭露当时弊政,敦促朝廷施行仁德政治的。他还曾建议统治者"立采诗之官,开讽谏之道",倾听人民呼声,施行仁德政治。从这样的政治立场出发,白居易的许多诗篇,都站在人民的立场上谴责暴政,因而赢得人民诗人的美誉。如他的《卖炭翁》:

> 卖炭翁,伐薪烧炭南山中。满面尘灰烟火色,两鬓苍苍十指黑。卖炭得钱何所营?身上衣裳口中食。可怜身上衣正单,心忧炭贱愿天寒。夜来城外

一尺雪，晓驾炭车辗冰辙。牛困人饥日已高，市南门外泥中歇。翩翩两骑来是谁？黄衣使者白衫儿。手把文书口称敕，回车叱牛牵向北。一车炭，千余斤，宫使驱将惜不得。半匹红纱一丈绫，系向牛头充炭直。

这首诗揭露了唐代弊政之一的"宫市"制度，反映了人民的苦怨。"宫市"，即宫廷派出宦官去购物，这些"黄衣使者"仗势欺人，所谓市物，实际上是一种掠夺。白居易的很多诗篇都揭露了当时的弊政。

中唐时期，以写《封建论》而闻名后世并受到毛泽东赞扬的柳宗元，在历史观上颇有唯物论的味道，但从政治上、思想上来说，却是一个标准的儒家，深得儒家思想之真谛。他不相信君命天授，而认为"受命不于天，于其人；休符不于祥，于其仁"，将君命的获得归之于民心、仁德，只有行仁政，得民心，才能受命为君，统治天下，可以说是得孔孟之真传。于是，他作为一个文学家，便用作品去谴责暴政，讽刺腐败的社会，祈盼仁德政治。他的散文《捕蛇者说》中，刻画了一个遭受残酷剥削的蒋氏的形象。蒋氏三代受毒蛇之害，但因为捕蛇可以抵偿租税，虽然有被毒蛇咬死的危险，较之遭受官吏逼赋的农民那样时时惊骇、鸡犬不宁，也还算幸运，所以他甘冒生命危险而不愿改业。柳宗元听了蒋氏的陈述，悲愤地写道："孔子曰：'苛政猛于虎也。'吾尝疑乎是,今以蒋氏观之,犹信。呜呼!孰知赋敛之毒,有甚是蛇者乎!"官府的横征暴敛,甚于毒蛇,这就是士大夫文人学士对苛政的抨击。

从思想家、政治家到文人学士,还有中国的专制帝王,可以说都深受孔子德治思想的影响。"为政以德"成为中国两千多年思想史上一种优秀的思想传统,并造就了中国政治的许多特色。

3. "民为贵,社稷次之,君为轻"——《论语》民本思想的历史影响

(1)"敬德保民":民本思想的萌芽

重视人民在国家政治、经济生活中的地位和作用的"民本"思想,是中国历史上的重要思想传统。它由孔子的仁学而确立起来,但其思想渊源,则在孔子之前,可以追溯到西周初年。

武王伐纣并取殷纣王江山而代之,这一场伟大的历史变革带给人们的重要历史启示之一,便是对人的作用的认识。西周以前,统治者总是用"天命"来论证其统治的合理性,天命不可违,不可变。然而,受天命而有天下的殷王朝,却由于残虐无道,失尽人心,众叛亲离,而覆亡于周武王领导的人民战争之中。周代殷的历史事实,使人

们看到所谓的"天命"是可以转移的,"天命靡常",而这一转移又似乎是以"民心"为根据。于是,周初的统治者便懂得了要想保持"天命",就必须赢得人民支持的道理,从而提出"敬天保民"的政治思想。这一政治思想动摇了"天"的绝对权威,初步肯定了人的作用,"民"被看作国家政治、经济生活中不可忽视的力量。"敬天保民"便是我国民本思想传统的最初萌芽。

春秋时期,诸侯争霸,更加强了诸侯国君对人民力量的依赖,人民的作用日益突出。所以,春秋时期,民本思潮发展起来。《左传》《国语》中记有不少这方面的言论:

夫民,神之主也。是以圣王先成民而后致力于神。(《左传·桓公六年》)

国将兴,听于民;将亡,听于神。神,聪明正直而壹者也,依人而行。(《左传·庄公三十二年》)

民,神之主也,用人,其谁飨之?(《左传·僖公十九年》)

天之爱民甚矣,岂其使一人肆于民上,以从其淫,而弃天地之性?必不然矣!(《左传·襄公十四年》)

民弃其上,不亡,何待?(《左传·昭公二十三年》)

夫君国者,将民之与处。民实瘠矣,君安得肥?(《国语·楚语上》)

考察西周至春秋时期的民本思潮，有几点应引起注意：(一)这一思潮在历史上最早肯定了"民"在国家政治、经济生活中的重要地位，国家社稷的兴衰存亡，是由民来决定的；(二)从"敬天保民"到"民实瘠矣，君安得肥？"说明重民的落脚点在"君"，是从君保持天命的角度来提出重民问题的，重民的目的是巩固君的统治；(三)出现了为民而废君的激进思想，对那些肆意横行、残害百姓的"君"，可以推翻他的统治。当然，这一激进思想仅见于《左传·襄公十四年》一条材料；而从为君的角度去重民，则是这一时期民本思潮的主流。左传

（2）"仁者爱人"：民本思想的基石

处在春秋晚期的孔子，继承了西周以来民本思想中的优秀思想成分，并把"民本"思想发展到一个新的阶段。

首先,孔子仁学体系的建立，"仁者爱人"思想的确立，为民本思想奠定了牢固的基础。孔子对民本思想的发展，重要的即在这里。在本书第二部分，我们已经着重讨论过孔子的仁学思想体系，具体内容不再复述，只想强调一下它对民本思想的发展，它的新贡献。孔子的"仁"，是一个人对他人的内在感情，"仁者爱人"，一个人去爱他人的时候，首先是将他人看作和自己一样具有独立的人格，这样才可能有发自内心的真实感情。"仁者爱人"的人，是

一种没有差等、没有阶级界限的博爱，"泛爱众"当然包括了广大的人民。那么，孔子讲的爱人，泛爱众，就是一种爱人民的真实感情，超越了西周春秋以来为了君的统治去重民的狭隘性。所以，民本思想有了"仁者爱人"的基础之后，就变成了一种对人民的爱，是从爱人民的角度去重视人民。它抛弃了"敬天保民"立足于君的立脚点，而把立足点转移到民的方面。爱民，重民，是"仁者爱人"在国家政治生活中的基本要求，民为立国之本，一切都应该以人民的利益为转移。所以，孔子德政主张中的宽惠于民、"使民以时"、"齐之以礼"、"富之"、"教之"等，都是从民本的思想出发去设计的。可以说，孔子的仁学体系，为我国古代的民本思想奠定了基石。

其次，《论语》中关于民本思想有不少具体论述，对后世民本思想传统的形成和发展，都起了重要作用。如：

  道千乘之国，敬事而信，节用而爱人，使民以时。（《学而》）

  君子之道四焉：……其养民也惠，其使民也义。（《公冶长》）

  务民之义。（《雍也》）

  博施于民而能济众。（《雍也》）

  使民如承大祭。（役使老百姓就像承当重大祭祀

一样谨慎。《颜渊》)

民无信不立。(失去人民的信任,国家就失去了立脚点。《颜渊》)

百姓足,君孰与不足?百姓不足,君孰与足?(《颜渊》)

所重:民、食、丧、祭。(《尧曰》)

研究中国的民本思想传统,我们会看到,上述语录是不断被引作根据的。这是《论语》对民本思想传统形成的直接支配作用。

(3)"民为贵""君为轻":孟子的民本思想

孔子之后,对民本思想有过重大发展的,首推孟子。孟子的名言是:"民为贵,社稷次之,君为轻。"(《孟子·尽心下》)贵,不是尊贵,是说民最为重要。在国家政治生活中,将民、君、社稷的分量作明确区分,并将民列在首位,倡导"民贵君轻"之说,孟子是第一人。孔子重民,并转移了西周以来为君而保民的立脚点,将民看作立国之本。"所重:民、食、丧、祭",将重民放在政治生活的第一位。现在孟子又提出民与君的比较,作出民贵君轻的判断,可以说,这是孔子重民思想的逻辑发展,是沿着孔子思维逻辑推衍出来的必然结果。

民贵君轻,虽然后世儒家不敢再坚持这一鲜明的政治主张，虽然后世帝王对此多有非议，然而，这一光辉思想，还是产生了极为深刻的影响（这一点留待后文评说）。

孟子民贵君轻说，主要有两方面的含义。其一，民心之向背，关系着国家的兴亡。《孟子·离娄上》载，孟子曰："桀、纣之失天下也，失其民也；失其民者，失其心也。得天下有道：得其民，斯得天下矣；得其民有道：得其心，斯得民矣。得其心有道：所欲与之聚之，所恶勿施，尔也。"孟子认为，像桀、纣这样的暴君，之所以失去天下，是由于失去了民心，失去了人民的支持。而要获得天下，根本的方法就是获得人民，获得人心。人民所希望的，替他们聚集起来；人民所厌恶的，不要加在他们头上，真正重视人民的愿望。孟子从历史中看到，"国之所以废兴存亡者"，系于民心的向背。所以，不能不把人民的利益放在第一位。民是立国之本。

其二，孟子认为，国家的一切费用，都取之于民，如果离开了人民，国家就会财源枯竭。人民是国家的主要支柱。所以，孟子主张，统治者必须以人民的愿望为自己的愿望，关心人民，与人民同忧乐。他说："为民上而不与民同乐者，亦非也。乐民之乐者，民亦乐其乐；忧民之忧者，民亦忧其忧。乐以天下，忧以天下，然而不王者，未之有也。"（《孟子·梁惠王下》)统治者如果不从头脑深处解决"民本"问题，是不可能做到"乐以天下，忧以天下"的。先民后君，对任何统治者都是一个很高的要求。

从民贵君轻的思想出发，孟子提出了一个更尖锐的问题：当君主暴虐无道时，人民起来推翻他，是完全正义的，这是对春秋时期激进的民本思想的继承和发展。《孟子·梁惠王下》载，邹、鲁两国发生冲突，邹国官吏被鲁人杀死了几十个，而邹国的老百姓则不管不问，见死不救。邹穆公对此非常恼火，气愤地对孟子说："这些老百姓，要杀了他们吧，这么多人，杀不胜杀；不杀他们吧，他们见官吏死而不救，也实在可恨。这该怎么办呢？"孟子说："我听说灾荒年的时候，您的百姓们，年老体弱的暴死于荒野，年轻力壮的四处逃荒，而您的谷仓中堆满了粮食，却不去救济他们。这大概就是您怎样对待人家，人家就怎样回报您。您的百姓对官吏的被杀不管不问，不是很正常吗？"这是一种容忍老百姓对暴政造反的思想。这一思想，在孟子与齐宣王的一次谈话中，表达得就更直接了。齐宣王问孟子，商汤流放夏桀，武王讨伐殷纣，像这样"臣弑其君"，可以吗？孟子对曰："贼仁者谓之'贼'，贼义者谓之'残'。残贼之人谓之'一夫'。闻诛一夫纣矣，未闻弑君也。"(《孟子·梁惠王下》)意思是说，破坏仁爱的人叫作贼，破坏道义的人叫作残，贼残一类的人叫作独夫。我听说过周武王诛杀了独夫殷纣王，没有听说他是以臣弑君。杀暴君就是诛独夫，是正义的行为，这是孟子民本思想中的一个重要内容。

关于诛杀暴君的正义性，并不是孟子一个人的思想，而是战国时期流行甚广的一种政治思想，在传统文献中叫作"汤武革命论"。汤武革命论起源于《易经》"革"卦"彖"辞："天地革而四时成，汤武革命，顺乎天而应乎人。革之时大矣哉！"这是第一次明确提出汤武革命概念，并从理论上解决了革命的正义性与合理性。这一思想一经提出，便在战国思想界迅速蔓延，得到诸子的认同或响应，正面评价汤武取代夏殷之历史变革的言论蜂拥而起。《墨子》中的《三辩》篇、《非攻》篇都有论及，明确肯定汤武变革的正当性。当有人以汤武之事来质疑墨子的非攻思想时，子墨子曰："非所谓攻，谓诛也。"墨子旗帜鲜明地说，他的非攻并非反对一切战争，像商汤放逐夏桀，武王征伐商纣，都是"诛"而不是"攻"，是正义的战争。《荀子》书中也有多处讨论汤武革命，荀子说："夺然后义，杀然后仁，上下易位然后贞，功参天地，泽被生民。"他评价商汤、周武王夺取政权、杀掉暴君，挽救国家于危亡之中，是真正的功参天地、泽惠民众的仁义之举。除了墨子、孟子、荀子之外，《管子》的《宙合》《形势》诸篇《列子》《说符》篇、《吕氏春秋》《似顺论》等文献，都有谈及。总之，在战国思想界，汤武革命论是一种较为普遍的政治思潮，是民本思想发展的最高境界。

(4)"水则载舟,水则覆舟":荀子的民本思想

荀子在后儒的眼里,是个非正统派的儒家,但他对中国政治的实际影响,绝不亚于孟子。他的不少思想,为后代政治家所遵循。

荀子的民本思想,其深刻性,不逊于孟子。《荀子·王制》载:"君者,舟也;庶人者,水也。水则载舟,水则覆舟。"此之谓千古名句。君是舟,民是水,水能够载舟远行,也能够将舟掀翻沉没。所以,君者,必须重视人民的力量,处理好与民众的关系。后代头脑清醒的帝王,大都重视荀子的这一训导。后世忠臣贤相,也大都以此语劝谏帝王。荀子的这句名言,对规范后世帝王的行为,起了重要作用。

荀子的民本思想,根源于他对君民关系的认识。关于君民关系,荀子有个基本的看法,即"天之生民,非为君也;天之立君,以为民也"(《荀子·大略》)。所以,在荀子看来,天所赋予国君的基本使命就是"为民",一切圣君贤相都应该以"为民"作为大政宗旨。懂得这个道理,并照着去做,即可赢得民心,得到人民的拥护,自然也就可以得到天下。他反复讲这个道理:

> 有社稷者而不能爱民、不能利民,而求民之亲爱己,不可得也。民不亲不爱,而求其为己用、为己死,

不可得也。民不为己用、不为己死,而求兵之劲、城之固,不可得也。兵不劲、城不固,而求敌之不至,不可得也。敌至而求无危削、不灭亡,不可得也。(《荀子·君道》)

故君人者,爱民而安,好士而荣,两者无一焉而亡。(《荀子·君道》)

用国者,得百姓之力者富,得百姓之死者强,得百姓之誉者荣。三得者具,而天下归之。三得者亡,而天下去之。(《荀子·王霸》)

和孟子一样,荀子也认为,对那些残害人民的无道之君,应该当作独夫民贼而予以推翻。但他比孟子讲得更直截了当。从《荀子》全书看,他赞扬商汤放逐夏桀、周武王讨伐殷纣王的行为,有十多处。在《臣道》篇,他写道:"夺然后义,杀然后仁,上下易位然后贞。功参天地,泽被生民,夫是之谓权险之平,汤、武是也。"荀子认为,任何政治行为都应该以是否符合人民的利益来判断。诛杀暴君,以"义"代替"不道",以"仁"代替暴虐,符合人民的利益,是"为民"的要求,所以是"功参天地,泽被生民"的正义之举。国君不以"为民"为宗旨,即失去了继续作为国君的根据,就应该被推翻,被取代。

孟子"民为贵""君为轻"的思想,是孔子民本思想的逻辑发展;荀子"君者,舟也;庶人者,水也"的论断,是对孔子民本思想的阐述和发挥;而他们关于诛杀独夫民贼一类暴君的共同主张,既是战国时期汤武革命论的影响,也可以说是对孔子"以道事君"思想的大胆推进。孟、荀的民本思想,都是孔子民本思想朝着重民方向的逻辑拓展。孔、孟、荀共同开拓了中国思想史上民本思想的宝贵传统。

(5) 孔、孟、荀民本思想的历史影响

孔、孟、荀是传统民本思想的主要奠基者,但"民本"作为发端于西周的一种社会思潮,并不是儒家专有的思想。先秦时期诸多学派,都有重民的思想倾向。像《管子》书中,就有不少这方面的论述:

> 夫争天下者,必先争人……得天下之众者王。(《管子·霸形》)
> 齐国百姓,公之本也。(《管子·霸形》)
> 政之所兴,在顺民心。政之所废,在逆民心。(《管子·牧民》)

法家思想的集大成之作《韩非子》也说:

> 圣人之治民,度于本,不从其欲,期于利民而已。故其与之刑,非所以恶民,爱之本也。(《韩非子·心度》)

《吕氏春秋》也有明显的重民轻君思想：

> 天下非一人之天下也，天下之天下也。(《吕氏春秋·贵公》)
>
> 人主有能以民为务者，则天下归之矣。(《吕氏春秋·爱类》)

民本思想赖有孔、孟、荀系统的阐述、奠基，又有各派诸子共同附议，自然就确定了它在中国思想史上的正统地位。秦汉以后，所有著名思想家，几乎都继承了民本思想传统，如汉代的陆贾、贾谊、董仲舒、刘向、班固、王符，隋唐的王通、陆贽、柳宗元，宋代的李觏、司马光、二程、苏轼、朱熹、陆九渊，明代的王守仁、张居正、吕坤、李贽，以及清代的唐甄等，都对民本思想有过很精彩的阐述，他们是从思想领域延续这一思想文化传统的精英、骨干。然而，从理论深度上说，后世这些思想家们，多没有突破前人，没有超越孔、孟、荀所达到的理论深度，而且也大都回避了孟、荀民本思想中最尖锐的部分，即对他们诛杀无道之君的主张不敢附和。

对传统民本思想有所发展，而使之带上近代色彩的，是明末清初的王夫之、黄宗羲等人。王夫之提出了"民即天"的思想："可以行之千年而不易，人也，即天也，天视自我民视者也。""以理律天，而不知在天者之即为理；

以天制人，而不知人之所同然者即为天。"(《读通鉴论》卷十九）"天视自我民视"是儒家经典《尚书》中的一句话，也是传统民本思想的基本表述方式之一。在这句话中，民本思想像"民，神之主也"一样，还披着一层神学的色彩。王夫之剥去了这层神学色彩，公开提出"人之所同然者即为天"，更突出了"民"的地位。"民即天"，作为"天子"的皇帝，就必须执行人民的意志，民应该居于君之上。

同时代的黄宗羲，将这一思想表达得更为明确："天下之治乱，不在一姓之兴亡，而在万民之忧乐。"（《明夷待访录·原臣》）"天下为主，君为客。"（《明夷待访录·原君》）"天下为主"，即民为主。这种民为主、君为客的主张，比王夫之的思想更明了，但表达的是同一思想。这种思想已超越了孟子的民贵君轻论，带有近代反对君主专制主义的民主色彩。像黄宗羲就从民本思想出发，对君主专制主义作出了如下批判：

> 今也以君为主，天下为客，凡天下之无地而得安宁者，为君也。是以其未得之也，屠毒天下之肝脑，离散天下之子女，以博我一人之产业，曾不惨然，曰："我固为子孙创业也。"其既得之也，敲剥天下之骨髓，离散天下之子女，以奉我一人之淫乐，视为当然……呜呼，岂设君之道固如是乎！（《明夷待访录·原君》）

像这样对君主专制的尖锐批判，已带有近代民主思想的性质。

然而，王夫之、黄宗羲带有民主色彩的民本思想，并不是对孔、孟、荀思想的简单否定，而是在新的历史条件下的扬弃，是继承传统民本理论的精华而发展的结果。从孔子的"以道事君"，到孟、荀的诛不道之君，再到黄宗羲的"不在一姓之兴亡"，显然有着明晰的发展脉络；"民为主，君为客"对"民为贵""君为轻"，也有着明显的承袭关系。王夫之、黄宗羲带有近代色彩的民本学说，是对孔、孟、荀传统民本思想的继承和发展；换个角度讲，孔、孟、荀的民本学说，对近代的民主启蒙运动，起到了明显的启迪作用。近代许多重要的思想家，如康有为、梁启超、谭嗣同等人，在进行民主运动时打出孔、孟的旗帜，采取托古改制的形式，并非偶然。孔、孟、荀的民本思想传统中，确实包含有可为近代所利用的积极的思想成分。

在中国两千多年的皇权专制时代，民本思想的直接历史作用，就是它引导一些比较圣明的君王，从巩固自身统治的角度出发，重视人民的力量，从而实行一些比较宽惠的经济政策，缓和紧张的社会矛盾，使人民能够有一个比较安定的生产生活环境，不蒙受过重的剥削重负，创造出社会经济繁荣发展的历史局面。像唐太宗李世民，他鉴于隋亡的历史教训，深刻地认识到人民的力量，将民本思想贯彻到自己的统治政策中。唐太宗深深懂得"君者，舟也；庶人者，水也。水则载舟，水则覆舟"的道理，时常念叨这句话。他的父亲唐高祖，就经常对侍臣们讲："君依于国，国依于民。刻民以奉君，犹割肉以充腹，腹饱而身毙，君富而国亡。故人君之患，不自外来，常由身出。夫欲盛则费广，费广则赋重，赋重则民愁，民愁则国危，国危则君丧矣。朕常以此思之，故不敢纵欲也。"（《资治通鉴》卷一九二）这段话实在是深刻而又精彩。如果损害百姓的利益而满足统治者的欲望，那就像是一个人割自己身上的肉来充饥，填饱了肚子而丢掉了性命。从这样的认识出发，唐初统治者就注意重视人民的利益，实行富民政策。李世民曾说，治国者应懂得，一定要使人民富足，不要只看国库盈亏，古人说"百姓不足，君孰与足"，这话很有道理。李世民是真正接受了民本思想的。明太祖朱元璋虽然对孟子的"民贵君轻"说大为恼火，但他出自民间的经历，元末农民战争的教训，使他也不得不接受民本思想，认识到"民之贫富，国家休戚系焉"的道理，采取有利于生产发展的措施，给人民一些实惠。传统民本思想的具体作用，大抵如此。至于历史上忠臣贤相以"民本"为主题，规劝皇帝推行德政，实行富民政策，那样的例子就不胜枚举了。

（5）"民本"与"民主"

最近一些年来，有些文化学者将传统的民本思想，与西方的民主思想相提并论，实在有些过于拔高。"民本"固然是中国传统思想中的优秀成分，起过一些积极的历史作用，但它和"民主"毕竟不是同一个范畴。"民本"是在皇权专制的历史条件下，强调重视人民力量，以民众百姓为立国之本，充其量是重视了人民在国家政治生活中的重要性，是反对统治者随意处置人民的一种思想。它所重视的"民"，是作为整体的"民"，而不是具体的个人；而在专制体制下，民众的一般利益，归根到底，只能由圣君贤相来代表。所以，"民本"并不必然地包括尊重国民个体人格的思想。而西方近代的"民主"，则是以国家保障公民权利即个体人格独立为基础的，二者有根本的区别。"民本"的立脚点是国家社稷，甚至只是君主的存亡兴替，"民主"的立脚点是个体公民权利的不容侵犯。如果从现代人的意识出发，单从"民本"二字的字面意义去推测，它应该有多方面的内涵：（一）民是立国之本，人民的意愿、民心的向背，决定着国之兴亡；（二）民为贵，民为本，人民在不得已的情况下，在他们的根本利益受到严重损害，统治者的残酷、贪婪、昏庸达到使人民无法忍受的地步的时候，人民有权推翻政府，选择新的统治者及社会方案；

（三）民为本，它必然要求国君及整体政府职员、国家机器，都听凭于人民的意志；（四）民为本，它也意味着政府的一切活动，都必须是为人民造福，它要为人民的各方面利益负起全面的责任，政府对人民负责，统治者是人民的公仆；（五）民为本，政府要负起对人民的广泛责任，就必须由一批真正的贤德之才来组成政府，由反映人民意愿的人来执行人民的意志，而不能是君主世袭制度；等等。"民本"的字面含义可以揭示出许多，但是，一定的意识形态，是一定的历史条件的产物。在中国帝制时代的民本思想，实际上体现的只是以上诸内涵中的第一点，而其他内涵在帝制时代则不可能被揭示，更不可能在政治实践中去体现。换句话说，它的民主性的内涵，是今人所赋予的。所以，我们不能以今人的理解去看待历史上的民本思想。对孔子《论语》所奠基的民本思想传统，一方面我们肯定其中的优秀成分，继承它对今天有益的东西；另一方面，我们也不能抛开历史条件去过分地拔高它。

4. "用夏礼则中国之"——《论语》民族思想的历史影响

中国自古以来就是一个统一的多民族国家，民族思想是传统政治思想中的一个重要方面。孔子是中国历史上第一个提出了系统的民族思想的人，因此，他的民族思想就对中国传统民族思想体系的形成，起了重要的支配作用，并对历史上汉民族的发展，多民族间的沟通与融合，产生了积极的历史影响。

（1）《论语》中的民族思想

春秋时期，华夏民族正处在一个发展、形成的过程中。周武王建立的西周，只是一个松散的统一国家，华夏族也只是居住在几个大的据点上。在山东有齐国、鲁国，在河南、山西有宋、卫、晋等国，在河北有燕国，陕西渭水流域是周的根据地。当时的楚被华夏族看作蛮夷，秦被称作西戎。在华夏族居住的大据点之间和周围，是一种所谓戎蛮夷狄交错杂居的局面。在洛阳附近有陆浑戎和伊洛之戎，在陕西有西戎、犬戎、骊戎，在山西、河北有赤狄、白狄、猃狁、山戎，在山东半岛有莱夷，在淮河流域有淮戎、徐戎，在长江一带有蛮族。从西周到春秋，一直是一种夷夏杂处，"戎狄蛮夷交相侵"的历史格局。生活在这样的历史氛围之中，思想敏锐的孔子，自然会对民族问题作出反应。

从《论语》中看，孔子的民族思想，主要表现在以下三个方面。

以礼乐文明作为夷夏区分的标准　春秋之时，夷夏杂处，各种民族还都处在形成过程中，民族特征还不十分鲜明，而且有些民族之间血缘种族的界限也不分明。在这样的民族环境中，孔子区分夷夏，不是以血缘种族为标准，而以华夏文明去衡量。他认为华夏文明是最先进的，提出"先进于礼乐，野人也；后进于礼乐，君子也。如用之，则吾从先进"(《先进》)的观点，把"礼乐"作为区分文明和野蛮的标准。具体说，他认为，凡是行周礼，讲究礼仪德行的，就是文明人，就是华夏之族；不行周礼，另行一套落后的风俗礼仪，就是野蛮人，就是蛮夷戎狄之族。夷、夏的区分，实际上是文明和野蛮的区分，是文化上的区分。

由于夷夏的区分只是一个文化问题，所以，夷夏之间的关系并不是绝对的，而是可以转化的。夷狄之族只要学习文明，接受了周礼，就可以转化为华夏；反之，华夏族成员，如果不行周礼，失去了文明，也会退化为夷狄。于是，在孔子的思想言论中，"四海之内皆兄弟"，他很少有民族歧视的倾向。从原则上说，他认为夷狄之族也是可以接受仁义道德而转化为华夏族的。《论语》中说：

居处恭，执事敬，与人忠。虽之夷狄，不可弃也。(《子路》)

言忠信，行笃敬，虽蛮貊之邦，行矣。(《卫灵公》)

子欲居九夷。或曰："陋，如之何？"子曰："君子居之，何陋之有？"(《子罕》)

很显然，孔子认为，"仁"的各种品德，在夷狄蛮貊之邦也是可以行得通的，落后民族可以接受华夏先进文明。在周游列国、多遇困厄的情况下，他还曾萌发过"居九夷"的念头。孔子"有教无类"的教育思想，也有不分种族的含义，他的学生中就有来自夷狄之邦的。这些都说明，孔子相信夷狄之族可以接受华夏文明，而一旦他们接受了华夏文明，也就变成了华夏民族。孔子作《春秋》，在对诸族类别的处理上，就是采用这一原则。韩愈在《原道》中曾评论说："孔子之作《春秋》也，诸侯用夷礼则夷之，进于中国则中国之。"

严于夷夏之辨 孔子虽然认为四海之内皆兄弟，很少有民族歧视的倾向，但是，他还是很强调夷夏之辨的。如他说："夷狄之有君，不如诸夏之亡也。"(《八佾》)就是说，华夏诸国即使处在无君无主的动乱状态，也还是比夷狄之国好。这句话很容易使人给孔子扣上民族歧视的帽子，学术界有些人也正是这样批判他的。其实，孔子严于夷夏之辨，重视区分民族间的文化差异，是从保护先进的华夏文明出发的，是为了防止华夏诸族文明的退化。在夷夏杂处的格局中，华夏文明同化夷狄诸族的落后文明固然会是主流，但华夏文明部分地被夷狄所同化，也是可能的，现实的。像楚国就是这样的例子。周成王时，举文武功臣鬻熊之后熊绎，封于楚，始有楚国。这熊绎是华夏之人，封于荆蛮之地，不用先进的华夏文明去教化荆蛮之民，反而使自己的后人逐渐蛮化。楚武王曾说:"我蛮夷也。""成王举我先公,乃以子男田令居楚,蛮夷皆率服。"(《史记·楚世家》)可见,楚处荆蛮之中,被蛮化了,春秋时期的中原诸夏,也很自然地认楚为蛮夷了。再如,吴与骊戎,本来都是周天子的同姓,但由于不行周礼,丧失了华夏文明,也都被蛮化了,吴被称为蛮,骊戎被看作是"诸戎"。正是从保卫、延续华夏先进文明的角度出发,孔子才主张严于夷夏之辨。他评价管仲是仁者,重要的原因之一,就在于管仲相桓公"尊王攘夷",保卫了中原先进的华夏文明,防止了中原华夏诸族变成"被发左衽"的夷民。如果孔子从心灵深处就歧视夷狄之人,就不会有四海之内皆兄弟的思想,也不会坚信夷狄可以转化为华夏,更不会产生"欲居九夷"的念头。应该说,孔子强调夷夏之辨是事实,但这不是民族歧视的标志,而是保卫华夏文明、延续先进文化统绪的需要。

"修文德以来之"的同化政策 以夷夏可以互相转化为根据,从发扬光大华夏文明的目的出发,孔子又提出了"用夏变夷"的民族同化思想;但这个同化不是用强制性的手段去进行,而是"修文德以来之",通过修治仁义礼乐,去吸引、招徕夷狄之人向华夏族靠拢、学习,并最终化成华夏之民。《论语》中的论述有:

> 远人不服,则修文德以来之。既来之,则安之。

(《季氏》)上好礼,则民莫敢不敬;上好义,则民莫敢不服;上好信,则民莫敢不用情。夫如是,则四方之民襁负其子而至矣。(《子路》)

近者悦,远者来。(《子路》)

远人不服而不能来也。(《季氏》)

以上论说中的"远人""四方之民",都是指华夏以外的夷狄之民。孔子的民族同化思想,主要内容有三:(一)最高统治者"修文德"以吸引夷狄之民,使之自动归附;(二)对归附来的夷狄之民,要"既来之,则安之",妥善安置,使他们能安居乐业,接受中原文化,增强、巩固在中原生活的信心;(三)"富之""教之",首先使他们富裕起来,进而进行礼乐教化,最终将他们化为华夏之民。这些思想,对于促进春秋战国时期的民族融合,对于华夏文明的光大传播,对于华夏民族的发展壮大,对于历史的逐步走向统一,无疑都具有积极的推动作用。

(2)"夷夏之辨"与汉民族意识

可以说,汉民族的民族意识,是与《论语》的传播相关的。它使汉族人重视华、夷不同民族文化的严格区分,并使汉人产生一种明显的民族优越感,在汉族遭到其他民族侵犯时,能够为伸张民族大义、保卫本民族的先进文化传统而奋起抗争。没有夷夏之辨,就不会有自觉的民族意识。这是夷夏之辨所产生过的积极作用。

　　另一方面，孔子的夷夏之辨，经过历代统治者的改造与扭曲，也产生了不少消极影响。本来，孔子的夷夏之辨主要是一种文化的区别，严于夷夏之辨是为了延续华夏文化的统绪，并不必然地包括民族歧视心理。然而，后世儒家在接受这一思想的时候，却赋予它浓厚的民族歧视色彩。特别是历代统治者，以孔子的夷夏之辨为根据，以大汉族自居，重夏轻夷，歧视少数民族，视"夷狄如禽兽"，使"蛮戎夷狄"这几个字都带上了侮慢之义。历代统治者征伐四夷，开疆拓土之举，被视为天经地义的事情，大汉族主义思想产生了根深蒂固的影响，即使那些开明的政治家、进步的思想家也无法摆脱。如唐太宗李世民，在历代帝王中，处理民族问题是比较开明的，他还说过"夷狄亦人耳……不必猜忌异类""自古皆贵中华，贱夷狄，朕独爱之如一"一类的话，表示他能将汉族和少数民族一视同仁。即使这样的明君，骨子里头也还是重华夏贱夷狄的，这种意识时有流露。《资治通鉴》中载，李世民亲口说过："戎狄人面兽心，一旦微不得意，必反噬为害。"（卷一九七）像这样对少数民族的谩骂、歧视，在历史上汉族统治者，甚至汉族百姓中，都是极普遍的现象。岳飞"壮志饥餐胡虏肉，笑谈渴饮匈奴血"的诗句，除了含有正当的民族情绪之外，也隐含着一种极端的民族歧视心理。"夷狄之有君，不如诸夏之亡也。"孔夫子这句话在历史上被曲解后而产生的消极影响，是极为深广的。虽然是后人曲解了孔子的原意，不能让孔子对后世的民族歧视负责，但后世汉族的大汉族主义、民族优越感，以及对少数民族的歧视心理等民族意识，也确实是与孔子的言论有关的。

（3）"修文德以来之"与华夏文明的传播

孔子"修文德以来之"，通过修治仁义礼乐而招徕少数民族的民族同化思想，对华夏文明的传播和少数民族接受汉文化以加速文明进程，促进民族融合，都起了积极的推动作用。历史上许多政治家、思想家都接受了孔子的这一思想，认为夷狄之人从本性上讲是可以接受华夏文化的，因而采取传播文明道德以改造落后民族的方法，加速了落后民族的文明进程。

如东汉明帝时，朱辅为益州刺史，"在州数岁，宣示汉德，威怀远夷……白狼、槃木、唐菆等百余国，户百三十余万，口六百万以上，举种奉贡，称为臣仆"（《后汉书·西南夷列传》）。朱辅对少数民族实行轻徭薄赋的政策，又提倡向少数民族地区传播汉族先进的生产技术和思想文化，受到当地少数民族人民的热烈拥护。当时少数民族人曾作诗三首，表示对汉帝国的仰慕：

大汉是治，与天合意。吏译平端，不从我来。

闻风向化，所见奇异。多赐缯布，甘美酒食。昌乐肉飞，屈申悉备。蛮夷贫薄，无所报嗣。愿主长寿，子孙昌炽。(《远夷乐德歌》)

蛮夷所处，日入之部。慕义向化，归日出主。圣德深恩，与人富厚……去俗归德，心归慈母。(《远夷慕德歌》)

荒服之外，土地墝埆。食肉衣皮，不见盐谷。吏译传风，大汉安乐。携负归仁，触冒险陕……(《远夷怀德歌》)

显然，刺史朱辅是实践了孔子的民族思想。他招徕安抚的少数民族达600万之多，不仅给他们衣食之利，更重要的是传播了华夏文明，用汉族的仁、义、礼、智、信等文明道德去教化这些化外之民。颂诗中"闻风向化""慕义向化""去俗归德，心归慈母""携负归仁"等句，都证明朱辅用先进文明改造民族地区的落后习俗取得了巨大的成功。这也是孔子民族思想的具体实践成果。

三国时期，诸葛亮"西和诸戎，南抚夷越"的民族政策，也是孔子民族思想的成功实践。在南征中，他约束部下，禁止烧杀掠夺，并采用马谡"攻心为上，攻城为下；心战为上，兵战为下"的建议，对少数民族首领孟获七擒七纵，使之心悦诚服地归顺，以信义取得少数民族的归附。在平定南中之后，如何管理这一地区，诸葛亮分析，蜀汉国小势弱，夷汉之间又有新旧裂痕，若留下汉官来治理，必须留下汉兵保护，留下汉官汉兵，则必须运粮，这些都是蜀汉难以承受的负担；相反，不留官，不留兵，"而纲纪粗定，夷汉初安故耳"。最后，诸葛亮不以汉人治夷人，只留下"纲纪"文化，一方面取得了少数民族的信任，另一方面，通过先进的纲纪文化去同化这些少数民族，使之文明开化，达到夷汉相安。事实证明，诸葛亮此举奏效，他在南中没有留下汉官汉兵直接统治，但却加强了南中各族人民和汉族人民的联系，使汉族先进的经济、文化在南中进一步传播，推进了该地区的社会发展，也给自己北伐中原造就了一个稳定的后方。

"修文德以来之"，用修治仁义礼乐的方法去招徕、同化少数民族，虽然其中也隐含着民族优越感，甚至也有大汉族主义的思想成分，但是，历史上汉族文化确实处于先进的地位，汉族文明在少数民族地区的传播，不论对少数民族地区的历史发展，还是对中华各民族的融合，都确实起到了积极的历史作用。

（4）"夷狄中国则中国之"与中华各民族的融合

作为一个多民族的国家，各种民族政权同时并存，是中国历史的一个显著特点。而各民族政权中势力强大的一方，都想占据中原，成为中国的最高统治者。于是，中原王朝政权易手，少数民族占据中原成为统治民族的事就不断发生。像魏晋南北朝时期的北部中国，唐末五代的政权更替，金灭北宋，元灭金和南宋，清入主中原等，每逢这样的政权更替，都随之带来严重的民族问题。入主中原的少数民族和中原汉族之间，怎样拆除民族壁垒，实现民族间的沟通与融合，是个很大的难题。而每逢这种时候，孔子"夷狄中国则中国之"、以礼义文明来区别夷夏族类的民族思想，就会充当消解民族壁垒的催化剂，发挥积极的历史作用。

从少数民族方面来说，他们首先对学习汉族文明表现出积极主动的态度，提高自己的文明程度，进而打出孔子"用夏礼则中国之"的旗帜，证明自己统治的合理性，争取得到汉民族的容忍和承认。北魏的孝文帝改制，就是典型的例子。孝文帝本人深通儒学，史载他"雅好读书，手不释卷。"五经"之义，览之便讲"。亲政之后，实行政治、文化改革，推行汉化政策。首先是将都城迁到洛阳，加强与汉族上层的合作。接着采取一系列汉化措施：改官制，一律用汉官制度；禁胡服，鲜卑旧俗就是孔子讲的"被发左衽"，改制后一依汉制；禁止使用鲜卑语言，官吏上朝一律使用汉语，使用原民族语言者撤职免官；改姓氏，原鲜卑族都是复姓，一律改为单姓，拓跋氏改姓元，独孤氏改姓刘等。然后在全国推行儒家文化，学习儒家经典。请看孝文帝太和十一年（487年）的一道诏书：

> 乡饮之礼废，则长幼之序乱。孟冬十月，人闲岁隙，宜于此时，导以德义。可下诸州，党、里之内，推贤而长者，教其里人父慈、子孝、兄友、弟顺、夫和、妻柔。不率长教者，具以名闻。（《北史·魏本纪》）

这道诏书说明，孝文帝的政策即彻底的民族汉化，思想儒化。如此这般，根据孔子的民族思想去判断，鲜卑族也就逐渐化成了华夏民族。在这种情况下，汉族是没有理由不接受这个鲜卑族的。容忍，接受，接触，沟通，相互学习，逐渐就丧失了民族差别，达到了融合。

从汉族方面来说，孔子的民族思想，使人们不太执着于民族的血缘种族差异，而偏重于从文明的角度看问题。少数民族，只要他们学习、采用华夏文明，就承认他们。孔子的思想敦促人们尽快去拆除民族壁垒。如蒙古族初入中原，建立元王朝，汉族人民是很难接受的。但是，大局已定，必须承认这个既成的事实，不拆除民族思想壁垒，就会阻碍历史的发展和民族的融合。在这种情况下，儒家思想家郝经，就根据孔子的民族思想，提出了一个政治准则："能行中国之道，则中国之主也。"他认为，对天下之民来说，儒家文化的纲纪典章是最为重要的，国家的元气命脉即系于此。只要儒家的纲纪典章、礼义原则不丢，只要仍然是孔孟之道，不管什么民族占据天下，中国就不算亡国。做中国之主的种族所属并不重要，重要的在于是否奉行孔孟圣人之道。他说："中国而既亡矣，岂必中国之人而后善治哉？圣人有云：'夷而进于中国则中国之。'苟有善者,与之可也,从之可也,何有于中国于夷？"（《时务》）郝经从孔子的思想中为汉人接受蒙古民族找到了根据，也从理论上和心理上为蒙汉统治阶级的合作开辟了道路。蒙古统治者站稳脚跟之后，也逐渐重视起汉文化的学习，元世祖忽必烈就非常重视推行汉法，录用儒士，加快了蒙古族汉化的进程。于是，汉民族对元王朝的统治也就逐渐容忍了，接受了。

历史事实证明，孔子的民族思想，在民族征服与文化冲突中，充当了契合两种相冲突的文化的桥梁，促使少数民族向先进的汉族文明靠拢，也拆除了汉族接受少数民族的心理障碍，从而加速了民族融合的历史进程。另一方面，"夷狄中国则中国之"的思想主流是用华夏文化去同化少数民族文化，所以，也使每一次的民族融合，都最终延续了华夏文化统绪，使中华文化的发展历经多次政权嬗替而经久不衰。

五 《论语》与中国士大夫精神

"士大夫"是个很古老的概念。《周礼·考工记》中说:"坐而论道谓之王公,作而行之谓之士大夫。"士大夫是任职做事的官吏。大概到战国时期,"士大夫"也用来指称读书知礼、通权达变、卓然独立的文人学士,如《荀子·强国》篇说:"不比周,不朋党,倜然莫不明通而公也,古之士大夫也。"秦汉以后的帝制社会中,士大夫一般是指知识阶层和通过读书而做官的官吏。笔者即从后者的意义上使用这一概念,来讨论《论语》对塑造中国帝制时代知识分子性格所起的作用。

1."内圣外王"的人格理想

(1)《论语》塑造的理想人格

《论语》中,孔子及其弟子们提出的人格理想范畴,有"志士""仁人""君子""成人""圣人"等。这些人格类型在内容上互相交叉，相互涵摄，有大体类似的内涵，很难严格区分。其中以"君子"概念使用最多，我们即用"君子"人格来指称孔子的理想人格，但在讨论中，也将孔子论及"志士""仁人""成人""圣人"等人格类型的话吸收过来。

《论语》中讲的"君子"人格，有两个突出的特征，一是修己安人，一是人格独立。

修己安人 《宪问》篇载，子路问孔子怎样做才是君子，孔子说："修养自己，经常保持恭敬谦逊的态度。"子路说："这就可以了吗？"孔子说："修养自己，并使他人得到安乐。"再问："这样就够了吗？"孔子说："修养自己，使老百姓都得到安乐，像这样的要求，尧舜都未必完全达到了呢。"就是在这段对话中，孔子提出了一个似乎连尧舜也未能完全达到的人格理想，那就是"修己安人"。从孔子的话可以看出，"修己"与"安人"，是这一理想人格的两大要素。

"修己"即所谓修身养性，指君子的内在修养。孔子认为，真正的君子，都应该重视自身的内在修养，应该通过自身修养和内心自省，完善自身素质，以提高自己适应和改造环境的能力，从而使自己在任何环境中，都能保持内在精神的充盈饱满，无忧无惧。

从《论语》中看,孔子对"修己"的基本要求是:培养仁爱之心,处事"义以为上",坚持道的追求("守死善道"),内省不疚,无忧无惧。如下一些话即是对"修己"的要求:

> 君子义以为上。(《阳货》)
>
> 君子谋道不谋食……君子忧道不忧贫。(《卫灵公》)
>
> 不义而富且贵,于我如浮云。(《述而》)
>
> 君子食无求饱,居无求安,敏于事而慎于言,就有道而正焉,可谓好学也已。(《学而》)
>
> 君子固穷。(《卫灵公》)

总的来说,所谓"修己",就是在内心深处去体认仁、道、义的基本原则,使自己永远处在乐观向上、精神充实、一种"君子坦荡荡"的精神状态中。

"修己"是君子的内在修养,"安人"则是君子的躬行实践,把"修己"所培养出的仁、道、义的精神,用之于经世致用、匡世济民的实际行动之中。孔子认为,"君子学道则爱人""学而优则仕",真正的君子,不只是讲求修身养性,而应该把所学的"道"用于"爱人"的实际行动之中,学有余力则去做官做事,以达成内在修养与外在实践相统一的完整人格。在子路问君子的时候,孔子回答他

"修己以敬""修己以安人""修己以安百姓"这样层次递进的三句话,先是修己,进而是安人,最后达到安天下所有之百姓,这才是最完美的君子人格。

孔子修己安人的人格理想,在战国时期就被人概括为"内圣外王之道"(《庄子·天下》)。"修己"是内向的,是君子朝着圣贤方向的内在修养,所以谓之"内圣";"安人"是外向的,是君子致力于"古圣王经世之道",要建立外在的事功,故谓之"外王"。由是"内圣外王"就成了孔子倡导而被后世遵循仿效的君子人格,成为后世士大夫们虽不能至却心向往之的人格理想。

人格独立 这是《论语》中君子人格的另一特征。孔子认为,真正的君子,应该能保持追求真理的原则性、坚定性,不为物移,不为利诱,不为权势压力所屈服,在任何情况下都能坚持"义以为上"的人格独立,执着于对道的保持或追求。其论曰:

> 笃信好学,守死善道。危邦不入,乱邦不居。天下有道则见,无道则隐。(《泰伯》)
> 三军可夺帅也,匹夫不可夺志也。(《子罕》)
> 以道事君,不可则止。(《先进》)
> 君子和而不同。(《子路》)
> 志士仁人,无求生以害仁,有杀身以成仁。(《卫

灵公》)

　　道不同，不相为谋。(《卫灵公》)

　　不降其志，不辱其身。(《微子》)

　　孔子认为，君子之志不可夺，为了保持自己的志向和操守，应不惜以死，杀身成仁，不降其志，不辱其身，不为任何恶势力所屈服，不为任何利益荣辱而出卖人格。即使事君上，也要坚守志节，以道事君，"勿欺也，而犯之"。若是行不通，则辞职弃官，而不苟合于权势。生活之中，为人处世，"和而不同"，听取尊重他人的意见，但不盲目附和，爱憎分明，不做乡愿之人。总之，孔子认为，君子应有不苟合于世的独立人格，把自己的志向追求和道德操守看得比生命还重要，不惜以死来成全它，捍卫它。

　　(2) 正心修身，齐家治国平天下

　　修己安人是孔子设计的理想人格，而真正达到这一理想人格的要求，则并不容易。孔子说"尧舜其犹病诸"，尧舜都不见得达到了这种理想境界；孔子也说过自己"躬行君子，则吾未之有得"，他本人也没有完全达到理想的人格境界。那么，一般的人就更不用说了。所以，从孔子的时代起，这一理想人格在他的门人子弟中，就未能完全培养起来。孔子最好的学生颜回，"一箪食，一瓢饮，在陋巷，人不堪其忧，回也不改其乐"，然而，这也只是达到了"修己"的要求，至于"安人"的一面却未能做到。既然这是一种理想人格模式，真正做到就很不容易，所以，在孔子死后，传其学者，便使"修己"与"安人"两个方面发生了分离。在儒学传统中，侧重发展孔子"修己"思想的一派，称为"内圣之学"；侧重发展孔子"安人"思想的一派，则称为"外王之学"。这是儒学传统中的两大流派。

内圣之学的代表人物是孟子。孟子生当战国之时，有着平治天下的强烈愿望；然而，他以为平天下的根本途径在于"正人心"。他说："人有恒言，皆曰：天下国家。天下之本在国，国之本在家，家之本在身。"这样，治理国家天下的根本，就归结于个人自身的修养，只要每个人都达到了心正身修的要求，整个社会就会风气淳朴，消灭邪说，不出现偏激的行为，实现平治天下的目的。后来思孟学派的代表作《大学》，对孟子的这一思想又作了具体发挥，提出了一个对后世影响极大的"正心、修身、齐家、治国、平天下"的大学之道：

> 古之欲明明德于天下者，先治其国。欲治其国者，先齐其家。欲齐其家者，先修其身。欲修其身者，先正其心。欲正其心者，先诚其意。欲诚其意者，先致其知。致知在格物。物格而后知至。知至而后

意诚。意诚而后心正。心正而后身修。身修而后家齐。家齐而后国治。国治而后天下平。

"大学之道"讲的修身八条目:格物、致知、诚意、正心、修身、齐家、治国、平天下,其中修身是根本。前四目是修身的方法,后三目是修身的目的。这种以个人修身为出发点的"内圣之学",在汉武帝以后为历代统治阶级所提倡,成为儒家学派中占正统地位的人格修养理论,被后世儒家传习了两千年,甚至成为整个民族的人格信仰。历代传孟轲之学的大家,唐代的韩愈,宋代的二程兄弟、朱熹、陆九渊,明代的王阳明等,都对"内圣之学"有过精彩的阐述。

"外王之学"的代表人物是荀子。荀子学说的特点是重"礼"。他认为,"人生而有欲,欲而不得,则不能无求,求而无度量分界,则不能不争",所以,治理社会必须靠外在的"礼"来规范、约束人的行为。他从人的本性出发来论证"礼"的必要,把"礼"的重要性推向极端:

> 人无礼则不生,事无礼则不成,国家无礼则不宁。(《荀子·修身》)

> "礼"者,法之大分、类之纲纪也。故学至乎"礼"而止矣,夫是之谓道德之极。(《荀子·劝学》)

在荀子的学说中,"礼"既是学习的目的,又是道德的最高准则,也是社会治乱的标准。治理社会的途径,不能靠人内在的道德觉悟，只能靠礼的节制和约束。"古圣王经世之道，莫切于礼。"这即荀学的主旨。这样，荀子就把人格修养的基本方向引向了外在的社会秩序，离开了空疏的人的心灵领域。在荀子把人的注意力引向社会的同时，他又特别强调人类征服外部世界的可能性、必要性，以"天人相分""制天命而用之"的思想，去鼓励人们征服世界，建立事功。荀子的"外王之学"，应该说是符合建立、巩固大一统帝国的需要的。他重视"礼"，并由此推出的礼法并用、王霸并重的统治思想，也确实为历代统治者所遵奉。然而，一方面由于荀子学说太直率、显露，使统治者不愿直接打出它的旗帜；另一方面，孟子"正心修身"的修养理论，更有利于培养安分守己的顺民。所以，荀子的"外王之学"在后世遭到冷落。"内圣之学"成为治国之本，"外王之学"暗而不彰。但荀学也有传人，每当"内圣之学"把人引到完全空疏迂腐的境地时，就会有人站出来，高擎经世大旗，力倡匡世济民，从而发展荀子的"外王之学"。像宋代的叶适、陈亮，明清之际的顾炎武、黄宗羲、王夫之，清代后期的龚自珍、魏源等，都继承发展了荀子的思想。

《论语》所塑造的理想人格，在后世虽是沿着"内圣""外王"两条路线被分割发展，但这种分离不是绝对的。"内圣之学"并非完全不讲"外王"之义，"内圣"的最终目的还是要落实在经世上、实践上,还是为着"齐家治国平天下"的大目标;"外王之学"也并非完全不讲"内圣"之义,因为"外王"是必须以"内圣"为根据的,没有"内圣","外王"便没有了出发点。"内圣"与"外王"只是在发展孔子的人格修养理论上各有侧重罢了。因此,不管是"内圣之学"还是"外王之学",都还保留了"内圣外王"这个整体理想人格的影子。孔子之后两千多年间,中国的知识分子,在人格修养上,大都是按照"内圣外王"的要求去塑造自己的形象。

东汉人缪肜,少年时失去父母,自己为兄长,照顾三个弟弟长大成人。兄弟四人都娶妻后,妯娌不和,数有争斗,遂谋分异,要闹分家。缪肜看到这种情况,痛心愧疚,闭门自责:"缪肜,汝修身谨行,学圣人之法,将以齐整风俗,奈何不能正其家乎!"三个弟弟及弟媳听到后,感到惭愧,给大哥叩头谢罪,全家归于和睦。后来缪肜"举尤异",出任中牟县令。任职期间,抑权豪,诛奸吏,威名远行。这个缪肜,就是实践儒家"内圣外王"的一个典型。从修身、齐家到治理社会,完全是按照"圣人之法"去做人行事。

三国时期的诸葛亮,也是一个"内圣外王"的典型例子。诸葛亮本人特重"修己"之学,很有些修养的功夫。他在《诫子书》中说:"夫君子之行,静以修身,俭以养德,非淡泊无以明志,非宁静无以致远。"这可以说正是他自己的人格修养。及至后来辅佐刘备兴复汉室，遂将其"内圣"的功夫发扬出来，在促成三国鼎立的历史格局中，起了举足轻重的作用。诸葛亮在《出师表》中说：

> 臣本布衣，躬耕于南阳，苟全性命于乱世，不求闻达于诸侯。先帝不以臣卑鄙，猥自枉屈，三顾臣于草庐之中。咨臣以当世之事，由是感激，遂许先帝以驱驰。后值倾覆，受任于败军之际，奉命于危难之间，尔来二十有一年矣。

> 先帝知臣谨慎，故临崩寄臣以大事也。受命以来，夙夜忧叹，恐托付不效，以伤先帝之明。故五月渡泸，深入不毛。今南方已定，兵甲已足，当奖率三军，北定中原。庶竭驽钝，攘除奸凶，兴复汉室，还于旧都。此臣所以报先帝而忠陛下之职分也。

诸葛亮是一个典型的儒臣形象。他对刘备父子的信义忠诚，真是做到了"鞠躬尽瘁，死而后已"。他的内圣功夫之深，"外王"事功之大，"内圣外王"的完美结合，为历代士大夫阶层所推崇。他的《出师表》所以传颂千古，不在于文辞之优美，而根源于它所展现的人格精神。

（3）"三军可夺帅也，匹夫不可夺志也"

孔子人格理想中对独立人格的强调，对后代士大夫的人格塑造，也起了极为重要的作用。自觉的独立人格意识，成为中国古代士大夫阶层区别于其他社会群体的特有品格。

孔子之后，对"人格独立"思想强调最多，并有所发挥的，首推孟子——

"志士不忘在沟壑，勇士不忘丧其元。"（《孟子·滕文公下》）有志之士坚守节操，不怕弃尸山野；勇敢的人坚持原则，不怕丢掉脑袋。

"居天下之广居，立天下之正位，行天下之大道。得志与民由之，不得志独行其道。富贵不能淫，贫贱不能移，威武不能屈，此之谓大丈夫。"（《孟子·滕文公下》）住在天下广大的住宅（仁）里，站在天下正确的位置（礼）中，走在天下光明的道路（义）上。得志时，与老百姓一起沿着正道走；不得志时，能独自坚持原则。富贵不至于迷惑腐化，贫贱不至于动摇改志，威武不至于屈服变节，这才是大丈夫的品格。

孟子的话充溢着浩然正气，透出士人阶层为道义而献身的坚定志向与不屈品格。这些话像《论语》中"匹夫不可夺志""无求生以害仁，有杀身以成仁"的警句一样，成为后世士大夫的人格信条。

孔孟所倡导的人格独立，在战国时期的士人阶层中，普遍得到体现。当时列国争霸，各国诸侯不得不招贤纳士，礼贤下士，对士人特别礼遇；而士人身处大动荡的时代，各自怀抱远大的政治理想，清醒地意识到肩负的使命，也就愈加感受到自身的尊严。于是，在这个时代，中国的士人阶层，就有可能培养起自己的人格尊严，甚至获得与国君分庭抗礼的意志独立。可以说，在战国时期，注重道义，砥砺名节，清高自是，独立思考，在士人阶层中成为一种普遍的风气。这是中国知识分子最为意气风发的年代。

《战国策》中载有齐宣王见颜斶的故事。齐宣王见颜斶，说："颜斶，请靠前一点。"斶亦说："请齐王靠前一点。"齐宣王见颜斶高傲，很不高兴。宣王的左右劝颜斶说："王者，人君也，而斶，您是人臣。宣王让您上前，而您怎能叫宣王上前呢？"颜斶说："我颜斶主动上前，是仰慕权势；而宣王主动上前，则是礼贤下士。与其我趋附权势，不如使大王礼贤下士。"经过一番舌战，颜斶占了上风。齐宣王不得不容忍颜斶的高傲。战国时期的士人，多有不向君王、权威妥协的品格。

士人的人格独立，还表现在"贫贱不能移"这一方面，为坚守道义而自甘贫贱。齐国思想家陈仲，其兄爵职显赫，俸禄万石，但他认为其兄之禄不义，故不食，带领妻子避兄独居，以编草鞋为生，自食其力。据说，他生活很艰难，有一次连续三天没吃上饭，饿得耳聋眼花，井上有个李子被金龟吃了一大半，他爬过去咬了三口，耳目才恢复了正常。尽管如此,他却能安贫乐道。史书上说,陈仲"其为人也,上不臣于王,下不治其家,中不索交诸侯",绝不肯向一切政治权威妥协,清高自是,以道自负。战国时期,这类有高度独立性的士人不在少数。他们没有任何功名利禄之累,蔑视一切政治权威,孜孜以求的即是自己的政治学术主张。正因为士人有独立的人格,才能把对真理的追求视作自己的生命;正因为士人没有功名利禄之累,没有政治权威设下的框框,才能够真正解放思想,完全自由地去进行学术创造。可以说,春秋战国时期的百家争鸣,是与士人的人格独立相联系的。

秦汉以后,专制主义中央集权制度的确立,严重地威胁了士大夫阶层的人格尊严。特别是"三纲"中的"君为臣纲",完全剥夺了士大夫们发表个人意见的权利,一切都要听命于君主的摆布。在专制帝王的淫威之下,士大夫不仅没有了以往与君主分庭抗礼的地位,失去了与帝王权贵在对等原则上据理抗争的权利,而且起码的人格尊严也丧失殆尽,甚至连生命也朝不保夕。谢天佑《专制主义统治下的臣民心理》一书中谈到武则天,说她:"如其他皇帝一样也视臣下如奴仆,有才能者则用,不合者则罢,有过者则杀。大胆提拔,放肆杀戮,像摆棋子一样轻快。所以,武则天每升一官,宫中的女婢就私下议论说:'鬼朴又来矣。'果然不过一个月新官又变新鬼。

在这种气氛下当官,怎能不叫人觉得恐怖!"到明代,皇帝在朝廷之上随意廷杖朝臣,许多有独立个性,敢于当面直谏的大臣,都死于廷杖之下。大臣们终日惶惶不安,出门上朝即与家人诀别,不知什么时候一言不慎,就会死于非命。清代大兴文字狱,士大夫、文人学士动辄得咎。康熙朝著名气功家朱方旦著书立说,刊行《中补说》《中质秘书》两部著作,提出"中道"(即大脑)的作用,认为意念思想、记忆是存于头脑里,并从那里释放出来,被指斥为倡立邪说,焚毁其书,判死刑立斩。雍正朝,江西主持科考的大员查嗣庭出科考试题,从《诗经》中选出"维民所止"四字,作为策论题目,不料被人告密,说他心怀异志,要砍雍正皇帝的脑袋。雍正拿来试题一对,题中"维""止"二字合在一起,果然有去"雍正"之头的嫌疑,勃然大怒:"你要砍我的脑袋,我先要你的脑袋!"结果查嗣庭按律判凌迟处死,死于狱中,弟弟侄儿流放边陲,长子处决,三个不满15岁的儿子流放三千里,并将查嗣庭家乡浙江全省停止乡试、会试一年。雍正四五年间,黄河水突然澄清,人以为是嘉瑞之兆,太常寺卿邹汝鲁给皇帝进献《河清颂》一篇,歌功颂德,谁知皇帝从中读出"旧染维新,风移俗易"一句,大怒。雍正皇帝说自己完全是遵照圣祖先帝之制,何来"维新"之说?邹汝鲁后来被宽大处理,从轻发落,革职免死。乾隆朝,内阁学士胡中藻因诗中有"一把心肠论浊清"句,将"浊"字加在国号"清"字上面,被斩首示众。

在这样的专制淫威之下,士大夫们要在政治生活中保持独立人格,显然是极其困难的。但是,士大夫们饱读儒家经典,对孔孟所倡导的人格独立极为神往,尽量以各种方式追求人格的独立。有的不得已走上隐士道路,隐居以求其志,不苟合于当世;有的信守孔子"以道事君,不可则止"的原则,告官还乡,转上收徒讲学的道路;有的避开现实社会问题,埋头于古典文献的考订整理之中,自得其乐;也有的在朝为官,坚持直道,不畏杀头之祸,犯颜直谏,以伸张大义。历代士大夫官僚中也不乏这样的典型。《明史·海瑞传》载,海瑞冒死上书指陈时政,世宗皇帝看罢他的上书,大怒,掷之于地,对左右说:"快去捉拿此人,不要让他跑了。"皇帝身旁的一个宦官说:"听说海瑞知道您会治他死罪,所以,上书之前他已买好了一口棺材,也和妻子家人做了诀别,并已让府中的丫鬟仆人各自奔散。他现在正待罪于朝,等着您杀他呢!"像海瑞这样拼死也要坚守志节,保持独立人格的"杀身成仁"之人,虽不算多数,但却是士大夫精神的典型代表。可以说,在中国帝制时代,也还只是这个士大夫阶层,深受儒家思想的熏陶,懂得"人格"之于人的宝贵和重要。

2. 心系天下的忧患意识

（1）《论语》中孔子的忧患意识

"人生识字忧患始"。忧患意识是中国士大夫源远流长的精神传统。本书前边曾谈到过司马迁的话："昔西伯拘羑里，演《周易》；孔子厄陈蔡，作《春秋》；屈原放逐，著《离骚》；左丘失明，厥有《国语》；孙子膑脚，而论兵法；不韦迁蜀，世传《吕览》；韩非囚秦，《说难》《孤愤》；《诗》三百篇，大抵贤圣发愤之所为作也。此人皆意有所郁结，不得通其道也，故述往事，思来者。"（《史记·太史公自序》）司马迁将古代精英文化的创造，都归结为忧患意识的产物，浓郁的忧患意识，是古代知识分子创造和传播文化的内在动力之一。大概正是由于司马迁这段话的影响，中国古代就有"六经"皆忧患之书的说法。

古老的忧患意识，作为一种明确的思潮而勃兴起来，大概是在西周前期。周族一个小邦之国，最终取代强大的殷王朝而有天下，对自己所建王朝的命运，并不十分自信，有着深深的"天命靡常"的政治恐惧，忧患意识油然而生。《尚书·召诰》中说："惟王受命，无疆惟休，亦无疆惟恤。呜呼，曷其奈何勿敬。""无疆惟恤"即无限的忧虑。读《尚书·周书》会感到一种浓郁的忧患气氛。特别是从《康诰》到《立政》的十来篇中，忧患情绪极其强烈。周王室贵族们，一再絮絮叨叨地讲述："我不可不监于有夏，亦不可不监于有殷。"夏、殷二朝"不其延，惟不敬厥德，乃早坠厥命"（《尚书·召诰》）。这种忧患意识的要害，是"忧君""忧位"，为周王朝的君位担忧。

《诗经》中也不乏哀怨忧愤之词。如"战战兢兢，如临深渊，如履薄冰"；"忧心烈烈，载饥载渴"之类。不过，这种忧患，主要流露的是对个人遭遇及命运的忧虑。孔子之前的忧患意识，大抵如此。统治者所忧，是自己的君位、政权；庶人之忧，是个人的命运、前程，二者都是以自身为中心。

春秋时期，诸侯争霸，天下大乱，"争地以战，杀人盈野；争城以战，杀人盈城"。社会陷于无序之中，人民蒙受战乱之苦。从精神上获得一定自由和解放的士人阶层，普遍关注着历史的命运，忧患意识较之西周时期更普遍，更强烈，而且获得了新的内涵。这一时期，对于忧患意识有集中表述的，即是孔子。《论语》中孔子及其弟子们的有关思想如下：

"人无远虑，必有近忧。"（《卫灵公》）——人生必须有忧患意识。

"德之不修，学之不讲，闻义不能徙，不善不能改，是吾忧也。"（《述而》）——担心健康的道德风气不能建树起来。

"不患人之不己知,患其不能也。"(《宪问》)"君子病无能焉,不病人之不己知也。"(《卫灵公》)——不担心别人不了解自己,只担心自己的才能不能胜任历史的使命。

颜渊死,子曰:"噫,天丧予!天丧予!"(《先进》)——担心自己的学术思想没有了传人。

子在川上曰:"逝者如斯夫!不舍昼夜。"(《子罕》)——叹时光之流逝,忧变世之维艰。

"凤鸟不至,河不出图,吾已矣夫!"(《子罕》)——看不到凤鸟的到来,黄河也不再出现八卦图,孔子忧虑此生难以看到太平盛世的出现。

"觚不觚,觚哉!觚哉!"(《雍也》)——觚,是古代盛酒的器具。孔子借觚已不像古时觚的样子,忧虑叹息天下失道、礼崩乐坏、国将不国的状况。

"不患无位,患所以立。"(《里仁》)——不患没有官爵职位,只担心自己没有能够站稳脚跟、匡时救世的本领。

"不患人之不己知,患不知人也。"(《学而》)——忧虑自己缺乏识人的眼光。

"君子疾没世而名不称焉。"(《卫灵公》)——忧虑自己不能建立值得后人称颂的历史业绩。

"君子忧道不忧贫。"(《卫灵公》)——君子忧虑不能得到道,弘扬道,而不忧虑生活的贫穷。

仅从以上材料即可看出,孔子的忧患意识与先前相比,具有了新的意义。首先，孔子之忧患，不是从自我出发的，而是忧国忧民忧天下，忧世风之日下，忧大道之不行，忧自己缺乏匡时救世之才。至于个人生活的贫困，则从来不放在心上，而以乐观的态度对待之，正像他所说："饭疏食，饮水，曲肱而枕之，乐亦在其中矣。"(《述而》)"君子忧道不忧贫"，孔子将古代的忧患意识，升华到一个更高的精神境界。从这样的忧患意识出发，就会焕发强烈的入世精神，就会催发"士不可以不弘毅，任重而道远"的历史责任感、使命感，推动人们投入改造社会、变革现实的历史活动之中。

其次，孔子之忧患，还表现在对历史文化传统的极度忧戚，担心文化传统的断续。颜回去世，他大哭"天丧予！天丧予！"面对礼崩乐坏、文明被破坏的局面，他发出"觚不觚"的哀叹。这是孔子作为一个士人的忧患意识的独特之处，他清醒地意识到了自己传续文化传统的历史责任。正是这种强烈的忧患意识，激励孔子进行古代文化典籍的整理工作，并以"有教无类""诲人不倦"的精神，把毕生的精力都倾注于收徒讲学的教育事业。

孔子一生，悽悽惶惶，忙忙碌碌，劳苦困顿，一贫如洗。然而他却说"君子固穷"，只有真正的君子才耐得住穷困。他不把个人的命运安危放在心上，而唯一忧虑的是国家、天下、人民，唯一所希望的是建立一个天下有道、人人安乐、和谐亲睦的社会。孔子为"理想"而奋斗了一生。这是一个真正士人（知识分子）的形象。只有这个士的阶层，这个"无恒产而有恒心"的阶层，才可能做到这一点，才可能真正乐以天下，忧以天下，以天下为己任，不计个人得失，永远为人类的未来而忘我地奋斗。

（2）忧民之忧，居安思危

战国诸子，不管各家各派，都有浓郁的忧患意识。正如荀子所说："忧患者，生于乱国者也。"（《荀子·王霸》）战国乱离之世，任何一位士人都会油然而生忧患之情，只不过是各家各派观察问题的立场、角度不同，其忧患意识的表现也各自不同罢了。

墨家有忧患意识，墨翟曾发出"万民多有勤苦冻馁，转死沟壑中者"的哀叹。然而，墨家学派的忧患意识，充满着小生产者的原始平等观念，从而使他们的政治主张在当时根本无法实施。譬如他们不满于当时社会中"强之劫弱，众之暴寡，诈之谋愚，贵之敖贱"等种种不平等现象，提出"兼相爱，交相利"的救世主张，但小生产者的空想是无法实现的，连时人都看到了它难以实行的一面。《庄子·天下》篇就曾评论墨家的忧患意识，"使人忧，使人悲。其行难为也"。

庄子有忧患意识，现代学者陈鼓应先生曾评论庄子"处世的忧患感，他的沉痛隐忍的程度，他对于时代的灾难和人群的祸患的敏感度，可以说是超过先秦诸子其他各家的"（《老庄论集》）。庄子曾说："人之生也，与忧俱生。"然而，庄子的忧患意识，则使他对社会采取了消极退让、安之若素的态度。因为，庄子认为，人在现实社会中的境遇，"死生、存亡、穷达、贫富、贤与不肖、毁誉、饥渴、寒暑"等，都非人力所能改变，因而在人生哲学上，他提出"安时而处顺"的命题。在庄子的忧患意识中，我们看不到儒家那种"任重而道远"的使命感和责任感。

法家有忧患意识，韩非曾经说过："贤者之忧世急也"；"人主之患在莫之应"，"人臣之忧在不得一"。可见，韩非讲的忧患，主要是"忧君主"，他是个极端的君主专制论者。有时候，他也讲"忧天下"，然而，在他的理论中，"忧天下"只是"忧君主"的同义语。

在先秦诸子中，忧患意识最强烈，而且较富有积极意义的，还是孔子后学的儒家学派。他们继承了孔子忧患意识中的精华，并又朝着积极方面有所发展。儒家诸子中，忧患意识最强烈并对孔子精神有所发展的，首推孟子。《孟子》中有如下论述：

"入则无法家拂士，出则无敌国外患者，国恒亡。然后知生于忧患而死于安乐也。"（《孟子·告子下》）意思是说，一个国家，国内没有有法度的大臣和足为辅弼的士子，国外没有相与抗衡的邻国和外患的忧惧，就很容易被灭亡。如此可知，忧患足可以使人生存，而安逸快乐则足以使人死亡的道理。孟子在这里讲了一个忧患与安逸的辩证法。忧者存，安者亡。"生于忧患而死于安乐"，这是孟子对忧患思想的一个重要发展。

"乐民之乐者，民亦乐其乐；忧民之忧者，民亦忧其忧。乐以天下，忧以天下，然而不王者，未之有也。"（《孟子·梁惠王下》）孟子在这里明确提出了一个"忧民之忧"的问题，将民本因素注入忧患意识之中。孔子之忧，在其精神实质上是忧国忧民忧天下，而明确提出"忧民之忧"，则始自孟子。当然，从孟子这段话看，"忧民之忧"的落脚点又归到了"王"的问题，落入了"忧君位"思想的窠臼，但毕竟，"忧民"的问题明确提了出来，这是一个重要的进步。

"君子有终身之忧，无一朝之患也。乃若所忧则有之：舜，人也；我，亦人也。舜为法于天下，可传于后世，我由未免为乡人也，是则可忧也。忧之如何，如舜而已矣。"（《孟子·离娄下》）这是孟子将忧患意识移到个人修养方面提出的思想。君子应有"终身之忧"，忧虑自己与舜这样的圣人相比，有着太大的差距。有了这样的"终身之忧"，就会时刻注意向舜学习，提高道德修养。

无疑，孟子继承了孔子的忧患思想，并有所发展，给人以新鲜感。

战国时期成书的《易传》《左传》《战国策》等书,都提出了明确的忧患意识:

> 出入以度,外内使知惧,又明于忧患与故。(《易传·系辞下》)
>
> 安而不忘危,存而不忘亡,治而不忘乱。(《易传·系辞下》)
>
> 居安思危,思则有备,有备无患。(《左传·襄公十一年》)
>
> 于安思危,危则虑安。(《战国策·楚策四》)

这些论述,明确提出了一个"居安思危"的问题。这是战国历史特点的启示,是对忧患意识的又一层深化。不仅在"乱国"产生忧患,即使在安平之世也要有一种忧患感。只有在安定时不忘倾国之危,幸存时不忘亡国之耻,天下太平而不忘乱离之苦,才会在太平盛世警惕、察觉潜在的隐患,而防患于未然。

战国时期的儒家学派,一方面继承了孔子忧国忧民忧天下的忧患意识,焕发出积极进取的入世精神和强烈的历史责任感、使命感;另一方面,又从这种乐以天下、忧以天下的使命感出发,更加郁结了忧患之情,把忧患思想发展到一个新的阶段。"忧民之忧""居安思危",强调"生于忧患而死于安乐"的辩证意识,都和孔夫子的忧患精神一起，对后世士大夫的精神修养，起到了一种巨大的培育作用。

(3)"先天下之忧而忧，后天下之乐而乐"

孔孟等先秦诸子的忧患意识，乐以天下、忧以天下的宽广胸怀，"忧民之忧"的历史使命感，居安思危的危机意识，培育了后代士大夫阶层强烈的忧患情结，特别是在民族危亡的时期，或者政治黑暗、吏治腐败、民不聊生、国祚难以相继的时候，士大夫们则以清醒的危机意识，忧虑国家的前途、人民的命运，以及民族文化传统的传承，并进而投入匡时济世的变革行动之中。

宋代是一个充满忧患的年代。宋朝国内政治、经济危机四伏，冗官冗兵，积贫积弱，土地兼并高度发展，民不聊生，国力日竭；外部异族进犯，边事四起，几经亡国之恨。于是，在这样的年代里，士大夫们的忧患意识就格外突出。思想敏锐的士大夫官僚们，从忧国忧民的角度，提出改革弊政、振兴朝纲的方案，造成改革运动。范仲淹、欧阳修的庆历新政，王安石的变法运动，都是其例。范仲淹、欧阳修、王安石都是极富忧患意识的士大夫官僚。范仲淹的《岳阳楼记》是千古传颂的名篇，其中忧国忧民忧天下的拳拳之心，至为感人。他写道：

予尝求古仁人之心，或异二者之为。何哉？不以物喜，不以己悲。居庙堂之高，则忧其民；处江湖之远，则忧其君。是进亦忧，退亦忧。然则何时而乐耶？其必曰"先天下之忧而忧，后天下之乐而乐"乎！

正是这种崇高的精神境界，才促使他"不以一心之戚而忘天下之忧"，多次不顾个人安危，上书言事，以求匡正时弊。

欧阳修也有着清醒的忧患意识。他在著名的《新五代史·伶官传》中，通过后唐李存勖兴亡之例，说明国家的兴衰之理，极言忧患意识对国家安危的重要。文中写道：

《书》曰："满招损，谦得益。"忧劳可以兴国，逸豫可以亡身，自然之理也。故方其盛也，举天下之豪杰，莫能与之争；及其衰也，数十伶人困之，而身死国灭，为天下笑。夫祸患常积于忽微，而智勇多困于所溺，岂独伶人也哉！

王安石的变法改革，也是与他的忧患意识相联系的。王安石的《上仁宗皇帝言事书》，洋洋万言，充满忧患之情。他写道：

今天下之财力日以困穷，风俗日以衰坏……在位之人才既不足，而闾巷草野之间亦少可用之才，社稷之托，封疆之守，陛下其能久以天幸为常，而无一旦之忧乎!

　　范仲淹、欧阳修、王安石的变法改革运动,都是将忧患意识化作强烈的入世精神、参政意识的典型。忧患意识对深受儒学熏陶的士大夫官吏来说,永远是一股强大的精神力量,是一种强烈的社会责任感和历史使命感,是一种居安思危、自强不息的内在动力。而在民族危亡的紧急关头,忧患意识则会化作一种国家至上、以身殉国的牺牲精神。国之将亡,其身必危。因此,在这种时刻,忧国忧民忧自身,一切公私因素都完全融合在一起,激起特别强大的精神力量,促使人们走上慷慨赴死、以身报国的抗敌斗争。这一点,在宋代的岳飞、文天祥,明代的史可法,以及近代的许多民族英雄身上,都看得非常清楚。

　　忧患意识,绝不是士大夫官僚所独有,在普通士人身上,忧国忧民之情也非常强烈。忧患意识,并不以人的身份地位为转移,而是萌发于自觉的历史意识之中。一切掌握了深厚的文化知识,具有历史洞察力和睿智的思辨力,且有一般道德修养的人,都会有强烈的忧患意识,会有"天将降大任于是人"的情绪冲动,从而产生承担某种历史使命的强烈愿望。而当他们将愿望付诸行动时,则不可避免地会遇到来自各个方面的阻挠和压抑,并因此使本已有之的忧患之情,积聚得越发浓郁、深沉、悲怆,以至于忧心如焚。读屈原的《离骚》《九歌》《九章》，会对这一点有特别强烈的感受。从历史上看，忧患意识的确是智者的产物，是士大夫阶层即知识分子特有的品格。明代在野派士人集团东林党人，其忧国忧民忧天下的情结，为时人后世所公认。东林书院的一幅题联说：

> 风声雨声读书声，声声入耳；
> 家事国事天下事，事事关心。

几百年来，这副楹联广为流传，成为许多文人学士的座右铭。它表达了儒家士大夫阶层关心天下兴亡的拳拳之情，也是儒家士人忧患意识的生动写照。

（4）古代诗词中的忧患情怀

中国士大夫的忧患意识，还渗透在文人学士的文学作品中，使许多优秀的文学作品都带上了忧患色彩。特别是抒情言志的诗词之作，更有一种悲怆的忧患格调。试看从战国、秦汉到明清，以至近代的历代诗词：

> 长太息以掩涕兮，哀民生之多艰。（屈原）
> 登大坟以远望兮，聊以舒吾忧心。（屈原）
> 吾不能变心而从俗兮，固将愁苦而终穷。（屈原）
> 人生不满百，常怀千岁忧。（汉乐府古辞）
> 白骨露于野，千里无鸡鸣。生民百遗一，念之

断人肠。(曹操)

慨当以慷,忧思难忘,何以解忧,唯有杜康。(曹操)

西京乱无象,豺虎方遘患。复弃中国去,远身适荆蛮。亲戚对我悲,朋友相追攀。出门无所见,白骨蔽平原。路有饥妇人,抱子弃草间。顾闻号泣声,挥涕独不还。"未知身死处,何能两相完?"驱马弃之去,不忍听此言。南登霸陵岸,回首望长安。悟彼下泉人,喟然伤心肝!(王粲)

闲居非吾志,甘心赴国忧。(曹植)

夜中不能寐,起坐弹鸣琴。薄帷鉴明月,清风吹我襟。孤鸿号外野,翔鸟鸣北林。徘徊将何见,忧思独伤心。(阮籍)

前不见古人,后不见来者。念天地之悠悠,独怆然而涕下。(陈子昂)

圣人不利己,忧济在元元。(陈子昂)

中夜四五叹,常为大国忧。(李白)

穷年忧黎元,叹息肠内热。(杜甫)

向来忧国泪,寂寞洒衣巾。(杜甫)

心中为念农桑苦,耳里如闻饥冻声。(白居易)

今愁古恨入丝竹,一曲凉州无限情。(白居易)

中原乱,簪缨散,几时收?试倩悲风吹泪,过

扬州。(朱敦儒)

谁言咽月餐云客,中有忧时致主心。(杨万里)

少小遇丧乱,妄意忧元元。(陆游)

胡未灭,鬓先秋,泪空流!此生谁料:心在天山,身老沧州!(陆游)

死去原知万事空,但悲不见九州同。王师北定中原日,家祭无忘告乃翁。(陆游)

君莫舞,君不见、玉环飞燕皆尘土!闲愁最苦!休去倚危栏,斜阳正在,烟柳断肠处。(辛弃疾)

何处望神州,满眼风光北固楼。千古兴亡多少事,悠悠,不尽长江滚滚流。(辛弃疾)

忧时元是诗人职,莫怪吟中感慨多。(刘克庄)

出门览民风,惨惨愁肺腑。(元好问)

忧国只凭书卷里,放朝长忆漏声中。(李东阳)

志士不忘在沟壑,勇士不忘丧其元。我今不死更何待,愿早一命归黄泉。(李贽)

行吟坐啸独悲秋,海雾江云引暮愁。不信有天常似醉,最怜天地可埋忧。荒荒葵井多新鬼,寂寂瓜田识故侯。见说五湖供饮马,沧浪何处着渔舟。(陈子龙)

生无一锥土,常有四海心。(顾炎武)

久无王正月,徒有汉遗臣。草野私哀痛,渔樵

愧隐沦。(屈大均)

　　一从此曲中原奏，老泪沾衣二十年。(吴嘉纪)

　　千家笑语漏迟迟，忧患潜从物外知。悄立市桥人不识，一星如月看多时。(黄景仁)

　　布衣老大伤怀抱，忧国无端有叹声。(康有为)

　　乱离日已甚，忧思日已多。我欲托诗史，郁结弥山河。每读杜陵诗，感慨更摩挲。上念君国危，下忧黎元疴，中间痛身世，慷慨伤蹉跎。(康有为)

有人说，中华民族几千年的文明史，就是一部忧患史。那么，对这部忧患史的歌吟咏叹，就不能不充满忧患和悲怆。更何况他们这些饱受儒家思想熏陶的文人学士，原本就是"生无一锥土，常有四海心"之人，并已清醒地自觉到"忧时元是诗人职"。所以，诗人提起笔来，那种忧国、忧民、忧天下、忧民族危亡的拳拳赤子之心，自然就跃然纸上，跳动于字里行间。然而，忧患之吟，并不是悲天悯人的感情宣泄，它呼唤的是清醒、激愤与昂扬。正是这些忧患诗作，激起了自强不息的民族精神。中国传统的士大夫知识分子，在太平盛世，唤醒人们居安思危，防微杜渐，防患于未然的意识；在政治腐败、天下无道之时，唤起人们变法图存、改革维新的历史责任；在民族危亡的紧急关头，催促人们舍身捐躯，共赴国难。"生于忧患而死于安乐"，知识分子的忧患意识，是一种宝贵的精神品格。

3. 入世参政的"恋政情结"

（1）"恋政情结"

中国古代士大夫"内圣外王"的人格理想，以"内圣"为出发点，以"外王"为归宿，正心修身的最终目的，是建立齐家治国平天下的事功。于是，"内圣外王"的理想人格教育，即培养出士大夫们强烈的入世精神，和一种本能的干政、参政意识。"学而优则仕"，学有所成，就一定要步入仕途，辅佐君王，兼善天下，这几乎是每一个读书人的愿望。这种愿望之鲜明，之强烈，甚至在几经挫折之后仍不可磨灭。读中国古代典籍，特别是读诸子文集、笔记，对古代士人的这一精神品格，总会有特别深的印象，好像知识分子天生就与政治有着本能的联系。

胡适有一首小诗："'知其不可而为之'，'亦不知老之将至'。认得这个真孔丘，一部《论语》都可废。"前两句是《论语》中孔夫子的原话，是孔子的自画像。孔子也知道自己的主张很难见行于世，大道已失，大厦将倾，孔子所处的那个乱离之世，是任何人都无力挽其狂澜的。这一点孔子似乎是感觉到了。然而，他还是栖栖惶惶，席不暇暖，奔走于各国诸侯之间，很想找到一个可以辅佐的君主，来施行他的政治主张,甚至到了饥不择食、慌不择路的地步,竟想应一个叛臣之约,借一个叛臣的力量去重建强大的周王朝似的鲁国。胡适认为,强烈的入世参政意识,就是孔丘的灵魂,《论语》的精髓。懂得了这一点,《论语》就可以弃之不读了,也就把《论语》的精神学到手了。胡适的这首小诗,画龙点睛似的描绘了孔子的形象;而后世士人也确实在入世参政这一点上,继承了《论语》的精神。所谓"恋政情结",正是孔子精神的继承和发扬。

中国古代士人从孔子那里继承下来的入世精神,参政嗜好,政治热情,该如何解释,如何理解,使人难以说清道明,故谓之"恋政情结",这是中国知识分子的一大特点。"生无一锥土,常有四海心";心系天下,万难不辞;忍辱负重,死而无憾。对这个于君主、国家、天下有着特殊癖好的士大夫阶层,不用"恋政情结"四个字,还真是难以恰当地解说。

(2)心系天下,图存社稷

士大夫的"恋政情结",首先表现在他们以治国平天下为己任,参与政治,干预政治,不惜杀身以求仁,行大道于天下,捍卫正义,追求理想政治。历朝各代都有清廉正直之士,犯颜直谏,指陈弊政,为匡时济世而不惜杀头坐牢。这些士大夫官吏,既无私利可图,又不顾惜自家性命,完全献身于政治理想的追求，利在生民，志在天下，精诚为国，可歌可泣。这种士大夫精神，体现在历朝各代的正直士人的身上。海瑞式的忠臣直谏之士，历代都有，无须赘举，但有些士大夫阶层整体性的政治献身运动，则很值得一书。

东汉桓、灵二帝时期的"党锢之祸"，就是士大夫阶层参政干政，反对黑暗政治，杀身以求仁的历史悲剧。从东汉中叶开始，政治腐败，经济凋敝，社会矛盾日益加剧，东汉政权已呈摇摇欲坠之势。及至桓、灵二帝，宦官擅权，政治更加黑暗。宦官在政治上培植私人势力，安排子弟亲戚亲信，朝廷及地方大权大多被他们垄断，史载宦官"子弟亲戚，并荷荣任"，堵塞了士大夫阶层的进阶之路。在经济上，宦官是暴发户，他们公行贿赂，偷窃国库，兼并土地，蚕食天下。宦官并非读书出身，不懂孔圣之道，目无纲常法纪，为所欲为。宦官擅权的黑暗腐败，引起了士大夫官僚及大批士人（太学生）的极端不满，他们纷纷站出来，上书指陈时政，劾奏宦官党羽。

桓帝永兴元年（153年），冀州刺史朱穆奏劾贪污的守令，打击横行州郡的宦官党羽，被桓帝输作左校，即罢官罚作工徒，激起了广大士人的公愤。太学生刘陶等数千人联合诣阙上书，痛斥宦官罪行，并要求代替朱穆劳作。迫于太学生的压力，桓帝被迫释放了朱穆。

延熹二年（159年），白马令李云上书指斥宦官的暴政："今官位错乱，小人日进，财货公行，政治日消，是帝欲不谛乎？"结果被桓帝治罪，死于狱中。

延熹五年（162年），宦官诬陷对羌人作战有功的皇甫规，并将其下狱，又激怒了一些正直的士大夫官吏和太学生。"诸公及太学生张凤等三百余人诣阙讼之"，皇甫规才获释放。

这一系列的政治事件，将朝中士大夫官僚、天下士人和太学生们的政治激情，推向了高潮，使他们再也无法忍受宦官专权的黑暗统治，纷纷加入斗争的行列。不仅整个太学变成了抨击宦官的舆论阵地，而且太学生们还周游郡国，四处串联，和士大夫官僚互相结合。史载，宦官党羽上书告发河南尹李膺时说："膺等养太学游士，交结诸郡生徒，更相驱驰，共为部党，诽讪朝廷，疑乱风俗。"《后汉书·党锢列传》中还说："逮桓灵之间，主荒政缪，国命委于阉寺，士子羞与为伍，故匹夫抗愤，处士横议，遂乃激扬名声，互相题拂，品覈公卿，裁量执政。"这些记载，大抵反映了当时士人群情激愤的情景。

在国家政治腐败、国势将倾之时，读书人的政治激情，强烈的入世干政意识，本能的"恋政情结"，使这些士大夫们再也坐不住了。"志士仁人，无求生以害仁，有杀身以成仁"，"士志于道"，"见危致命"，孔子的教诲，化作了广大士人的实际行动，一场与宦官集团这一恶势力的生死较量，就成为不可避免的了。

桓帝延熹九年（166年），交通宦官的河内方士张成，事先知道不久会有大赦，就故意纵子杀人。河南尹李膺不顾皇帝已经颁布的大赦令，坚决地将张成之子处以死刑。宦官集团则唆使张成的弟子牢修告李膺结交太学生徒，共为党部，诽讪朝廷。于是，在宦官的怂恿下，桓帝下令逮捕李膺，并通令郡国逮捕党人。这次大逮捕共拘执太仆杜密、御史中丞陈翔及陈寔、范滂等李膺的门生故吏200余人。太尉陈蕃也被免官。宦官党羽从中推波助澜，大肆制造冤狱，朝野上下，笼罩着一片白色恐怖的气氛。第二年，桓帝迫于舆论压力，释放了党人，对李膺等身居官位的党人，明令"禁锢终身"，即一辈子不得再入仕做官。这是第一次"党锢之祸"。

残酷的白色恐怖，没有吓倒正直的士大夫官吏和太学生们，反而使他们更加群情激愤。太学生们盛赞士大夫们的斗争精神，把敢于同宦官势力做斗争的知名人士都冠以名誉称号。称窦武、刘淑、陈蕃三位朝中重臣为"三君"，"君者，言一世之所宗也"，认他们是天下正直士人的宗师；称李膺、荀翌、王畅、杜密等八人为"八俊"，"俊者，言人之英也"，认他们是士人中的精英；称郭林宗、范滂等八人为"八顾"，"顾者，言能以德行引人者也"，赞扬他们的德行义节，可以为人垂范；另有"八及""八厨"等称号。士人们互相激励名节，不为高压所惧，而以走在斗争的前列引为自豪。由此，士人与宦官的斗争更趋激烈。

永康元年（167年），桓帝死，年幼的灵帝即位，窦太后临朝，外戚身份的窦武执掌大权。窦武是士人出身，被太学生称为一代宗师。他与太傅陈蕃共谋起用党人，打算消灭宦官势力，后因事机泄露而失败，结果陈蕃被杀，窦武自尽，由他们重新起用的士大夫党人再次被免官禁锢。事隔一年，灵帝建宁二年（169年），士大夫官吏张俭上书弹劾宦官侯览，但其上书被侯览所截，侯览指使爪牙诬告张俭联结党人，图谋不轨，于是又造成了第二次大规模镇压士人的"党锢之祸"。李膺、范滂等知名士人均被捕杀，处死、迁徙、囚禁党人达六七百人之多。各地宦官党羽借机陷害士人，"天下豪杰及儒学有行义者"，都被牵连进去。这次搜捕迫害党人一直延续几年时间，最后又拘捕太学生1 000多人，对国家最高学府太学进行了清洗。

面对这样的白色恐怖，仍有正直的士大夫官吏不避身危，上书为党人开脱。熹平五年（176年），永昌太守曹鸾又上书要求赦免党人，"言甚方切"。灵帝及宦官集团认定这是为党人翻案，遂将曹鸾活活打死，并诏全国州郡，凡党人门生故吏，父子兄弟，其在位者，一律免官禁锢，意将所有与党人有牵连者全部剪除,是谓第三次"党锢之祸"。

至此为止，长达20年的士大夫们的政治斗争，被完全镇压下去。

在桓、灵时期的"党锢之祸"中，士大夫阶层不避身危，奋起抗争，表现了大无畏的志节气概，真正实践了见危致命、杀身成仁的士大夫精神。据《后汉书·党锢列传》载，第一次"党锢之祸"要逮捕李膺等人时，案情公文要经过太尉府平署、签字，正直的士大夫官吏太尉陈蕃，一身正气，拒绝签字。他说："今所要捕之人，都是天下名人，国之忠臣，如今没有正当的罪名而将其逮捕，怎能向世人交代！"最后被撤职罢官。在第二次党锢之祸中，将要逮捕李膺时，乡人劝其逃走，李膺说："事不辞难，罪不逃刑，臣之节也。吾年已六十，死生有命，去将安之？"无畏无惧，慷慨赴死。李膺死后，妻子徙边，他所教过的学生、门生故吏，都遭禁锢。朝中士大夫官吏侍御史景毅，曾将自己的孩子景顾送到李膺门下受学，理应牵涉到党人之中，被免官禁锢。但是，在办李膺案子的时候，李膺的学生名单中却没有景顾的名字，因此不及牵连。这使侍御史景毅大为不快，他说："我本是仰慕李膺的英名，才让孩子从师受学，怎么会在弟子名册中漏掉了我孩子的名字，真是遗憾。"景毅一定要让孩子争到李膺弟子的名分。他上表朝廷,说自己应该是与李膺有牵连的人，请求辞官归家。士大夫崇尚志节，追求正义，直道而行，景毅代表的就是这种精神。

著名党人范滂，事迹甚为感人。第一次被捕之后，见同囚难友身有疾病，便争先去受苦刑。受审时，他被排在后边，则"越次而进"，插到前边，毫无畏惧。在公堂之上，慷慨陈词，使宦官党羽无言以对。他说："古之循善，自求多福；今之循善，身陷大戮。身死之日，愿埋滂于首阳山侧，上不负皇天，下不愧夷、齐。"后来范滂被释放归乡，汝南、南阳士大夫阶层欢迎他的车辆即有数千辆。第二次大捕党人时，范滂又被列为主要对象。县令接到缉捕范滂的公文，不愿执行，解职而去，并对范滂说："天下如此之大，您为何要在此等死？"范滂说："我遭大难，不能连累你这个父母官，也不能连累了年迈的母亲。"他执意不逃。范滂与母亲诀别时，母亲深明大义，说："你现在与李膺、杜密齐名，知名天下，死有何恨！既有名节，再求年寿，不可兼得。去吧，你死得值！"范滂辞别母亲，又对孩子说："我要教你为恶，但恶不可为；我要使你为善，则我并不曾恶。但却是这样的结局！"心中万千感慨，难以尽说。范滂被缉捕上路，大路两旁目击者无不流涕。滂死年33岁。

东汉桓、灵时期的士大夫党人，面对强大的邪恶势力，一再抗争，不屈不挠，完全是为着政治理想的追求，心系天下，图存社稷。在一再的镇压之后仍无畏无惧，如此执着追求，丝毫不避杀身之祸，大概只能归之于一种信仰的力量，一种发自士人本能的"恋政情结"。像东汉士大夫党人的这种虽杀身灭族也在所不顾的入世干政精神，在明朝末年又复映在东林党人身上。关于东林党人的斗争情况，限于篇幅，不再细述，他们的"恋政情结"从前边征引的东林书院楹联中已可窥见。"风声雨声读书声，声声入耳；家事国事天下事，事事关心。"这副楹联所表征的文化内涵，正是中国士大夫的"恋政情结"。

（3）钟情于仕途

中国士大夫"恋政情结"的另一重要特征，就是走仕途经济道路，入仕为宦，报效朝廷，兼善天下，这几乎是所有读书人的梦想。它显然是孔子"学而优则仕"精神培育的结果。读书即为了从政,孔子曾批评过"诵《诗》三百，授之以政，不达；使于四方，不能专对"（《子路》）这种读书而不能从政的书呆子倾向。宋儒张载有几句名言："为天地立心，为生民立命，为往圣继绝学，为万世开太平。"这"四为"，即是士人的天职，为宋代以后的士人所遵奉。而这"四为"，非做官则不可能实现。所以，士人以平天下为己任，就必须踏入仕途。非如此，则是士人的耻辱。中国士人的做官意识之深厚，为世界各国知识分子所少见。

在历代文人中,李白可谓是比较潇洒的一位。他的诗作浪漫飘逸,令人心醉神往。然而,即使这样一位浪漫的诗仙,也不能摆脱中国士人的"恋政情结"。李白青年时,胸怀济世之志,想通过仕途道路来施展抱负。他曾多次向王公大人投刺自荐,想得到统治者上层的赏识,但都不遂所愿。后来他听说当时以奖掖后进而知名的韩朝宗任襄州刺史,住于襄阳,而李白的一位从兄李皓也正在襄阳做官,便赶赴襄阳,托李皓将他推荐给韩朝宗。李白在《与韩荆州书》中说:"君侯制作侔神明,德行动天地,笔参造化,学究天人。幸愿开张心颜,不以长揖见拒,必若接之以高宴,纵之以清谈,请日试万言,倚马可待。今天下以君侯为文章之司命,人物之权衡,一经品题,便作佳士。而君侯何惜阶前盈尺之地,不使白扬眉吐气、激昂清云耶?"他希望得到韩朝宗推荐提携的意思非常明确。随后,他登门拜访韩朝宗。然而,韩朝宗只是赞赏他那倜傥豪放的性格和诗歌才气,却没有举荐他的意思,李白的苦心又一次化为泡影。他只好遨游天下,做一名江湖诗人。后来他游至鲁东一带,看到鲁东人民以养蚕为业,家家户户抽丝纺纱、机杼之声彻夜不停的繁忙景况,深为感动,再度唤起他建立功业的强烈愿望,一种落拓不遇、为流俗所轻的悲愤之情油然而生。他有感而诗曰:

> 五月梅始黄,蚕凋桑柘空。鲁人重织作,机杼

鸣帘栊。顾余不及仕，学剑来山东。举鞭访前途，获笑汶上翁。下愚忽壮士，未足论穷通。我以一箭书，能取聊城功。终然不受赏，羞与时人同……

字里行间，充溢着创建功业、入仕为宦的强烈冲动。他认为不能求取功名，创建功业，终为流俗所轻，是一种莫大的耻辱。在此后的诗文中，他一再表达"愿一佐明主，功成还旧林"的政治抱负。天宝年间，由于吴筠和玉真公主的一再推荐，玄宗皇帝下诏征李白进京。李白接到诏书，欢欣雀跃，激动不已，杀鸡置酒，欢宴庆贺，似乎夙愿已变为现实。临行时，给妻子儿女留诗四首：

别内赴征三首

王命三征去未还，明朝离别出吴关。白玉高楼看不见，相思须上望夫山。（其一）

出门妻子强牵衣，问我西行几日归。归时倘佩黄金印，莫见苏秦不下机。（其二）

翡翠为楼金作梯，谁人独宿倚门啼。夜坐寒灯连晓月，行行泪尽楚关西。（其三）

南陵别儿童入京

白酒新熟山中归，黄鸡啄黍秋正肥。呼童烹鸡酌白酒，儿女嬉笑牵人衣。高歌取醉欲自慰，起舞落日争光辉。游说万乘苦不早，著鞭跨马涉远道。

会稽愚妇轻买臣,余亦辞家西入秦。仰天大笑出门去,我辈岂是蓬蒿人。

佩带黄金印,不作蓬蒿人,一听到征召入京,就欢欣如此,说明李白的"恋政情结"之深,辅佐明君的愿望完全流自于肺腑心田。李白来到京城,天才的诗赋才气深受玄宗赏识,以至于贵妃研墨,高力士脱靴,真是扬眉吐气,激昂青云。他后来写的诗中,回忆深受玄宗恩宠的情景,有这样的描述:

昔在长安醉花柳,五侯七贵同杯酒。气岸遥凌豪士前,风流肯落他人后?夫子红颜我少年,章台走马著金鞭。文章献纳麒麟殿,歌舞淹留玳瑁筵。(《流夜郎赠辛判官》)

承恩初入银台门,著书独在金銮殿。(《赠从弟南平太守之遥二首》)

可见,李白确曾显贵于一时,志得意满。然而,他很快就发现,这种荣耀的生活并不是他的真正追求。他志在天下,是想辅佐明君建立功业,而玄宗皇帝对他只是"倡优畜之",他的作用只在于为皇帝、贵妃作诗助兴。这使他感到扫兴和失望。再加上他那豪放不羁的个性,高傲不群的气质,朝中大臣多不能容忍,终于受到高力士谗言中伤,被玄宗皇帝冷遇,被迫离京。然而,这并没有彻底粉碎他的"恋政情结"。他离京时有诗云：

> 一身竟无托，远与孤蓬征。千里失所依，复将落叶并。中途偶良朋，问我将何行。欲献济时策，此心谁见明。（《邺中赠王大》）

这显然是一种壮志未酬的抑郁之情。李白临终之前有诗曰："大鹏飞兮振八裔，中天摧兮力不济。"他一生都想像大鹏那样展翅疾飞，匡济天下，一酬壮志，然终不遂愿，这是他至死都耿耿于怀的。

李白是一位潇洒飘逸的诗仙，"恋政情结"还如此之深，一般的士大夫就更不用说了。摆不脱与政治的关系，抹不去做官的念头，这是中国士大夫深入骨髓的意念特征。宋代词人苏东坡，在政治上也颇有建树。后来当他在政治上受到重重打击的时候，感慨万分，写诗一首："人皆养子望聪明，我被聪明误一生。惟愿生儿愚且鲁，无灾无难到公卿。"这首诗很有意思。本来他是对做官心灰意懒，想让儿孙记取他的教训，保其平安，然而最后又滑到了做官上去。苏东坡在被贬官之后，好佛喜禅，专事著述，然终究不能忘怀于政治。他写道："虽废弃未忘为国家虑"；"遇事有可尊主泽民者，便忘躯为之，祸福得丧，付与造物"。虽处逆境，仍心系朝廷，士大夫的这种根性看来是无法改变的。入世参政，这是深受儒家思想熏陶所无法解开的情结。

正是"恋政情结"最大限度地激发了中国士大夫阶层献身国家、献身天下的创造精神，为推动中国历史的发展和文化的创造与繁荣，做出了巨大贡献。然而，也有必要指出，当知识分子治国平天下的作用只有通过做官来实现的时候，久而久之，自然也就培养出了一种消极意识，即读书仅仅为了求功名，为了做官，为了光宗耀祖。读书为了做官，做官为了求功名利禄，这也确实是古代士大夫中一部分人的精神追求。这是孔子入世参政思想的扭曲发展，是士大夫"恋政情结"的负面影响。从古至今，知识分子的功名意识都是极为深厚的。一位道家学人说："浮名浮利浓于酒，醉得人心死不醒。"古代读书人最看不破的，就是这"功名"二字。从"功名"二字生发出两条道路：由功名意识去推动建功立业于天下，就产生积极作用，这是孔子提倡的"修己安人"，"内圣外王"；由功名意识而导致出追求高官厚禄，光宗耀祖者，即是小人之儒，非孔门之嫡孙，为正直的士人所不齿。

4. 保全志节的退隐意识

（1）"有道则见，无道则隐"

《论语·微子》篇，收入了柳下惠一段话。柳下惠担任司法长官，多次被免职，几上几下。有人对他说："您为什么不离开鲁国呢?"柳下惠说:"按照正道事奉君主,到哪里去能不被多次免职呢?要按照邪道事奉君主,为什么一定要离开祖国呢?"柳下惠深深体会到以道事君的难处。这段话既然收入《论语》,说明孔门弟子或者说孔子本人,是赞成柳下惠的看法的,是承认以道事君的难处的。

事实正是这样。在古代社会,君主是最高权力的象征,没有任何力量可以约束君主。至高无上、不可制约的权力,必然助长君主行为的随意性。儒士们参政而不能主政,以道义为准则的行为或建议,必然会与君主的随意性发生矛盾、摩擦。特别是在昏庸无道、喜怒无常的暴君面前,忠诚正直的士大夫官僚可说是寸步难行,无法容身。在这种情况下,士大夫们该如何调整自己的行为,《论语》给出了一条出路,那就是"隐居以求其志"。这就是说,孔子不光主张士人应该入世参政,以天下为己任,而且也认为,在天下无道之时,士人应该退隐以保全志节,以坚持守道为原则,不事无道之君。关于"退隐"问题,《论语》中有如下论述:

> 道不行,乘桴浮于海。(《公冶长》)
>
> 天下有道则见,无道则隐。邦有道,贫且贱焉,耻也;邦无道,富且贵焉,耻也。(《泰伯》)
>
> 隐居以求其志,行义以达其道。(《季氏》)

以道事君，不可则止。(《先进》)

君子哉蘧伯玉，邦有道，则仕；邦无道，则可卷而怀之。(《卫灵公》)

孔子关于退隐的思想，主要有两点：一是退隐应以"时"以"道"为原则。君子以道事君，当道不行于君，天下无道之时，就应该退隐。反之，如果天下无道而不隐退，仍入仕为官，"富且贵焉"，那是君子的耻辱。君子不应该苟合于暗世昏君；二是退隐并不是消极的逃避，而只是坚持守道的一种方式，通过退隐而保全志向，坚守道义，维护"仁"的基本价值观念。所以，在退隐中，还要坚持"行义""达道"，做些适当的事情来推行道。这种退隐只是避开昏君和黑暗的政治，而不逃避社会现实，仍在社会上以不同的方式推行道的原则。这样，即使在隐居之时仍保持着积极的入世心态，审时而动，关注着政局的发展，一旦有明君出现，仍要再入仕途，推行德政仁道。"隐居以求其志，行义以达其道"，和道家所主张的"隐居"有本质的不同。道家是一种完全消极的逃避现实的态度，他们完全对现实失去了希望；而孔子的退隐，仍抱有改变社会的积极心态。

孔子之后，孟子、荀子都坚持了孔子的退隐思想，将自己的隐退主张与道家的消极态度区别开来。他们论道：

君有过则谏,反覆之而不听,则去。(《孟子·万章下》)

古之人,得志,泽加于民;不得志,修身见于世。穷则独善其身,达则兼善天下。(《孟子·尽心上》)

儒者在本朝则美政,在下位则美俗。(《荀子·儒效》)

虽穷困、冻馁,必不以邪道为贪,无置锥之地,而明于持社稷之大义……虽隐于穷阎漏屋,人莫不贵之,道诚存也。(《荀子·儒效》)

(隐者)舍贵而为贱,舍富而为贫,舍佚而为劳,颜色黎黑而不失其所,是以天下之纪不息,文章不废也。(《荀子·尧问》)

孔、孟、荀的隐居思想是基本一致的,都贯彻了道隐、时隐的主张,都不是对社会现实的消极逃避。隐居之后,孔子提倡的是"行义""达道";孟子提倡的是"修身见于世";荀子更具体化,"美俗",以仁德改变社会风俗,或可从事于文章著述,传衍道统纲纪,以使"天下之纪不息,文章不废"。所谓退隐,只不过是变换了一种行道的方式,仍是一种入世、为天下的精神。

(2)隐居求志,行义达道

孔子的退隐思想,对后世士大夫影响极大。士大夫们在政治上失意之后，真正彻底绝望遁入空门，皈依佛、老者有之，但毕竟是少数，而大多数儒家学人，是奉行孔、孟之教，隐居求志，行义达道的。范仲淹说的"处江湖之远而忧其君"，很能反映失意而隐居民间的士大夫心态。他们确实是身在江湖，心系朝廷，不能忘怀于国计民生、社稷安危，而且大多还都盼望着有明君出现，或者是当今皇上改弦更张，再度起用他们；一旦再度受召，无不感激涕零，欢欣雀跃。真正的儒家士大夫，是不会对政治、对现实彻底失望的。至于在隐退期间，修身显于世，或授徒讲学、著书立说以传孔孟道统者，就更是普遍的现象。

宋儒朱熹就是完全继承了孔、孟、荀的退隐思想。他曾说过，道义志向与朝政不合而退隐，这样，道虽不得施行而可以保存，等到将来还会有施行道的时候；然而，道不合于政而苟合之，与黑暗腐败的政治同流合污，则这个道不但不能行于世，而且也因之而丧失，无可行于后世。所以，"不合而去"的隐退，则是在不得已时保存道的最好途径。正是有了这样的认识，朱熹在仕途坎坷之时，就决不苟合，退居乡里，授徒讲学，著书立说，传衍道统。淳熙三年（1176年），朱熹在《答韩尚书书》中说：

> 熹狷介之性矫揉万方而终不能回，迂疏之学用力既深而自信愈笃，以此自知决不能与时俯仰以就

功名。以故二十年来自甘退藏以求己志，所愿欲者不过修身守道以终余年，因其暇日讽诵遗经，参考旧闻，以求圣贤立言本意之所在，既以自乐，间亦笔之于书，以与学者共之，且以待后世之君子而已。

"退藏以求己志""修身守道""笔之于书……待后世之君子"，朱熹完全是按照孔、孟、荀关于隐者的要求去做的。朱熹一生，做官不过十年，其余时间均过着儒家隐士之生活，在民间聚徒讲学，著书立说。他从事教育事业40年，培养了许多弟子，并著有《四书章句集注》《四书或问》《太极图说解》《通书解》《西铭解》《周易本义》《易学启蒙》等书，以《四书章句集注》影响最为深广。

朱熹虽然不愿"与时俯仰以就功名"，选择了退隐的道路，但他时刻盼望着有明君出现，仍对出仕寄予希望。65岁那年，宁宗慕名而征他为侍讲。接到诏书，朱熹虽已屡遭挫折仍表现出信心和希望，他说"天下无不可为之时，人主无不可进之善"，坚信他还可以逢时而仕，以成匡济天下之愿。这是儒家士大夫不得已而退隐之后的真实心态。

东晋末年的陶渊明，从小习读儒经，深受孔孟思想的影响，青年时期即有"大济苍生"的壮志。但他生当乱离之世，仕途多不顺意，不愿为五斗米而折腰，选择了隐士道路，并从思想上转向老庄之学。他的诗中说"误落尘网中，一去十三年",悔过自己不该踏入仕途。他的《归田园居》云:"种豆南山下,草盛豆苗稀。晨兴理荒秽,带月荷锄归。道狭草木长,夕露沾我衣。衣沾不足惜,但使愿无违。""暧暧远人村,依依墟里烟。狗吠深巷中,鸡鸣桑树巅。户庭无尘杂,虚室有余闲。久在樊笼里,复得返自然。"读来很带有轻松飘逸、不为世俗所羁的惬意之情。陶渊明是被后代尊崇的一位道家隐士形象。然而,受过孔、孟儒学熏陶的陶渊明,即使做了隐士,也和道家所设计的隐士有很大的不同。他的退隐是不得已而为之,并非崇尚隐士的清高飘逸。他说:"先师有遗训,忧道不忧贫。瞻望邈难逮,转欲志长勤。"说明他是在道不可行的情况下,才选择了隐士道路。这实际上是符合孔子的教诲的。所以,陶渊明的退隐,不完全是意志的衰退,而是志在守道,坚守志向而已。如他的《咏贫士》:

> 刍藁有常温,采莒足朝餐。岂不实辛苦,所惧非饥寒。贫富常交战,道胜无戚颜。

这首小诗表现的思想,和荀子讲的"虽穷困、冻馁,必不以邪道为贫","虽隐于穷阎漏屋……道诚存也"的品格是完全一致的。陶的隐居之志,超越了自身的辛苦、饥寒之累,以"道胜"为上,用隐退的方式维护道的尊严。

隐居之后,在表面上悠闲恬淡的田园生活中,陶渊明的儒学根基,仍使他心绪纷乱,感情复杂,思想经常处于矛盾之中。他在《读史述·屈贾》中说:"进德修业,将以及时;如彼稷契,孰不愿之!"契是商的先祖,稷是周的先祖。隐居中的陶渊明仍然认为,一个人学习儒经,进德修业,应该是入世匡时的,他自己也很希望成为像契、稷一类有功于历史的人物。他的《杂诗》第二首说:

> 气变悟时易,不眠知夕永。欲言无予和,挥杯劝孤影。日月掷人去,有志不获骋。念此怀悲凄,终晓不能静。

足可见在隐居田园、虚度光阴中的陶渊明,心情是极度的矛盾和不安。他可以说是凡心未除,六根不净,时常为不能实现自己"大济苍生"的壮志而怀悲凄之情。儒家思想的深刻影响,它对士大夫人心的征服,不是其他学说、观念可以随便改造的。当然,陶渊明是被道家思想改造得较成功的一个,他虽然凡心未除,隐居守道,然终不能像后世的朱熹那样,进一步去实现"隐居以求其志,行义以达其道"的更高境界了,仅仅是独善其身,而不能修身以显于世。

改革开放新时期以来的文化研究中,一种"儒道互补"的说法相当流行,认为正是由于道家精神对儒家的补充,使得古代士大夫得志则匡济天下,不得志则隐居求生,士大夫们借此而成就了完满的人生。这一说法是有历史根据的，但它却忽视了儒学的张力。士大夫隐居不仕并非都是源于道家精神，在很大程度上是承袭儒家本身的道统，不能把历史上士大夫的归隐统统归之于道家的影响。而且，对于隐士应做具体分析，严格区分道家之隐与儒家之隐的不同。儒家的退隐是"道隐"或"时隐"，无道则隐，待到"有道"之时，还要出仕匡时；而在退隐之时，还要坚持"行义以达其道"，仍是一种关心社会的入世态度。而道家之隐，则是全身心的隐退，它是建立在对社会完全绝望、对政治完全不信任的基础上的一种彻底逃避现实的做法。二者相比，儒家之隐是较为积极的人生态度。古代士大夫的退隐，更多的是儒家之隐。孔子的学说有着强大的张力，它可以为士大夫的人生道路提供足够的选择余地，不能以为凡是隐退，就一定是背弃了儒学而归于道家。

站在近代批判的立场上，孔子的退隐思想，其主要面是消极的，因为它是建立在不能违背君臣之义的基础上，是一种消极逃避昏君、暴君的做法，从根本上是有助于君主专制统治的。然而，我们应该历史地看问题，站在今天的历史高度去责备古人，要求他们达到现代人的认识水平，是一种非历史主义的错误。孔子能教人"不降其志，不辱其身"，"隐居以求其志"，进而"行义以达其道"，在古代来说，就已经是比较积极的人生态度了。

六 《论语》与中国伦理

如果从伦理学的角度看问题,《论语》则是中国传统伦理学体系的奠基之作。本书第二部分阐述的仁学思想体系,实质上就是一个伦理学体系;本书所讲《论语》各方面的影响,也大都可以归之于伦理学的范畴。所以,再专题讲《论语》对中国伦理学的奠基性意义,就难免会与本书其他部分相重复。于是,在这一部分,我们只准备阐述《论语》影响于中国伦理精神的作用。

1. 为政以德,伦理本位 ——《论语》与中国伦理的道德至上倾向

(1)《论语》的道德至上倾向

孔子的仁学体系是一个伦理学体系;《论语》的全部精神,都在于强调道德的作用;由孔子、《论语》所奠定

的儒家文化，是一种伦理本位主义的文化。这几句话看似有些绝对，实际上是道出了中国儒学的特质。

《论语》的道德至上倾向，大抵表现在以下几个方面。

道德价值高于物质利益 《论语》中的有关论述很多。如：

"君子喻于义，小人喻于利"。"君子怀德，小人怀土。"（《里仁》）把重视道德与重视具体利益，追求道德与追求田地财富，看作是君子与小人的重要区别。

"士志于道，而耻恶衣恶食者，未足与议也。"（《里仁》）读书人只能专志于追求真理，而那些以穿破旧衣服、吃粗劣饭食为耻辱的人，是不能称之为士的，不值得与他们谈论真理。把道德追求与物质生活的追求绝对对立起来，强调前者，而轻视后者。

"放于利而行，多怨。"（《里仁》）不能依照个人利益去行事，否定追求个人利益的正当性。

子贡问政，子曰："足食，足兵，民信之矣。"子贡曰："必不得已而去，于斯三者何先？"曰："去兵。"子贡曰："必不得已而去，于斯二者何先？"曰："去食。自古皆有死，民无信不立。"（《颜渊》）孔子认为，"足食""足兵""民信"是治理国家的三个基本条件，然而不得已而去之的话，孔子则认为，应该先去掉"兵"，再去掉"食"，而只有"民信"这一条才是立国的根本。"民信"是德政的结果。即他认为，道德教育，推行德政，比人民最基本的物质需要粮食还要重要，道德是立国之本。

以德代政 孔子认为，政治活动的中心内容是道德问题：统治者自身加强道德修养，即"修己"；推行德政，用道德教化来治理国家，"为政以德，譬如北辰居其所而众星共之"（《为政》）；进而对老百姓进行道德教育。这样，孔子的政治观就归结为一个道德问题、伦理问题。《论语》中还有这样一段记载：

> 或谓孔子曰："子奚不为政？"子曰："《书》云：'孝乎惟孝，友于兄弟，施于有政。'是亦为政，奚其为为政？"（《为政》）

有人问孔子说："你为什么不当官参与政治呢？"孔子回答："《尚书》中说，孝啊，就是孝顺父母，友爱兄弟，把孝悌精神推广、影响到政治上去。这也是参与政治，为什么一定要去当官才算参与政治呢？"孔子的话，表现出明显的以道德代替政治的倾向。

重道德，轻法律，轻军事 在孔子的思想中，道德教育可以代替法律治理。道德教育，一是通过礼乐教化，直接对老百姓进行教育：

> 道之以政，齐之以刑，民免而无耻。道之以德，齐之以礼，有耻且格。（《为政》）

能以礼让为国乎，何有？（《里仁》）

孔子认为，礼乐道德教育优越于政治教育，以礼治国，就没有解决不了的问题。二是统治者自身加强道德修养，去影响人民。孔子特别看重统治者以身作则的影响作用：

季康子问政于孔子，孔子对曰："政者，正也。子帅以正，孰敢不正？"（《颜渊》）

季康子患盗，问于孔子。孔子对曰："苟子之不欲，虽赏之不窃。"（《颜渊》）

季康子问政于孔子曰："如杀无道，以就有道，何如？"孔子对曰："子为政，焉用杀？子欲善而民善矣。君子之德风，小人之德草，草上之风，必偃。"（《颜渊》）

上好礼，则民莫敢不敬；上好义，则民莫敢不服；上好信，则民莫敢不用情。（《子路》）

上好礼，则民易使也。（《宪问》）

可以说，孔子把统治者的道德影响作用推向了极端，他认为只要统治者讲求道德修养，就完全用不着行政、法律等政治管理，而社会就可以得到良好的治理。

另外，从《论语》中还看得出孔子有重道德轻军事的倾向。前边讲的"足食""足兵""民信"三者，若必去其一，他首先去掉"足兵"一项。《卫灵公》篇载，卫灵公向孔子请教怎样布列阵势，孔子说："俎豆之事，则尝闻之矣；军旅之事，未之学也。""俎豆之事"，即礼仪方面的事情。孔子说他只知道礼仪，不知道军事，对卫灵公避开礼仪而谈军事感到不满。并且，孔子说完这番话，第二天就离开了卫国，他不愿辅佐谈论军旅之事的国君。

重道德，轻知识，用道德取代知识 在道德与科学文化知识的关系上，孔子也表现出重道德轻知识，并进而用道德取代知识的倾向：

"弟子入则孝，出则弟，谨而信，泛爱众而亲仁。行有余力，则以学文。"（《学而》）在进行道德实践之后还有多余的精力，才用来学习文化知识。

"《诗》三百，一言以蔽之，曰'思无邪'。""吾十有五而志于学，三十而立，四十而不惑，五十而知天命，六十而耳顺，七十而从心所欲，不逾矩。"（《为政》）孔子是从学习中获取为人处世的道理，学习知识的目的在于提高道德修养，而且他把自己一生的人生经历，都归结为一个心性修养的过程。

"有颜回者好学，不迁怒，不贰过。"（《雍也》）颜回的好学体现在道德修养方面，道德学习是学习的基本内容。

"君子食无求饱，居无求安，敏于事而慎于言，就有道而正焉，可谓好学也已。"（《学而》）"贤贤易色；事父母，能竭其力；事君，能致其身；与朋友交，言而有信。虽曰未学,吾必谓之学矣。"(《学而》)孔子认为,道德修养即是学习。一个人,只要不求安逸,勤于职守,注意向有道德的人学习而改正错误,这就是"好学"的典型。甚至可以说,只要有了孝敬父母、忠于君上、交友有信等良好的道德品质,即使没有读过书,也等于是读过了,是真正的学习了。孔子的知识观,也是一种道德观,道德学习是可以取代知识学习并重于知识学习的。这是明显的重道德轻知识倾向。

(2)"性善""性恶"殊途同归

孔子推崇道德的力量,认为道德本身具有无比强大的精神作用。然而,孔子的这一认识,还是一个朴素的认识,并没有从人性的角度加以哲学的论证。不过,如果从人性的角度去探讨,可以认为,孔子是一个性善论者,他认为向善从义、仁爱之心是人的淳朴的本性,只要有德政的引导,人们就会响应风从。这是从孔子的道德论中可以推测出来的看法。

孔子对人性的淳朴理解,到后儒孟子手里,则被高度理性化了。孟子旗帜鲜明地提出性善论,为道德至上观念找到了坚实的理论根据。《孟子·公孙丑上》中说:凡人都有怜恤、同情别人的心理。先王们由于有这种同情别人的心理,才有了怜恤人民、同情人民的政治。凭着这种政治，治理天下就像在手掌上运转东西一样容易。我之所以说人们都有同情心，根据是，譬如现在有人突然发现一个孩子掉到井里去了，谁都会有惊恐同情的心理。这种同情心的产生，既不是想跟孩子的父母攀结交情，也不是为了在街坊邻里亲朋好友面前博取荣誉，更不是厌恶那孩子的哭声才这样。从这种情况来看，一个人，如果没有同情之心，简直就不是个人；如果没有羞耻之心，也不是个人；没有谦让之心，不是个人；没有是非之心，也不是个人。有同情之心，是仁的开端；有羞耻之心，是义的开端；有谦让之心，是礼的开端；有是非之心，是智的开端。人具有这种心理，就好比人有手足四肢一样，是自然而然的。这就是孟子关于人性论的重要论断。

孟子认为，只要是人，就自然地会有恻隐之心，羞恶之心，辞让之心，是非之心。有这四种心理，自然就会产生出仁、义、礼、智四种人类基本道德。"仁义礼智，非由外铄我也，我固有之也。"（《孟子·告子上》）人的道德心理，是人们内心本来所固有的，是人之本性。既然道德心理是人们所固有的，那么，道德教育自然就可以解决一切问题，就可以发挥最大的社会作用。孟子的人性论，将道德至上论奠定在坚实的理论基础上。

荀子反对孟子的性善论，提出人性恶的人性论观点。荀子的人性论，首先辨明"性""伪"之分。"性"是人的自然属性，是先天的，不待学习而具有的特性；"伪"是人为，是人们通过后天的学习作为才可达到的，如礼义道德即是。荀子批评孟子的性善论是将"性""伪"相混淆，将人类道德视为人的本性，是不明"性""伪"之分的道理。荀子说，人"饥而欲食，寒而欲暖，劳而欲息，好利而恶害"（《荀子·荣辱》）；"目好色，耳好声，口好味，心好利，骨体肤理好愉佚"（《荀子·性恶》），这些都是人天生的性情，不待学习而有之，不论好人坏人都具备。如果对人的自然属性作一个道德评价，那就是"性恶"。他说：

> 今人之性，生而有好利焉，顺是，故争夺生而辞让亡焉；生而有疾恶焉，顺是，故残贼生而忠信亡焉；生而有耳目之欲，有好声色焉，顺是，故淫乱生而礼义文理亡焉。然则从人之性，顺人之情，必出于争夺，合于犯分乱理而归于暴，故必将有师法之化，礼义之道，然后出于辞让，合于文理，而归于治。用此观之，然则人之性恶明矣，其善者伪也。（《荀子·性恶》）

这就是说，顺从人的自然本性而任其发展，就必然会产生争夺、残杀、淫乱等行为，而礼义道德正是为了改变人的性情而使它归于善而创设的，所以，善是人设置的，是"伪"，而人性本身则是"恶"的。

奇怪的是，荀子虽然在人性论上与孟子对立，然而，在道德至上观念上他们则趋于一致。荀子从性恶论出发，提出一个"化性起伪"的道德修养理论。他说：

> 性也者，吾所不能为也，然而可化也；情也者，非吾所有也，然而可为也。注错习俗，所以化性也。（《荀子·儒效》）

荀子认为，人的自然性虽是天生的，但它可以"化"，即可以改造；而礼义道德，虽然非人的本性所具备，但"可为"，即可以通过学习去达到它。这就是"化性起伪"。他认为，尧舜与盗跖，君子与小人，在人性上是一样的，尧舜、君子能够"化性起伪"，而成就为圣人或君子。于是，荀子的"化性起伪"说和孟子一样得出了"涂之人可以为禹"的结论。任何人只要肯学习,用他的话说"疆学而求"，并且"谨注错，慎习俗"，处在一个良好的社会环境中，都可以成为君子、圣人。这样，荀子就和孟子一样肯定了道德教育的作用。

孔子的道德至上倾向，在经过孟、荀人性论的完善论证之后，为历代统治者所接受。于是，我们看到，在中国古代历史上，纲常名教成为立国之本，被强调到特殊重要的地位，由此构成了中国政治、法律、军事、经济、思想、文化、教育以及社会风气、民风民俗等方面的诸多特色。

（3）道德至上观念的历史评说

"道德至上"是中国伦理的一大特色，它使我们这个古老的国度久享礼义之邦的美称。应该说，在历史上，极端重视道德教化的作用，确实产生过不少积极的历史影响。

首先，它培养了我们这个民族仁爱友善，先人后己，公而忘私，见义勇为，乐以天下、忧以天下等诸多美德，使人们视道德如生命，以仁义为立身之本，从而造就出像岳飞那样精忠报国、文天祥那样充满浩然正气的英雄人物，像范仲淹那样"先天下之忧而忧，后天下之乐而乐"的忧国忧民之士，像包拯、海瑞那样刚直不阿、不顾身家性命而为民请命的士大夫官吏。鲁迅先生曾有名言："我们从古以来，就有埋头苦干的人，有拼命硬干的人，有为民请命的人，有舍身求法的人……虽是等于为帝王将相作家谱的所谓'正史'，也往往掩不住他们的光耀，这就是中国的脊梁。"(《中国人失掉自信力了吗》)被鲁迅先生誉为"中国的脊梁"的人，无疑是与古代社会特别重视道德教育相联系的。

其次，强调道德教育的重要，以伦理道德为治国之本，培养淳朴厚重的民俗民风，是适应以小农经济为基础的农业社会的需要，它对促成社会的稳定，民族之间的和睦相处，起了积极的作用。中国古代经济长期在和平、稳定的环境中繁荣发展，是与以纲常名教为立国之本有着重要联系的。同时，强调精神道德教育，并用统一的道德体系去坚持不懈地进行灌输、教育，也是形成民族共同心理素质的重要条件。历史也已经证明，中华道德文明、伦理观念，是中华民族向心力、凝聚力的深厚心理基础。中国历史上对统一伦理道德观念的强调性培育，对于我们这个大民族的形成，起了积极的历史作用。

但是，道德至上观念，从根本上颠倒了道德伦理与政治、经济、社会发展的关系，因此，它在历史上所产生的负面影响，也不可低估。甚至，它的负面影响在今天依然存在，影响着中国现代化的历史进程。道德至上、伦理本位观念的副作用，表现在以下几个方面。

首先，道德至上、伦理本位观念，使人们只看重道德价值，只看重道德的社会作用，而忽视法治的作用，导致重人治而轻法治的政治倾向。在社会体制建设上，它还导致重视精神文明而忽视制度文明建设的倾向。中国古代有人治而无法治，有刑法而无宪法，有教化调解而无民法，都是与道德至上观念相联系的。人们迷信道德教化的作用，而忽视法律的治理作用，所以，除了用刑法来作为以德治国的必要补充外，从来没有提出建设完善的法制体系问题，连最根本的保障公民权利的宪法意识都从来没有出现过。西方最发达的民法与宪法，在中国古代都是空白。从统治者来说，标榜以德治国，以孝治天下，就可以赢得人心，坐稳天下；从老百姓来说，只寄希望于有道之君和为政清廉、为民做主的清官，好皇帝和清官的仁德政治、道德品格，便是生民权利和利益的保障，法治观念极其淡薄。人们天真地以为，只要接受了良好的道德教育，提高了思想觉悟，就可以解决一切问题。然而，历史使我们一再吃尽了法制不健全的苦头。寄希望于人性的善良，迷信道德的作用，在传统社会向近代社会的转型中，造成了极大的弊端，暴露出这一理论的严重缺陷。今天，我们仍然需要重视道德的作用，仍然要重视社会主义精神文明的建设，然而，更为迫切、更为必要的，则是以市场经济为导向的社会主义法治建设，和完善的政治体制建设。

其次，道德至上、伦理本位观念，导致人们忽视对物质利益的追求，将人们导向极端的重义轻利。一方面，从国家生活的范围来说，重道德建设而忽视经济建设，将道德视为治国之本，把发展经济放到次要的地位。在古代社会，它是中国传统小农经济社会迟滞、漫长的重要原因；在近代，它又是我们落后挨打的根源之所在。从古到今，在国家生活、社会生活中，中国人的注意力总是盯在伦理道德、政治思想方面，而经济建设、物质生产、具体的物质利益，则总是提不到应当重视的高度，以致近代以来，我们一再落后。可以说，在中共十一届三中全会提出改革开放路线以前，中国人在国家生活、社会生活中，一直未能摆脱道德至上观念，我们总是以传统社会的道德原则，来对抗近代社会的经济原则，一再失败，迷途难返，所以一再制造出历史的悲剧。马克思在《鸦片贸易史》一文中曾经评论说：

> 半野蛮人维护道德原则，而文明人却以发财的原则来对抗。一个人口几乎占人类三分之一的幅员广大的帝国，不顾时势，仍然安于现状，由于被强力排斥于世界联系的体系之外而孤立无依，因此竭力以天朝尽善尽美的幻想来欺骗自己，这样一个帝国终于要在这样一场殊死的决斗中死去，在这场决斗中，陈腐世界的代表是激于道义原则，而最现代的社会的代表却是为了获得贱买贵卖的特权——这的确是一种悲剧，甚至诗人的幻想也永远不敢创造出这种离奇的悲剧题材。

马克思作为一个局外人对中国的评论，可谓深刻而犀利。世界历史的发展，不会同情于一个陶醉于空洞的道德幻想中的国度，不会因它的"高尚"而施舍一丝一毫的怜恤之情，一切都是实力的较量。落后就要挨打，这是一个无情的真理。中国人的眼光和思想，应该现实些，再现实些，紧紧抓住经济建设这个中心，去再造强盛的国力，并在新的经济发展的基础上，去建设起新的适应当代经济关系的道德体系。

另一方面，从个人生活范围来说，极端的重义轻利，在历史上也造就了不少追求虚荣、清高自是、迂腐无用的士人。他们没有学到孔、孟追求真理、坚持道义的大丈夫人格，反而只是记住了"饭疏食，饮水，曲肱而枕之，乐亦在其中矣"等安贫乐道的表面文章，曲解了安贫乐道的真正精神，以穷为荣，以不讲利为清高，以不尚富为高尚，不食人间烟火，不事生产，不懂社会人生，反倒博得"淡泊明志"之虚名。在中国古代，这样的士人也不算少。而这些人，不论从物质文明还是精神文明上说，都没有对社会做出任何贡献。道德至上、伦理本位观念，从古到今，培养了不少贪图虚荣的无用之人。

最后，道德至上、伦理本位观念，还严重阻碍了我国自然科学的发展。它以伦理道德修养取代了人们对科学知识的追求，使人们用对社会伦理的关注取代了对自然科学的兴趣，将人们的注意力完全吸引到关于社会人生的方面，放弃了对物质世界本源的探讨和研究。这样一种倾向，在传统的农业社会中其弊端还不十分明显，而一旦当历史进入以实验科学为标志的近代社会时，就立即显露出它的落后性。一个缺乏科学意识的民族，是无法立足于当代世界之林的。当西方世界以它们先进的近代科学为后盾，以坚船利炮打开了我们古老的国门的时候，我们还沉浸在天朝上国、礼义之邦的温馨之中。而后，我们先是把西方的科学技术视为奇技淫巧、雕虫小技，以几千年传统的古老文明而故步自封；当一再挫折、失利不得不承认落后的时候，我们则提出"中体西用"的口号，再度表现出道德至上传统那强大的惰性力量，在坚持以伦理道德为立国之本的原则下，去吸取西方的科学技术。然而，历史一再证明，道德至上、伦理本位这种被颠倒错置的道德观，如果不彻底改变，我们终究不能找到振兴中国的道路。道德至上观念，我们恪守了几千年，十年"文革"又把它推向极端。"文化大革命"革掉了"文化"的命，"革命"二字取代了一切。政治挂帅，思想第一，知识越多越反动。于是大学停办，中小学停课，而后又以工农兵宣传队进驻学校，改造学校。所有这一切，无不与道德至上论一脉相承，是它的登峰造极的发展。这场"革命"，再次把在科学上刚刚起步的中国，远远抛到当代科学的后边。几千年发展道路的历史反思，"文化大革命"的沉痛教训，都告诉我们，重道德轻科学的历史传统，再也不能承袭下去了，必须把发展科学放到一个极为重要的地位。当"科学技术是第一生产力"的思想真正成为全社会的共识的时候，我们这个古老的民族才可能真正地再度崛起，再度辉煌。"道德至上"培育的是传统社会，科学振兴则预示着远大的未来。

总之,《论语》的道德至上观念,在中国两千多年的古代历史上,产生了极为深刻的影响。它既有积极的方面,又曾经是历史的惰性因素。在今天,我们既需要发展社会主义市场经济,又需要建立起与之相适应的必要的道德规范,应该站在新的历史高度,对《论语》的道德观念进行分析、批判和抉择。

2. "存天理,灭人欲"——《论语》与中国伦理的主题精神

极端强调人的社会责任,完全从社会性的角度去理解人的本质,从而将人的自然属性与社会属性绝对对立起来,以追求"存天理,灭人欲",将个体的人消融于社会群体之中的伦理目标,是中国传统伦理的主题精神。这一伦理精神,并不是孔子的明确主张,但却隐含于《论语》之中。《论语》中已包含了这一伦理精神赖以萌发、形成的全部要素。

(1)《论语》中克己敬人的伦理精神

人有为生理需要所驱动的自然欲望,也即人的自然属性,这一点,孔子是承认的。《论语》中,孔子明确讲过:

> 富与贵,是人之所欲也……贫与贱,是人之所恶也。(《里仁》)

> 吾未见好德如好色者也。(《子罕》)

"克、伐、怨、欲不行焉,可以为仁矣?"子曰:"可以为难矣,仁则吾不知也。"(《宪问》)

这最后一段话的意思是,弟子原宪问,好胜、自夸、怨恨、贪欲,这四种毛病都没有的人,是不是做到了仁。孔子说,没有这四种毛病,可说是难能可贵,至于是否做到了仁,就不知道了。从上边这几段话看,孔子承认,凡人都会有希望富贵、厌恶贫贱、好色、贪利、好胜、自夸、怨恨、贪心等心理,这是人的自然欲望。真实的孔夫子也是凡夫俗子,并不是不食人间烟火,所以,他能体会到人人都会有的这些心态和情绪。但是,孔子又感到,人们的这些自然欲望,与他的"仁者爱人"的政治观、社会观、伦理观、人生观是相矛盾、相抵触的,放纵人的自然欲望,不仅不可能实现"仁"的理想,而且恰恰是当时天下大乱的根源。所以,孔子就从仁学理论出发,否定了人的自然欲望的正当性,将其视为应该克服的东西。如《论语》中说:

"士志于道,而耻恶衣恶食者,未足与议也。"(《里仁》)本来,"耻恶衣恶食",不愿意穿破旧衣服、吃粗劣的食物,是人的自然本性。而孔子认为真正的士,有志于追求真理,就应该克服这种自然本性,否则就不屑于与他谈论真理问题。

"乐骄乐,乐佚游,乐宴乐,损矣。"(《季氏》)孔子说,以尊贵骄傲为快乐，以游荡忘返为快乐，以大吃大喝为快乐，这是三种有害的快乐。而这三种快乐也来自人的自然本性。

孔子的仁学伦理体系，从根本上说，讲的是社会伦理。孔子认为，人的根本属性在于社会性，他已初步接触到了人的"合群性"问题，认识到"合群"是人类的生存方式。《阳货》篇孔子讲《诗经》的作用时，谈到诗"可以群"，即可以使人养成合群性。从《论语》中孔子的大量言论看，他讲的伦理道德，都是要求人如何克制自己，使自己的言论行为有利于他人，有利于社会，有利于君主、社稷，而从没有谈到个人自身利益的正当性。在社会、他人与个人的关系上，他是一边倒，总是主张牺牲个人以成全他人或有益于社会。如他讲道：

"夫达也者，质直而好义，察言而观色，虑以下人。"(《颜渊》)通达的人，应当品质正直而爱好礼义，善于分析别人的言论和观察别人的表情，时常想到对人谦让。——个人的行为应对他人负责。

"先事后得……攻其恶，无攻人之恶。"(《颜渊》)工作在前，享受在后；检讨自己的错误，不指责别人的错误。——严于律己，宽以待人。

子贡问曰："何如斯可谓之士矣？"子曰："行己有耻，使于四方不辱君命，可谓士矣。"曰："敢问其次？"曰：

"宗族称孝焉,乡党称弟焉。"曰:"敢问其次?"曰:"言必信,行必果,硁硁然小人哉!——抑亦可以为次矣。"(《子路》)孔子认为,一个合格的士人,应该做到:出使他国不辜负君主的重托;因其孝敬父母和尊重兄长而受到家族中人及家乡人的称赞;说话诚信,做事果断,能得到他人的信任。——对君主、族人、乡人、他人负责。

在孔子看来,一个人时时处处都得想着他人,为着社会,而从不想到自己,以博得社会的承认:

> 己所不欲,勿施于人。在邦无怨,在家无怨。(《颜渊》)

> 乡人之善者好之,其不善者恶之。(《子路》)

这后一句的意思是:最好的人,是全乡的好人赞扬他,全乡的坏人憎恶他。但是,一个人完全为着社会着想,他人第一,博得社会的赞誉和承认,是不容易的。因为,人的欲望总是时刻存在的,而且私欲和为社会、为他人总是矛盾的,很难统一的,所以,孔子主张对待个人欲望、人的自然性情,必须克制,严格用礼去约束:

> 事父母几谏。见志不从,又敬不违,劳而不怨。(《里仁》)

> 非礼勿视,非礼勿听,非礼勿言,非礼勿动。(《颜渊》)

博学于文，约之以礼。(《颜渊》)

于是，孔子所讲的人，一言一行都要谨慎适当，不能有任何恣情过激的行为，不能有任何纵欲放肆，要严格控制个人自然性情的流露：

不迁怒，不贰过。(《雍也》)

君子思不出其位。(《宪问》)

君子有三戒：少之时，血气未定，戒之在色；及其壮也，血气方刚，戒之在斗；及其老也，血气既衰，戒之在得。(《季氏》)

君子有九思：视思明，听思聪，色思温，貌思恭，言思忠，事思敬，疑思问，忿思难，见得思义。(《季氏》)

做个人真是不容易！视、听、言、行都得符合"礼"的要求。你要看什么，怎么看，听什么，怎么听；脸色应该怎样温和，容貌应该怎样恭敬；怎样说话，怎样做事……一切的一切，都要思之又思，才能打发住他人和社会，得到社会的承认。如果人人都能做到这一点，孔子的"仁"是可以实现了，然而具体的活生生的有血有肉的人就不见了，个体的人就完全消失在无差别的人的共性之中。克己为人，承担社会伦理义务，克制自己的自然欲望，将个体的人融于社会人的群体之中，这就是孔子仁学伦理体系的重要特色。当然,本书前边讲过,孔子是主张独立人格的,而那个独立人格是建立在为社会真理而献身的基础上,以"义"为前提的,而绝不是人的个性独立,也不是对个人权利的肯定。

(2)"存天理,灭人欲"伦理精神的确立

重视社会伦理,忽视个人自然性情、自然欲望的正当性,孔子伦理精神的这一特点,被后世儒家所承袭,所发展,并逐渐强调到很极端的程度,以至于最终将"天理"与"人欲"绝对地对立起来。

孔子主张克制私欲,但还没有直接论证私欲与仁义的根本对立,而到了孟子的学说中,私欲与仁义便直接对立起来了。他认为,如果以利己、个人欲望来作为自己行为的根据,来处理人伦关系,就必然会废弃仁义,导致人们之间互为仇雠,相互争夺,以至于亡国。《孟子·告子下》说:

> 为人臣者怀利以事其君,为人子者怀利以事其父,为人弟者怀利以事其兄,是君臣、父子、兄弟终去仁义,怀利以相接,然而不亡者,未之有也……为人臣者怀仁义以事其君,为人子者怀仁义以事其父,为人弟者怀仁义以事其兄,是君臣、父子、兄弟去利,怀仁义以相接也,然而不王者,未之有也。何必曰利?

孟子认为，为了国家的兴亡，社会的稳定，从庶人、士大夫到国君，都不能提出"利"的问题。不光是私利、私欲，就是国家的大利、大欲也不能提，只能提"仁义"二字。他说："王曰'何以利吾身？'大夫曰'何以利吾家？'士庶人曰'何以利吾国？'上下交征利而国危矣。"在社会伦理关系中，不能从"利"的角度去提问题，这就是孟子的主张。他毫不客气地抹杀了任何个人欲望的合理性、正当性。

荀子在探讨人的本质时，看到了人与禽兽的根本区别，是"人能群"。于是，孔子关于人的合群性的朦胧思想，被荀子理论化了。《荀子·王制》篇说：

> 水火有气而无生，草木有生而无知，禽兽有知而无义。人有气、有生、有知，亦且有义，故最为天下贵也。力不若牛，走不若马，而牛马为用，何也？曰：人能群，彼不能群也。人何以能群？曰：分。分何以能行？曰：义。故义以分则和，和则一；一则多力，多力则强，强则胜物，故宫室可得而居也。故序四时，裁万物，兼利天下，无它故焉，得之分义也。故人生不能无群。群而无分则争，争则乱，乱则离，离则弱，弱则不能胜物。故宫室不可得而居也，不可少顷舍礼义之谓也。

这是一段有着严密逻辑的论述。人之所以能战胜万物,使万物为己所用,就在于"人能群",靠整个社会的群体力量而"裁万物"为天下贵。然而,这就不可避免地出现了社会群体利益与个人利益的关系问题。为了人类的生存,保持群体的力量,就必须靠礼义来节制个人私欲,以群体利益来压倒个人利益。所以,荀子特别强调"礼"对人的行为的节制。荀子从人的合群性的本质,论证了以"礼"节制个人私欲的必要性、合理性。他在较高的理论层次上发展了孔子的伦理精神。

先秦时期的另一部儒家经典《礼记》中,进一步提出了"天理"与"人欲"的对立:

> 人生而静,天之性也。感于物而动,性之欲也。物至知知,然后好恶形焉。好恶无节于内,知诱于外,不能反躬,天理灭矣。夫物之感人无穷,而人之好恶无节,则是物至而人化物也。人化物也者,灭天理而穷人欲者也。于是有悖逆诈伪之心,有淫泆作乱之事,是故强者胁弱,众者暴寡,知者诈愚,勇者苦怯,疾病不养,老幼孤独不得其所。此大乱之道也。(《礼记·乐记》)

《礼记·乐记》的作者认为,"天理"这种仁、义、礼、智、信等伦理道德规范,与人的自然欲望,是一种根本的对立关系。如果放纵人欲,人化于物,那就必然破坏伦理规范,而导致邪恶、淫佚、奸诈、暴行。所以,灭天理而穷人欲,即是天下大乱之道。这是在历史上第一次明确提出"天理"与"人欲"这一对概念,并说明了它们对立的绝对性。

总之,先秦时期的孔子后学,把孔子崇尚社会伦理,克制个人私欲的伦理精神,更加理论化、系统化了,他们共同奠定了中国伦理强调人的社会属性,而抹杀人的个体性、自然性的发展倾向,并日益将人的社会属性与自然属性的对立片面化、绝对化。经过汉代董仲舒"防欲""制其欲"等强行制止人欲发展的说教,到宋代理学的学说中,"存天理,灭人欲"更成了伦理学中的一个中心命题。

《礼记·乐记》提出了"天理"与"人欲"的对立,反对"穷人欲",提倡节制人的自然欲望;而到宋代二程兄弟时,则明确提出了"窒欲",即要灭人欲。程颐说:

> 甚矣欲之害人也。人之为不善,欲诱之也,诱之而弗知,则至于天理灭而不知反。故目则欲色,耳则欲声,以至鼻则欲香,口则欲味,体则欲安,此皆有以使之也。然则何以窒其欲?曰思而已矣。学莫贵于思,唯思为能窒欲。(《二程遗书》卷二十五)

二程认为，人有欲望就会"亡天德""灭天理"，道德天理与感性情欲二者不能并存，所以必须"窒欲"，通过学、思而从灵魂深处根除欲念的发生。南宋大理学家朱熹也认为"天理""人欲"是人心中两种不容并存的意识。他说："人之一心，天理存，则人欲亡；人欲胜，则天理灭，未有天理人欲夹杂者。"(《朱子语类》卷十三)所以，他主张"学者须是革尽人欲""存天理，灭人欲"，才能达到圣人的境界。

从宋代理学打出"存天理，灭人欲"的旗帜之后，中国传统伦理学的基本精神，即以戕灭人的自然欲望、感性生命为特征，伦理道德的"神圣使命"，就是把人变成完全没有感性冲动的社会化动物。中国伦理精神的这一特征，对后世中国历史的发展，造成了难以估量的影响。

（3）中国伦理精神的历史评说

"存天理，灭人欲"，极端强调伦理规范，将人的社会属性与自然属性绝对地对立起来，这一伦理精神已离开孔子很远，应该说不能都归之于《论语》的影响；然而，说它滥觞于《论语》，是对《论语》伦理精神的合乎逻辑的发展，则是不错的。《论语》中已包含了这一伦理精神的全部萌芽，是它特别强调约束个体价值的必然结果。那么，从孔子以来，两千五百年间，不断传承、发展的这一伦理精神，就在塑造我们这个民族的伦理观、人生观、社会观、价值观等方面，起了巨大的支配作用、奠基作用，在民族的心理层次上，造成了深厚的历史积淀。

可以说，这一伦理精神，使我们中华民族对人的本质有着特殊的理解。和世界其他民族相比，我们中国人从来都是将"人"放到社会伦理体系中去认识的。在中国人的心里，从来不把个人这个自然实体看成独立的存在，人只有在社会伦理体系之中，承担了一定的社会伦理义务，充当了一个社会化的角色，才有人格，才是人。在中国，伦理关系是先于一切，高于一切的。人的价值，个体人格，都是由这种伦理关系派生出来的。一个人，离开了社会伦理体系，不承担社会伦理义务，就是畜生，是禽兽，而不再是人。自然的人不是人，人的自然之躯之内在的一切需要、欲望都是邪恶的、贪婪的，应该加以戕灭的。"食色，性也"，这是先秦儒家都懂得的道理，然而，在后世中国人的观念中，性欲总是与贪色、兽欲、淫乱连在一起；食欲总是与贪吃馋嘴、好吃懒做连在一起；耳目声色佚乐之欲，总是与贪图安逸、玩物丧志、享乐腐化连在一起；就连盹困求眠之欲，也被当作惰性而加以鄙夷。孔子的时代要人们"克己""内省""自讼"，理学家的时代要人们"窒欲""灭欲""革尽人欲"，"文化大革命"中要人们"狠斗私字一闪念""灵魂深处爆发革命"，两千五百年的历史，没有给人的心灵留下一片自然之性的歇脚之地。任何自然欲望，一露头，一闪念，就立即自我戕灭，自我批判。中国伦理造成了中国人充当社会化角色的高度自觉。

揆之历史，人类的确是靠着"合群性"，依靠人类群体的力量去战胜强大的自然力以及来自人类内部的邪恶势力而求得发展的，一个社会的存在与发展，必须靠人们共同承担必要的社会义务来维持。社会性，是人类区别于动物的本质属性。这一点是毋庸置疑的。中国伦理特别强调社会伦理，强调人的社会义务，正是从这一点上说有它的合理性，包含着真理性的成分。而且，正是中国伦理的这一主题精神，培育了中华民族历史上一代代杀身成仁、舍生取义、为民族利益而献身的志士仁人。中国历史上的所有英雄、伟人，都扮演了重大的社会角色，都是对国家、对社会、对历史、对人民做出了突出贡献的人。夏禹、商汤、周武王、秦始皇、汉武帝、唐太宗、宋太祖、朱元璋、李自成、洪秀全、孙中山，历代政治家和伟人，都是有功于历史的人；屈原、苏武、岳飞、文天祥、史可法、戚继光、郑成功，以其有功于民族而青史留名；就连神话传说中的英雄，"羿射九日"、"女娲补天"、"共工怒触不周山"，也都是有功于社会历史的人格形象。中国人的英雄观念，是中国的伦理精神所培育的，必有功于历史方可青史留名。至于西方那种攀山涉洋的冒险精神，在探险事业中所迸发的超人的意志力量，中国人总是不屑一顾的，不仅不会誉之以英雄的称号，而且会冠以"吃饱了撑的""玩命之徒"之类的"雅号"。中国重视社会伦理的精神，为我们这个民族培育了无数的英雄人物，就是在现代，这种伦理精神仍被传承下来。我们常说的，要做"五种人"，即做一个高尚的人，一个纯粹的人，一个有道德的人，一个脱离了低级趣味的人，一个有益于人民的人。这"五种人"，就是克服了利己、私欲，而承担起社会责任的人。应该说，中国伦理特别强调人的社会义务、社会责任的特点，对培养我们这个民族的道德风范，对维持我们这个民族的凝聚、团结和发展，是起了重要而积极的作用的。

然而，人的自然之躯，人的感性生命，毕竟是人的社会活动的前提，把人的社会属性与人的自然属性绝对地对立起来，不重视人的感性生命，不承认人的自然欲望的合理性、正当性，只是对人性问题的片面理解。只讲社会伦理义务而不尊重感性个体满足自身正当欲望的权利，必将造成人性的扭曲，抹杀人的创造活力，而最终导致社会整体创造力的萎缩，置整个社会于沉闷、迟滞的境地。所以，中国伦理精神的负面影响，也必须予以足够的重视。

首先，人的自然欲望是不能完全扼杀的，它是人作为感性生命而存在的自然本性，应该正视它，承认它，给它以合理的地位。企图完全抹掉人的自然本性，既是反人性的，也是不现实的。南怀瑾的《论语别裁》讲过这样一个小故事：有个老和尚，收养了一个很小的孤儿，才两三岁就带到山上，关着门不使他与外界任何人接触。到小孩长大成人，二十几岁的时候，有一天，老和尚要带他下山，但很为他担心，怕他染上世俗习气。老和尚说，你没有到人世间看过，现在我带你去。城市中很热闹，五花八门，不过什么都不必怕，只有一个东西——老虎，你要注意，那是会吃人的。小和尚问老虎是什么样子，老和尚就把女人的样子告诉他，说这就是老虎。结果老和尚带小和尚下山走了一趟，到山上后问他，下山这一趟看到的东西，你最喜欢的是什么？小和尚说一切都很好，没有什么可特别动心的。老和尚又问，你觉得什么东西最可爱呢？小和尚说，最可爱的还是老虎。这当然是个虚构的故事，但编故事的人很聪明，起码比宋代的那些理学家聪明一点，明智一点，他知道人的自然本性是不可能完全泯灭的。

宋代理学家们要"灭人欲"，而人欲是不可灭的，连他们自身也做不到；于是一些人就得装出无欲的样子，尽量掩盖自己的真性情。这一点连他们自己都心里明白，只不过谁也不去说破罢了。清末小说家刘鹗的《老残游记》中有这样一段描述：一个名叫申子平的人奉命到柏树峪去访寻刘仁甫。在山谷的小院落中碰到了一位名叫玙姑的姑娘。这个姑娘与申子平谈论了一番孔孟圣人之教。姑娘说儒教失传久矣,汉儒拘守章句,丢了儒学的根本;韩愈的《原道》,也原到了道的反面;及至宋儒,更是背离了圣人之教,失其本心,相去远矣。姑娘的见解令申子平甚为佩服——

子平闻了,连连赞叹,说:"今日幸见姑娘,如对明师。但是宋儒错会圣人意旨的地方,也是有的,然其发明正教的功德,亦不可及。即如'理''欲'二字,'主敬''存诚'等字,虽皆是古圣之言,一经宋儒提出,后世实受惠不少,人心由此而正,风俗由此而醇。"那女子嫣然一笑,秋波流媚,向子平睇了一眼。子平觉得翠眉含娇,丹唇启秀,又似有一阵幽香,沁入肌骨,不禁神魂飘荡。那女子伸出一只白如玉、软如棉的手来,隔着炕桌子,握着子平的手。握住了之后,说道:"请问先生,这个时候,比你少年在书房里,贵业师握住你手'扑作教刑'的时候何如?"子平默无以对。

女子又道:"凭良心说,你此刻爱我的心,比爱贵业师何如?圣人说的,'所谓诚其意者,毋自欺也。如恶恶臭,如好好色。'孔子说:'好德如好色。'孟子说:'食色,性也。'子夏说:'贤贤易色。'这好色乃人之本性。宋儒要说好德不好色,非自欺而何?自欺欺人,不诚极矣!他偏要说'存诚',岂不可恨!圣人言情言礼,不言理欲。删《诗》以《关雎》为首,试问'窈窕淑女,君子好逑','求之不得',至于'辗转反侧',难道可以说这是天理,不是人欲吗?举此可见圣人决不欺人处。《关雎》序上说道:'发乎情,止乎礼义。'发乎情,是不期然而然的境界。即如今夕,嘉宾惠临,我不能不喜,发乎情也。先生来时,甚为困惫,又历多时,宜更惫矣,乃精神焕发,可见是很喜欢,如此,亦发乎情也。以少女中男,深夜对坐,不及乱言,止乎礼义矣。此正合圣人之道。若宋儒之种种欺人,口难罄述……"

刘鹗笔下的这个玙姑,对宋儒"存天理,灭人欲"的荒谬性的批评,实在是生动至极,远取近譬,情中见理,真把个申子平佩服得五体投地,再无法为宋儒的"理欲之辨"辩驳。

玙姑反对宋儒"存天理,灭人欲"的荒诞之说,赞成孔孟先圣"发乎情,止乎礼"的教诲,但她并不知道早在孔孟的学说中已种下了宋儒"灭人欲"的祸根。玙姑的聪明,就在于她是一个现实主义者,有一种求实的精神,她敢于从自身的体验中去证实"灭人欲"的虚伪和荒谬。

彻底根绝人的自然欲望，不仅是虚伪的，荒谬的，不可能的，而且是极为有害的。正是人的自然属性、感性生命，才赋予人以千姿百态、各具特色的独立个性，给了人创造人间奇迹的生命活力，压抑感性生命、戕灭自然欲望的直接后果，使人失去了最本原的生命冲动。宋代理学将压抑人的自然欲望推向极端，要根除人欲的冲动，造成的是怎样一个压抑沉闷的社会呀！读宋代诗词，人们很少能感受到盛唐诗人的豪放情怀，反倒是一个"愁"字成了宋词中一个无法解脱的死结。你看那宋词：

偷弹清泪寄烟波……断肠落日千山暮。

寸寸柔肠，盈盈粉泪。

衾凤冷，枕鸳孤，愁肠待酒舒。

少年不识愁滋味，爱上层楼，爱上层楼，为赋新词强说愁。而今识尽愁滋味，欲说还休，欲说还休，却道天凉好个秋。

愁多怨极。

词人们悲叹："愁只是，人间有！"他们发问："清愁不断，问何人会解连环？"的确，"愁只是，人间有"，它是人类自身所创造的社会伦理为个体感性生命带来的悲哀，"愁"只是感性个体无法抗拒强大的伦理传统而发出的无可奈何的悲鸣。把社会伦理推向极端，是人的异化，是人们自己所创造出的异己力量；然而，人们却无法抗拒它，战胜它，而只能"欲说还休，欲说还休"，"众怒之加，惟忍为是"，"从今谢百事，请作龟头缩"，将自己的感性欲望克制克制再克制，压抑压抑再压抑，直到把自己变成完全无血性、无个体，无我无欲、麻木不仁的木然个体，谁和谁都没有差别，谁和谁都没有不同，清一色的举止、言论、表情。无个性的社会哪有生气活力？更不会有新思想的萌动。龚自珍的悲怨"万马齐喑究可哀"，可谓是对这种无个性社会的有力控诉！

极端强调社会伦理，戕灭人的感性生命，在宋以后近千年的历史中，究竟扼杀了我们这个民族多少伟大的创造力量，这个账是无法清算、无法统计的。但有一点可以肯定，宋元以后中国历史走下坡路，中国科技文化落后于西方世界，中国历史不能尽早地步入近代社会，都或多或少与这种伦理精神有着直接的联系。

人们既然组成了社会，既然必须结成一定的社会关系才能推进历史的发展，那么，就不能不强调人的社会性，就不能没有社会伦理规范对个人行为的节制，不能不要求每个人都承担起应负的社会责任，以一个社会化的角色站立于社会；然而，社会既是由人来组成，历史既然是由个人的活动来形成，而历史的进步更有赖于每一个社会成员聪明才智、创造活力的充分发挥，那么，社会就必须赋予每一个成员展示自身才华的机会和权利，也就必须保护人的生命之源——感性生命的跳跃和冲动。对于由孔子《论语》所奠定,并发展了几千年的伦理精神，我们应该有分析地批判继承，有所取舍扬弃，取其重视社会伦理的宝贵精神，舍其"灭人欲"的荒谬，还个人以真实的生命，从而建设起符合当代社会主义市场经济需要的，既有社会规范、法治约束，而又充满竞争活力的新的社会伦理体系。

七　《论语》与中国教育

在历史上，人们尊孔子为"至圣先师"，可以说是个很中肯的评价，它肯定了孔子作为中国首席教育家的地位。孔子及其《论语》，对中国文化影响最大、最深刻、最直接的，是教育领域。可以毫不夸张地说，中国传统教育的基本精神，传统的教育理论体系，甚至最基本最宝贵的教学方法，都是孔子所奠基的，都可以从《论语》中找到其源头。《论语》中许多关于教与学的格言，永远是值得遵循的至理名言。

1.《论语》与中国教育精神

如果把中国古代的教育与西方中世纪的教育状况作一比较，立刻就会显示出它的平民教育特色，而这正是孔子"有教无类"精神的发扬光大。

（1）子曰"有教无类"

《卫灵公》篇载，子曰："有教无类。"这简短的四个字，奠定了两千多年传统教育的伟大精神。

"有教无类"，就是人不分类别，不分贵贱，不分民族，不分地域或国别，所有社会成员都享有受教育的权利。在极左思潮横行肆虐的年代，有些人歪曲孔子的"有教无类"只是个虚伪的口号，"无类"是假，"有类"是真。但孔子的"有教无类"则是一个实实在在贯彻了的教育方针。《史记·仲尼弟子列传》和其他有关史料记载的孔子弟子中，贵族出身的只有孟懿子、南宫敬叔、司马牛三人；贫贱家庭出身的，有原宪、颜路、颜渊、曾点、曾参、闵子骞、子张、仲弓等八人；商人身份的有子贡；还有梁父"大盗"出身的颜涿聚等。从民族或国别的角度看，孔子的学生除鲁国的以外，还有来自卫、齐、晋、陈、宋、吴、楚、秦等国的。而在当时，吴、楚被视为蛮夷之邦，秦是戎狄之族。这些都证实着孔子收徒"有教无类"的真实性。"有教无类"，广收门徒的方针，对文化向民间下层普及，及向夷狄之邦传播，起了极重大的积极作用。

对孔子来说，凡愿来求学的，可谓来者不拒。他有一句话说："自行束脩以上，吾未尝无诲焉。"（《述而》）这句话被误解了两千年。大概自汉代以来，人们都把"束脩"

理解成给孔子交学费,"束脩"即一束干肉。孔子说,凡是提一串干肉来的,我都愿意收他为徒。后儒为了说得好听一点,说这是给孔子行的拜师礼。这种解释为"文革"时期攻击孔子提供了根据。他们说,下层平民、奴隶哪有干肉去送,可见孔子的"有教无类"是不可能实行的。

"自行束脩"究竟作何解,现在有了新的说法。唐满先先生在《论语今译》中说,束脩,即束发修饰,古人习惯,男孩子到15岁左右则束发为髻,表示成童了。"自行束脩",实际上是孔子规定的入学年龄。凡年龄在15岁以上自愿求学的,他都收为生徒。

南怀瑾先生在《论语别裁》中说:"依我的看法,问题在自行两个字,自行束脩是自行检点的意思。如果说束脩是腊肉,孔子三千弟子,哪里吃得了这许多腊肉,放也没有这么大的地方来放。还有孔子的学生中如颜回,连一个好一点的便当都没有,哪里来的腊肉送给老师?而孔子不但教他,并且以他为最得意的学生。我认为孔子这句话的意思是说,凡是那些能反省自己,检束自己而又肯上进向学的人,我从来没有不教的,我一定要教他。"

南怀瑾先生的说法不失为一种有价值的推测,而唐满先先生的看法可能更接近事实。因为"束脩"后边还有"以上"二字,"束脩以上"即"15岁以上",这样理解起来更为顺当。确实,孔子收徒,是不讲贫贱,不规定学费标准的。《庄子·让王》篇载,孔子的学生原宪,住的是方丈小屋,茅草盖顶,用桑条做门枢,用蓬蒿编成门,用破瓮做窗户,屋顶漏雨,地下潮湿。一天,子贡去见原宪,原宪戴顶破帽子,穿着破草鞋,扶着藜杖出来开门。子贡说:"唉,你这是害什么病呢?"原宪回答:"我听说,没有钱财叫作贫,有学问而不能施行叫作病。现在我是贫,不是病。"子贡进退不安,面有愧色。这就是孔子学生的贫困状况和精神境界。作为这样的学生的师长,会一定要收他一束腊肉作学费吗?

(2) "有教无类"与后世平民教育

"有教无类"是中国教育史上里程碑式的重大变革。从此,中国由学在官府的贵族特权教育,转变为面向全社会的平民教育,培育出中世纪史上独具特色的中国教育精神。

孔子之后,两千多年的中国教育,无论私学还是官学,都基本上贯彻了"有教无类"的方针。后世私学中,这一方针可以说是得到彻底贯彻了。官学中,除了极少数(但历代都有)类型的学校,是专收皇亲国戚和官宦子弟(如汉代的宫邸学之类)之外,一般学校都是向全社会招生,如汉代的太学、郡国学校,都很少有生员身份上的限制。当然,由于贫富悬殊的状况,必然会影响到学生的成分,过于贫寒的人家是难以供养子弟上学的，这在事实上影响到"有教无类"的彻底贯彻，不能保证所有的人都能享受到受教育的权利；但"有教无类"的平民教育原则，这种教育精神，却是真实的，是付诸实施了的。特别是隋唐以后的科举制度，更促进了这一方针的贯彻。

宋代以后，许多高官贤相，都出身于贫寒之家。宋真宗时的宰相吕蒙正，中状元之前与妻子住在破窑里，经常穷得无米下锅；宰相寇准，也出身于寒门，母亲去世时，想找一匹绢做寿衣都没有；宋仁宗时号称贤相的李迪、张知白、杜衍、王曾四人，入仕前都很贫穷。尤其是杜衍，父亲早丧，母亲改嫁，继父又不容他，只身奔波在外，为书商帮工糊口。范仲淹与杜衍相似，母亲改嫁，家境艰难，食稀粥面糊度日，冬夜苦读，又没有炭火，又冷又倦之时，即用冷水洗脸。欧阳修也是幼年丧父，母亲贫居守寡，无钱送他上学，亲自教他识字，买不起笔，就用苇秆作笔，在沙地上练字。如果不是"有教无类"的教育精神，教育依然垄断在贵族手中，当然就不会有这些名垂千古的历史名臣了。

根据现存南宋的两份登科志，当时有一半以上的进士都出身于平民家庭，祖上三代没有人做官。还有人统计，在明代进士中，平民出身的人也占多数：1371—1496年，平民出身的进士占58.2%；1505—1580年，平民出身的进士占 52.5%；1586—1610 年，平民出身的进士占 55.5%。科举士人中平民身份的比例，是说明中国平民教育特色的有力证据。中国古代的平民教育，是确实实施并取得了很大成绩的。

正是两千多年间官学、私学的平民教育，使整个社会形成了学文化的风气。一般农家子弟，稍有余力就念书识字。有母亲纺织供子读书者，有妻子纺织供丈夫求学者，读书求学在人们的社会生活中占有很重要的比重。即使不为了求取功名，能读几年圣贤书也是在乡里立身做人的资格。所以，在封建时代，大多自耕农家庭，都是耕读传家。农闲读书识字，忙时田间耕作，成为不少人家的传统家风。大概正是这样，中国古代的文化普及程度，文明开化程度，远远走在世界的前列，为诸多民族所不及。"有教无类"的教育原则，对提高全民族的知识文化水平，产生了积极的历史影响。

（3）"有教无类"与中国政治

"有教无类"把教育推向整个社会，无疑是极大地开拓了人才来源。随着隋唐科举制的创立，"有教无类"便找到了一条影响中国政治的有效途径，以便把它所造就的大批人才推向社会上层，从而改变了中国的政治状况。

"有教无类"的平民教育原则与科举制度相结合，促使中国社会在唐宋以后，发生了一场深刻的历史变革。

中国自周秦以来，一直是贵族政治，世袭贵族垄断国家权力。秦始皇统一中国后，采用郡县制，郡县长官由皇帝亲自选派调遣，中国开始步入官僚制社会。然而，在其后相当长时期中，都没有能有效地清除贵族政治的残余。在汉代406年的历史中，宗室贵族封王，功臣重臣封侯，贵族势力仍相当严重。而且，一个人一旦爬上高位，其子孙都可以荐举为官，出现了不少世代为官的诗礼簪缨之族，不少官僚演化成贵族。唐以前，官僚贵族化的趋势一直十分严重。魏晋南北朝时期，世族门阀的势力，竟达到左右朝政的程度。唐代实行的科举制度，把平民教育所造就的下层士人推向社会上层，打破了贵族阶层对国家政治的垄断，找到了一条解决官僚贵族化的途径。由于庶族平民受了文化教育，学得了治国安邦之策，又有了登科及第跻身政界的机会，向贵族政治提出了挑战，所以在整个唐代，世族与庶族的斗争显得十分激烈。世族大家千方百计通过所把持的权力，操纵科举，营私舞弊，以阻止下层士人进入社会上层。及至宋代，最高统治者对此问题有了比较清醒的认识，他们从巩固最高统治权力的需要出发，尽力杜绝科举取士中的舞弊行为，为广大下层士人提供公平竞争的环境，以保证下层士人有条件进入国家领导层中。

据《宋史·选举志》载，乾德三年（965年），翰林学士陶谷之子陶邴考得进士，宋太祖很是怀疑。他说："听说陶谷这人不知道教育孩子，这陶邴怎么会能考中？"于是命令对陶邴进行复试，并规定凡官僚子弟考中者，今后一律再行复试，要求加强对权贵子弟的监督。宋代科举增加殿试，皇帝亲自掌握取士大权，也有抑制权贵子弟的意图。宋太祖赵匡胤说："以往登科名级，多为权势之家所取，堵塞贫寒之士的进阶之路。今朕躬亲临试，即可革除以前的弊端。"宋太祖之后，宋太宗也很注意防止权势之家弄权作弊以堵塞下层士人的竞进之路。雍熙二年（985年），太宗殿试之前，亲自剔除了4名已经通过省试准备参加殿试的大臣子弟。他说："这几个人都出身于权臣之家，与寒门贫士竞争，即使是凭才能，他人也会认为朕有私情。"就在这一年，又增加了"别头试"制度，即举人若与各考官有族人或亲戚关系，必须回避，另置一考场单独考试，亦称"别试"。宋仁宗以后，不仅省试，连州县的发解试也一律实行"别头"，以防止官僚豪门子弟作弊。最高统治者的重视及系统的防范作弊的措施，剥夺了权贵子弟凭借势力地位轻取科举的便利，广大应考士人不分贵贱、门第高低，一律平等竞争，这就使得一大批出身寒门、勤奋苦读、有真才实学的下层人士脱颖而出，走进统治阶层之中。像前边提到的吕蒙正、寇准、范仲淹、欧阳修等人，即是其代表。

各级官吏靠公平竞争的科举来补充，就基本上扼制了官僚贵族化的趋势，领导层的更换有了一种经常性的机制，像以前那样世代为官的现象就不再容易发生了。譬如在北宋，几代相继当大官的现象就很少。北宋72名宰相中，属同族出身的只有吕蒙正、吕夷简、吕公著三代和韩琦、韩忠彦两代，而他们也都是靠科举入仕的。北宋以后，达官贵人之子孙不能科举及第而家道衰败的十分普遍。科举制度既使得旧的贵族势力走向衰落，又避免了官僚的贵族化，堵塞了产生新贵族的途径。科举制度使中国历史从贵族政治过渡到官僚政治，减缓了政治腐败的进程，而这一切，都是以"有教无类"的平民教育为前提的。正是这一教育方针的实施为科举取士提供了人才来源，为官僚阶层的不断更新造就了大批人才。

"有教无类"的教育原则，通过科举制度而影响于中国政治的另一重大作用，是它对中国官僚政治的调节。平民教育培养出来的大批下层士人，通过科举途径源源不断地输入国家领导层中，对改善领导层的素质起了重要作用。这些人比较清楚地了解民间疾苦，又以勤奋苦读而金榜题名，饱受儒家民本思想的熏陶，具有相当丰富的文史知识（宋代科举考试的内容不像后世那样单一），在当时的条件下，他们确实是较有远见的士大夫精英。这些人加入政府领导层中，给统治阶层输送了新鲜血液，并使统治思想、统治政策不断得到调整，使之在一定程度上反映社会下层的愿望，以最终达到巩固皇权统治的目的。平民教育所造就的知识分子涌入领导层后，对官僚政治的调节，主要有三种形式：一是潜移默化，即这些出身寒门的官吏，自然而然地将他们长期在民间生活所形成的下层意识、平民意识，体现到他们的为官之道之中，使其统治更接近于民情，如文学作品中所塑造的包拯形象；二是这些出身于下层的官吏，在与其他官吏的共事、接触中，自觉不自觉地施加了自己的影响，把下层意识渗透给其他统治成员；三是掌握了重大权力的下层出身的士人，在国家政治腐败、积重难返之时，往往会主张变法改革，大张旗鼓地变革统治政策。像范仲淹、王安石、张居正等发起的变法改革运动，即是其例。

最后，"有教无类"的平民教育，还为中国确立文官制度奠定了基础。北宋吸取晚唐五代藩镇割据、军人左右政权的教训，强调以文官治天下，而"有教无类"的平民教育，则为之提供了文官的来源。宋代从中央到地方的一切要职，全由科举出身的文官担任，甚至军队组织中的一些重要职务都委以文官。

这一文官治国体制的确立，影响深远。一个饱受儒家经史文学教育的知识型官僚集团来治理国家，比起以往的武人当政、军人武夫治理社会来说，是一个巨大的进步。

文官治国使国家机器的运转增加了自觉性而减少了盲目性，并从根本上消除了地方割据势力对中央的威胁，消除了以武装力量来分裂国家的隐患。自从宋代确立了文官治国的原则，以科举出身的官僚控制了各级各类政权，中国的中央政权再也没有受到地方割据势力的威胁，汉末、中唐至五代历史中割据战乱的悲剧，就再也没有重演。文官治国造就的是稳定的社会秩序。而这一切，都是在平民教育的基础上发生的。一种文化精神能够对上层建筑产生如此巨大的影响，一个教育原则影响了中国两千多年政治史的变迁，这样的例子在世界历史上也是罕见的。

2.《论语》与中国私学传统

（1）《论语》是孔子首创私学的证明

西周时期，学在官府，享受教育是奴隶主贵族的世袭特权之一。时至春秋，随着奴隶制的全面倾覆，学在官府的贵族教育体制也日益崩溃瓦解。然而，教育本身则没有中断，并且在官学的崩溃中获得了新生，找到了一条蓬勃发展自身的新途径，即私人办学。

但是，从具体的历史事实出发，在古代中国的版图内，谁是创办私学的第一人，是很难确知了。孔子二十几岁时讲过："天子失官，学在四夷。"可见在孔子之前，私人讲学的形式已遍布各地。然而,揆诸史册,却找不到有谁配戴私学创始人的桂冠。郑国有个叫邓析的人,他办过学,教人们学打官司,他"操两可之说,设无穷之辞",人们从他"学讼者不可胜数"。他对子产执政不满,曾悬书与子产辩论,被子产杀掉了。邓析办过私学,而且比孔子早,这比较可信。然而,邓析就是第一个创办私学的人吗?恐怕也难以证明。

其实,只要我们不太拘泥于繁琐考证,能比较辩证地历史地看问题,我们就会有一个比较正确的思想方法。那就是,在研究中国的私学发展史时,我们可以找一个创办私学较早,成就最大,影响深远,真正促成了一代风气的人,将他视为中国私学的创始人。如果我们对这种说法能够首肯,那么,中国私学创始人的桂冠,就只能戴在孔子的头上,只有他才是当之无愧的,而证据就是他的私学讲堂录——《论语》。

从完全客观主义的立场出发,私学当然不首创于孔子。但是,最初的私学,规模较小,只是一些萌芽、苗头、现象,而没有蔚为风气。而孔子办私学,由于他知识渊博,又善于教育,有一套科学的教育方法,而且具有诲人不倦的高尚师德,有教无类的博大胸怀,特别是他的教学内容形成了严谨的思想体系,所以,在当时的私学中蔚为大观。他的学生达三千之多,"身通六艺者七十有二人",逐渐形成了具有独特思想体系和学术风格的儒家学派。于是，孔子的私学成就为世人所瞩目，为后人所仿效，遂开出一代私学之风。加之《论语》又保存了他的一整套教育理论体系，孔子就被公认为中国最伟大的教育家、私学传统的奠基人。应该说，把孔子作为中国私学的创始人，从客观主义的角度说，并不可信；从历史的角度说，无可争议。这是一个历史的结论。《论语》在中国传播了两千多年，地位日隆，一再向人们展示着孔子办学的成就，证明着孔子作为私学教育祖师爷的地位。

（2）中国私学传统的历史评价

从孔子开始，中国兴办私学的传统一直绵延不断，私学教育对提高中华民族的文化素质，起到了无法估量的巨大作用。然而，私学何以会有两千五百年相续不断的发展，除了它自身的生命力之外，还有没有别的什么因素？私学这种灵活机动的办学形式，私学中自由发展的形形色色的思想体系，在政治高度一统的时代，与最高统治者的愿望未必那么吻合，但是，历史上虽然出现过统治者限制私学的企图（如北宋政府规定士子必须在官学三百日方得应举，强制人们进官学读书），然而他们从未敢公开宣布对私学的取缔和限制。一个很重要的因素，即是《论语》的存在。《论语》记录了孔子的教育思想和教育实践，它本身就是对私学优越性和合法性的肯定。统治者需要孔子这块招牌，需要《论语》的仁学体系，于是它就无法逾越《论语》所证明的私人办学模式。从这一点上说，中国两千五百多年的私学传统，不也受惠于《论语》的影响吗？而这一影响又是何等的深远，何等的深刻，对中华文化发展的贡献又是何等之巨大，有必要予以估价和评说。

私学是延续文化统绪的基本形式

两千多年的中国历史，从政治上看有统一有分裂，有吏治清明，也有腐败黑暗，官学系统时断时续，甚至多次出现官学长期瘫痪断代的局面，而在这样的时期，都是由私学承担了延续文化统绪的使命，保障了我们中华文化源远流长、统绪不断。从春秋中期到西汉，可以说是官学的一个大断档，长达600年之久。战国时期的齐国稷下学宫是一个官办的学术机构，而其内部则是私人讲学的形式。而且就战国时期的总体形式说，官学是不存在的。西汉前期无官学，武帝以后提倡郡国办学，并设立太学，然招收生员极其有限。可以说，从孔子的时代到西汉，中国的文化主要是靠私人讲学的形式去延续、发展的。

十六国南北朝的近300年间，也主要是靠私学来承担发展文化教育的任务。当时列国战乱，官学难以相继，许多硕儒名士隐居山林，聚徒讲学，私学极为昌盛发达。《晋书》《魏书》载，十六国时期：

郭瑀隐居临松薤谷，凿石窟而居，讲授《春秋》《孝经》，弟子著录千余人；

刘昺隐居酒泉，弟子受业者五百余人；

宋纤隐居酒泉南山，弟子受业三千余人；

张重华，在朝卿士、郡县守令多从其业，生徒千余人。

《南史》《北史》载：

南朝人沈麟士，隐居吴差山中，从学士数十百人。时人为之语曰"吴差山中有贤士，开门教授居成市"；

徐伯珍，受业生徒凡千余人；

马枢讲《老子》《周易》，道俗听者二千人；

刘瓛，"都下士子贵游，莫不下席受业"；

北朝人高允居家教授，受业者千余人；

张买奴，门徒千余人；

刘兰，学徒前后数千，成业者众；

房晖远，"以教授为务，远方负笈而从者，动以千计"。

唐末五代的情况，与之相似。

可以说，孔子之后两千五百年的文化教育事业，主要是靠私人办学来支撑的。孔子开创的私学传统，对中华文化的延续发展做出了巨大的历史贡献。

私学蕴涵着创造学术盛世的内在机制

官学教学内容由政府颁定，教师由政府任命，教学形式又比较死板，所以，在官学里，学术思想的自由，几乎是谈不上的。私人聚徒讲学，教师传授自己的学问心得，教学方式灵活，学术思想自由，并世而立的不同学派相互争鸣，于是私学的发展，就必然造成百家争鸣的学术盛世。在中国历史上，私学最发达的两个时期，也恰恰是学术思想上的百家争鸣时期。

首先是春秋战国时期的百家争鸣，它即是根源于私学的勃兴。百家争鸣，先是爆发于儒、墨之间。墨子本是孔门学派的弟子，可能是孔子再传弟子的门人，但他背叛了儒家，自立门户，聚徒讲学，创立了墨家学派。儒墨之外，当时的学派还有道家、法家、名家、农家、兵家、阴阳家、纵横家、杂家、小说家等。这些学派的巨子，都开办私学，收揽生徒。"从师"成为一种时尚。史载：

儒家传人孟子，"后车数十乘，从者数百人，以传食于诸侯"。(《孟子·滕文公下》)

道家田骈在齐国，"訾养千钟，徒百人"。(《战国策·齐策四》)

宋钘、尹文"聚人徒，立师学"。(《荀子·正论》)

农家许行，有徒数十人。(《孟子·滕文公上》)

齐国学者淳于髡，弟子门人三千。(《太平寰宇记》卷一九)

各家各派之间互相攻讦、论辩，也互相借鉴、吸收，形成了思想界百家争鸣、繁荣发展的局面。而其内在机制，就在于私人讲学,学术思想可以自由阐发。没有思想的充分自由,学术的繁荣是不可想象的。

宋代理学的形成过程,是中国思想史上又一个百家争鸣的局面。宋代科举主要以儒家经学为主,考试经义、策、论。但是,答案并不死守一家之说,考生可以从自己特有的角度解释经典。适应广大考生应试的需要,许多学者巨子创办私学、书院,聚徒讲学,阐释经典。各家对经典的解释自有主见,所以宋代书院的私人教席上,各家自成一说,各种观点相互辩难,遂涌出一批著名的经学大师,儒学在一种较为宽松的气氛中得到了发展。宋代的理学大师,北宋的周敦颐、程颢、程颐、张载、邵雍,南宋的李侗、胡原仲、刘致中、刘彦冲、朱熹、张栻、吕祖谦、陆九渊、陈亮、叶适等,都曾长期从事私学教育,各自在自己的私学、书院讲坛上,阐发自己的学术主张,扩大社会影响,培养自己的学派传人。正是在这种私人讲学的自由发展中,南宋儒学发展出几大流派,以朱熹为代表的理学,以陆九渊为代表的心学,以陈亮、叶适为代表的事功学,还有吕祖谦的浙东学派。学术思想上出现了一派攻讦争鸣的繁荣局面。

在中国学术史上,理学是一个重要的发展阶段,虽然它后来形成了一套严整并逐渐僵化的思想体系。但它的形成,则是一个百家争鸣的过程,有着比较自由的学术空气。

当然，这一过程比起春秋战国时期的百家争鸣，自然有些逊色，因为它毕竟是在一个儒学的统一框架内的争鸣。

春秋战国时期的百家争鸣和宋代理学的形成过程，都是以私学的自由发展为前提的。私学这种教育形式中，蕴藏着一种激发学术创造力的内在机制，孔子本人的教育成就，后代的学术争鸣局面，都证明了私学的优越性。孔子开创的私学传统，推动了中国古代文化的繁荣发展。

私学承担了平民教育的主要任务

中国教育的基本精神，是源于孔子"有教无类"的平民教育；而平民教育的主要任务，是由私学来承担的。

首先，它表现在蒙学教育上。可以说，在元代之前，官办学校接收的生员，一般都是有一定文化基础的士人，而士人的蒙学教育，是由私学来完成的。如汉代的王充，"八岁出于书馆，书馆小僮百人以上"。这种书馆，便是私人创办的小学识字教育，兼及讽诵《诗经》《论语》《孝经》等基础经典。有了这些基础之后，人们才能离家求学，就读郡国官学或太学。从元代开始，地方官学中出现了一种极为普及的教育形式，即社学。各县村庄，五十家为一社，立一个学校，农闲时使子弟入学。明清两朝相沿不变。官学普及到这种程度的时候，私学才基本上卸去了蒙学教育的重担。

其次，一般平民、农家子弟，因经济条件所限，难以离乡背井去求学，私学这种灵活的形式，就更多地执行了培养下层贫民的任务。如《东观汉记》中载，东汉士人承宫，8岁时给人放猪，贫不能入学。乡人徐子盛办私学，以《春秋经》授生徒数百人。承宫从徐的私学处经过，对学习发生兴趣，就跟着听徐讲经，最后被徐子盛留在门下。承宫年小，也交不起学费，就给其他学生拾柴，一边劳动一边学习，坚持数年，勤学不倦，终于学成。像承宫这样贫无学资、给人拾柴以代学费的人，上官学是不可能的。私学形式灵活，来去自由，适于一般贫民子弟就读。所以，在中国两千多年的传统教育中，平民教育的主要任务，大多是由私学来承担的。

私学官学培养生员数之比较

私学作为古代一种基本的办学形式，最少在元代以前，它培养的学生数超过官学，为中国古代文明的发展立下头功。

前边已经讲过，在社会动乱、官学瘫痪的情况下，是私学延续了中国文化的统绪，成为培养学生的主要形式；即使在官学比较发展的时期，私学在培养学生的数量方面，也相当可观，完全可以与官学相匹敌。譬如东汉，太学、郡国学都比较发达，太学的规模达到三万生员，然而，当时私学如何呢？《后汉书》载：

郭泰，"闭门教授，弟子以千数"；

牟长,弟子门人著录者,前后万人。其子纡,又以隐居教授,门生千人;

杨伦,"讲授于大泽中,弟子至千余人";

谢该,门徒数百千人;

颍容,"避乱荆州,聚徒千余人";

夏恭传《孟氏易》《韩诗》,门徒常千余人;

丁恭传《公羊严氏春秋》,著录弟子数千人;

张兴,习《梁丘易》以教授,著录弟子且万人;

楼望,习《严氏春秋》,诸生著录九千余人;

姜肱,博通"五经",兼明星纬,远来就学者三千余人;

蔡玄,学通"五经",门徒常千人,著录弟子万六千人……

仅以上例子即可推知,即使在东汉官学极盛之时,私人教授的生徒也可能多于官学。一个人可以传弟子千余人、数千人,多至万六千人,实则是效法孔子,而逾于孔子,是私人办学的奇迹。像东汉这样的情况,还重现于两宋书院林立的时代。限于篇幅,就不再赘举了。从整体情况来看,春秋中期以后直至宋代的一千八百年间,私学所培养的学生人数应在官学之上。元代以后,官学更加普及,特别是社学的设立,才使官学在总体上处于主导地位。然而,私学的香火并没有绝灭,并且以各种形式继续发展。

总之,孔子所奠定的私学传统,对中国教育的普及,文化事业的发展，以及全民族文明程度的提高，都建立了值得称道的丰功伟绩。

3.《论语》与中国古代教材体系

中国古代社会的漫长历史中，全国各级各类学校，采用"五经"作为统一的教材，两千年相沿不变，堪称是世界教育史上的奇迹。这个奇迹的历史效应，不管是积极的还是消极的，都应归之于《论语》的影响。

（1）《论语》对传统典籍的阐释与强调

"五经"原是当年孔夫子传授文化知识时所选定的文化课教材，《论语》中孔子有许多话阐述这些典籍的意义和作用，引起了后世的重视。当汉代儒学定为一尊，变成统治思想之后，孔子选定的教材，自然就获得了神圣的地位。

孔子的教学内容，主要是"文、行、忠、信"四个方面，文即文化课，当初选定的教材是《诗》《书》《易》《乐》《礼》《春秋》，汉以后《乐》失传，流传下来的五种典籍称为"五经"。在《论语》中，孔子对他选定的教材，有过不少说明：

子曰："《诗》三百，一言以蔽之，曰'思无邪。'"（《为政》）学《诗》是为了净化人的思想，去其邪念。

子曰："君子博学于文，约之以礼，亦可以弗畔矣夫。"

(《雍也》)学《礼》,可以使人们自觉地有所遵循,不至于离经叛道。

"礼之用,和为贵。"(《学而》)此是孔子学生有若的话。讲《礼》的作用,主要是为了维持和谐有序的社会秩序。

子曰:"兴于诗,立于礼,成于乐。"(《泰伯》)《诗》可以激发人的志气,《礼》可以坚定人的德操,《乐》可以陶冶人的性情。

子曰:"诵《诗》三百,授之以政,不达;使于四方,不能专对。虽多,亦奚以为?"(《子路》)学习《诗》,主要是掌握处理政务的本领,和提高外交才能。

子曰:"不学《诗》,无以言";"不学礼,无以立"。(《季氏》)《诗》的作用在于提高人的语言水平;《礼》的作用,是教人立身处世。

子曰:"《诗》,可以兴,可以观,可以群,可以怨;迩之事父,远之事君;多识于鸟兽草木之名。"(《阳货》)学习《诗》,可以培养联想力,提高观察力,养成合群性,学得讽刺方法。可以用其中的道理事奉父母和君主,还可以从中知道一些鸟兽草木的名称。

关于《书》,《论语》中也多次提到,见《为政》《述而》《宪问》等篇,但都不是直接讲学习《书》的意义,而是称引《书》中的话,教导学生该怎样做事,也可据以推知孔子对《书》的看法。

《史记·滑稽列传》引了一段孔子关于"六经"的话，其意义和《论语》的意思一致，但讲得更集中。孔子说："六艺于治一也。《礼》以节人，《乐》以发和，《书》以道事，《诗》以达意，《易》以神化，《春秋》以义。"意思是说，"六经"这六种教材，用于教人处世，目的是一致的。《礼》的作用是节制人们的行为；《乐》的作用是激发人们的感情趋于和谐；《书》的作用是教人们知道历史上的一些事物知识，懂得如何做事；《诗》的作用是通达人们善良的思想感情；《易》的作用是让人们懂得事物发展变化的规律，以便相宜行事；《春秋》的作用是引导人们通晓大义。孔子为了教学的方便选定了六种文科教材，并阐明了这六种教材的意义、作用和联系。

（2）两千年不变的教材体系

孔子为学生选定教材，是自己教学的需要，他并没有为后人订立条条框框的企图。但是，儒家学派在战国时期的发展传衍中，则把祖师爷的教材作为传统教材而相沿不变地传袭下来。战国至汉初，传儒家之学者，治学的根底都是在"六经"上下功夫。作为一种学派的发展，这当然是完全正常的。

汉武帝时，接受董仲舒的建议，罢黜百家，独尊儒术，将儒家经典列为官学，第一次将孔子选定的教材规定为官学的统一教材。

"五经"为汉代太学的统一教材、基本教材,但太学中并不是只讲"五经",也还有其他科目。汉平帝元始五年(5年),为扩大太学,曾诏"征天下通知逸经、古记、天文、历算、钟律、小学、史篇、方术、本草,及以'五经'、《论语》、《孝经》《尔雅》教授者"。可见,西汉太学生员并非只学"五经",或者说,并不是所有的太学生都得主修"五经",也还会有专习天文、历算、方术、本草等科目的专科生。这种状况一直延续到唐代。

唐代科举有秀才、明经、进士、明法、明字、明算、一史、三史、道举、童子诸科,只有明经科是完全以"五经"为唯一考试内容。后来进士科加入贴经,但唐代进士科中,诗赋、策问一直占据重要位置。科举考试内容的规定,是对各级各类学校教学内容的引导,所以,唐代的官、私学校中,"五经"并不是唯一的教材。

宋代科举科目大体沿袭唐代,但加重了进士科的分量,凡中进士者都有官做,引导绝大多数士人挤向进士科这一条途径。然而,宋代进士科考试,则出现了日益突出经学的趋势,"五经"成为进士科的主要考试内容。这便引导官、私学校重视"五经","五经"也就成为企图读书做官的人的基本读本。

元代以后的科举,把"四书"放在首位,但并不排斥

"五经",因为"四书"是"五经"的导读,只有学好了"四书",才能更好地通"五经",它们是一个体系。所以,元代以后,先考"四书",而次考"五经",其余内容一概不试。天下士人,只有读"四书""五经"这一条学习道路,"五经"的独尊地位也最终确立。孔子一个人选定的教材体系,被后人沿用了两千余年,并日益排斥其他教学内容,最后达到完全垄断教育的地位,这在世界教育史上怕是再无他例。这是一个完全独特的中国现象。

（3）两千年一贯制教材的历史影响

世界上有很多事情都难以一口说定它是好是坏,并且往往好与坏这两个方面,恰恰就是这同一个事物的两个侧面。我们没有必要对这些事物做简单的价值判断,但可以而且也应该对它作出历史的分析,对它达到比较全面的认识,以便为今人或后人提供些借鉴。对待中国古代两千年一贯制教材体系这个独特的历史现象,我们就只能持这样的态度。

从历史的角度看,这样一种教育现象的形成,并不是哪一个人的功劳和过错。儒学定为一尊,"五经"选作统一而不变的教材,说到底它只是一种文化现象,而文化则是依经济和政治的状况为转移的,特殊的文化面貌只是特殊的政治、经济状况的反映。两千年一贯制的教材体系,不管是好是坏，是功是过，都只是中国大一统的农业经济和大一统的专制统治的产物，是由中国特殊的历史道路所决定的。所以，这样一种教育现象，并不是反映哪一个人的兴趣或爱好，而是一种特殊的历史选择。

中国帝制时代历史的大一统特色，选择了固定统一的教材体系；而这种教材体系的历史作用，就表现为维护了中国的统一。统一的教学内容，培养具有共同思想意识、共同思维方式、共同行为准则、共同价值观念、共同是非标准的教育对象，而这种教育就是维护国家统一的最好途径。而当这种教育再结合"有教无类"的平民教育原则，推广到全体社会成员的时候，当然也就塑造了全体社会成员的"共同性"，造成了整个民族思想行为的统一性；有了统一而独具特色的民族意识，也就加强了民族的向心力和凝聚力。仔细想来，我们这个中华民族，如此人口众多，地域辽阔，高山大河，万水千山，在交通工具极其简陋的古代，社会交往何其艰难；而我们反倒超越了高山大河的阻隔，在几百万平方公里的大地上，塑造出统一而鲜明的民族意识，形成共同的民族心理结构，其奥妙何在？可以说，两千年大一统的历史，世界上独一无二的大民族，是与这个两千年一贯制的教材体系相联系的。从培养民族共同性，民族凝聚力、向心力的角度说，这一教材体系，是起过积极作用的。

然而，从另一个角度看，两千年一贯制的教材体系，也确实起了不小的负面影响。首先，它在塑造共同民族心理、民族意识的同时，也培育了过分强调求同求一的思维方式和心理意念。我们这个民族，文化心理的一个重要特点，就是强调共性，抹杀个性；强调求同求一，反对求异求多。而谁又能说我们民族心理的这一个方面，与两千年一贯制的教材体系没有联系呢？而这样一种民族心理、思维定式，在长达两千多年的历史中，戕灭了多少代人、多少万人的个体创造能力，使我们失去了多少次科学创造的机缘，这个账也实在无法算清。其次，这套教材体系，主要是体现孔子的仁学伦理教育，即使强调它的实践性也只能是一种道德实践。两千多年的历史中，它作为官、私教育的主要内容，以及元代以后成为唯一的教育内容，即把国人的思考力都引向了德性修养、道德实践、如何做人这一个方面，而放弃了对客观世界的认识和思考，从而堵塞了中国科学技术的发展道路。中国从明代以后落后于西方民族，不能发展出近代自然科学，是不是也与这套教材的灌输与引导有关呢？

成也萧何，败也萧何，还是这句古话。许多事情都是这样。我们无意对已经形成的历史作过多的好与坏的判断，客观冷静地看待中国教育史上的这一独特现象，有益于我们今天的历史选择。"文化大革命"中取消一切文化课学习，用一门政治课代替一切的现象,无疑是传统经学教育的重演。虽然一时间全社会只存在一种声音,显得那么和谐与统一,然而这种以愚昧为前提的思想统一,使我们整个民族付出了多么沉痛的历史代价!用一种固定不变的教材体系一天下的历史,是不应再度重演了。

4.《论语》与中国传统教育理论

（1）《论语》论教育

孔子的地位是"至圣先师",他首先是作为一个教育家而受到万世敬仰的。如果推断他20多岁开始设学授徒的话,他的教书生涯则长达半个世纪。所以,《论语》中所载的孔子言论,以教育方面（特别是学校教育）为最多。分类来讲,涉及以下几个方面。

学而优则仕　这是体现孔子教育目的论的一句话,出自孔子大弟子子夏之口,原话是:"仕而优则学,学而优则仕。"（《子张》）在先秦,"优"不是优秀的意思,"优"是"饶",是有饶有余。这句话的意思是,做官有余力就去学习,学习有余力就去做官。子夏这句话,完全表达了他老师的思想。孔子教育学生的目的,就是要他们学习有成,积极从政,以实现他所设想的德政。因此,也可以说,孔子的教育目的是为他的仁德政治服务的。首先要学有所成,达到一种君子人格,然后就要考虑去从政,用自己的仁德去实现德政的理想。孔子培养人的落脚点,在于为一定的政治服务。所以他才说,诵《诗》三百,"授之于政"或"使于四方"而不能胜任,这样的学习就没有用处。孔子推荐过不少弟子去做官,自己也曾表达过急于从政的迫切愿望。本书其他地方已讲到过这一点,此不赘举。

不过,还必须强调,"学而优则仕"中,"学而优"是仕的重要前提。如果一个人学习尚且不及,是不能去从政的。学有余力,才可以在为政上从容不迫,有力量胜任其职。有一次,子路推荐子羔去当费县县官,孔子认为子羔达不到"学而优"的程度,去做官实际上是残害那里的子弟。子路说:"那里有老百姓,有政权机关,为什么一定要读书才算是学习呢?"子路想用在实践中学习的道理来反驳孔子,孔子气愤地说:"我讨厌那种花言巧语的狡辩!"

因材施教 这是孔子的一个教学原则,也是孔子教学实践中的一条宝贵经验。孔子教学,重视了解掌握各个学生的特点,各因其材而教之。《先进》篇中,他评价过不少学生:

"师也过":颛孙师办事好过头,偏激。

"商也不及":卜商办事赶不上。

"柴也愚":高柴有些愚笨。

"参也鲁":曾参反应比较迟钝。

"由也喭"：仲由做事有些鲁莽。

孔子往往用一两个字就能抓住一个学生的特点，这样，教学就有了明确的具体针对性。《论语》中反映孔子因材施教的例子很多，我们仅举一例。《先进》篇中，子路问孔子说："听到了话就实行吗？"孔子说："有父兄在，怎么能够听到了就实行呢？能不听听他们的意见吗？"过了一会儿，又有个叫冉有的弟子问："听到了话就实行吗？"孔子说："听到了就实行。"学生公西华听到孔子对同一个问题的两种不同回答，迷惑不解，去请教孔子。孔子说："子路这人好勇过人，做事鲁莽，所以我要压压他。而冉有则做事退缩，勇气不足，所以我就鼓励他大胆干，听到了就去做。"有扬有抑，补偏救弊，这真是绝妙的教育方法。通读《论语》，孔子对"仁"有许多种讲法，那即是他针对不同学生的个性特点、学习程度、接受能力而做的不同解释。孔子讲为政，也有许多不同讲法，那是针对统治者的个人特点和当时政局的具体形势发表的不同意见。因材施教，就是孔子教学的辩证法。

循循善诱 这是孔子的启发式教学方法。颜渊在讲孔子的教学之道时说："夫子循循然善诱人，博我以文，约我以礼，欲罢不能，既竭吾才。"说孔子能一步一步地诱导人，使学生想停止前进而不可能，直到把学生的全部才能挖掘出来，学习一步步走向深入。"循循善诱"一词即从此来,是对孔子启发式教学的极好概括。

关于启发式教学,孔子本人的名言是:"不愤不启,不悱不发。举一隅不以三隅反,则不复也。""愤",就是学生对一个问题正在积极思考,想搞通而又没有搞通的思维状态。"不愤不启",只有学生到了这样的思维状态才去启发他。"悱",是学生对一个问题有所思考但不成熟,无法用明确的语言表达出来这样一种状态,不到这种时候不去帮助他用准确的话说出来,就是"不悱不发"。"举一隅不以三隅反,则不复也",是说学生没有达到举一反三的程度,就不要再教下去,不要强行灌输。《论语》中有许多孔子和学生讨论问题的记录,大都是启发式教学的具体例子。《学而》篇,孔子与子贡谈《诗》,对子贡关于"如切如磋,如琢如磨"一语的理解非常满意,高兴地说:"赐呀,现在可以和你谈论《诗》了,我告诉你一件事,你可以领悟到另一件事。"《八佾》篇中,孔子与子夏谈《诗》,子夏从"绘事后素"联想到"仁"和"礼"的关系,使孔子非常高兴,孔子说:"始可与言《诗》已矣。"对于达到了举一反三的理解状态的学生,再深入引导,就会收到最佳的教学效果。

学而时习,温故知新 这是孔子在教学过程中关于学生应如何学习的主张。《论语》第一句话就是,子曰:"学而时习之,不亦说乎?"孔子认为,学习是很快乐的事情,这个快乐即在于学习了又不断地温习它，实践它。"习"，可以从温习和实习两个方面去理解。孔子教学，强调学生对所学知识的复习与实践。曾子说"吾日三省吾身"，其中要反省的内容之一即"传不习乎？"老师传授的学业用心复习了吗？照着它去实践了吗？一个好学的人，应该是不断温习过去的知识。子夏说："日知其所亡，月无忘其所能，可谓好学也已矣。"(《子张》)这反映了孔子的看法。一个学生要自觉地每天获得新知识，每个月都练习、实习已经掌握的本领，这就是好学的人了。孔子强调多复习旧知识，原因之一是他认为，人们从温习旧知识中可以获得新知，并且应该不断从旧知中获得新知。他说："温故而知新，可以为师矣。"(《为政》)如果能做到经常温习旧知识，并从中获得新的体会、新的见解，这样的人就可以做老师了，强调从旧知中独立地获得新知。在孔子看来，学而时习之，不仅可以巩固已学得的知识，而且可以从中获得新的知识。

虚心好学，学思结合 孔子主张学习应该有一个老老实实的态度，要虚心好学，不要不懂装懂。这既是做学问应有的态度，又是一种做人的品质。"知之为知之，不知为不知，是知也。"(《为政》)真正聪明的人，是不会自欺欺人的。虚心好学，就要不耻下问，"三人行，必有我师焉"，要随时随地向别人请教。孔子强调虚心好学，特别提出了一个"四毋"的原则:"毋意",不凭空猜测;"毋必",不绝对肯定;"毋固",不拘泥固执;"毋我",不自以为是。做到了"四毋"的人,才可能虚心地向他人求教。

孔子还提出另外一种重要的学习品质,即学思结合。他说:"学而不思则罔,思而不学则殆。"(《为政》)这是一个关于读书与思考的辩证法。读书与思考,是两种学习手段,孔子主张二者并重,二者结合,不能偏执其一。光读书不思考,就容易上当受骗;光思考不读书,问题仍然迷惑不解。读书是学习的基本手段,不读书是学不到任何东西的,孔子说:"吾尝终日不食,终夜不寝,以思,无益,不如学也。"(《卫灵公》)然而,读书要真正有所得,还必须加上思考,勤于思考,善于思考。孔子认为,学生在学习过程中,最重要的是能提出问题。他说:"不曰'如之何,如之何'者,吾末如之何也已矣。"(《卫灵公》)遇事不动脑筋,不思考,不提出怎么办的人,孔子对他也是无能为力的。子夏说:"博学而笃志,切问而近思。"(《子张》)做学问不仅应该广泛学习,坚定志向,还应该善于思考现实中的问题。可见,子夏是深得孔子的为学之道的。

《论语》中所反映的教育思想是相当丰富的。除了上边提到的之外,还有关于"诲人不倦"的师德问题,关于学习中应坚持"多闻阙疑"的科学精神问题,关于重视笃实躬行、学行结合的问题,等等,都有值得后人借鉴或学习的宝贵内容。《论语》关于教育问题的许多论述，都已成为至理名言，为后人效法和遵循。

（2）《学记》的思想渊源

《学记》是公元前二三世纪所产生的我国第一部教育学论著，也是世界教育史上最早的体系严整的教育学专著。它将先秦时期的教育制度、教育思想从理论上作了比较全面的系统的总结，为我国传统社会的教育理论奠定了基础。而《学记》的基本思想，则是直接从《论语》继承发展而来的。《论语》中的教育思想是《学记》产生的思想基础。

《论语》关于社会教育，有不少论述，提出对老百姓应"道之以德，齐之以礼""富之""教之"的主张，认为社会治理的主要途径，是教民育民，用道德和"礼"来教化百姓。而《学记》在讲教育的根本作用时，则提出"建国君民，教学为先""化民成俗，其必由学"的思想，认为治理国家、统治人民，首先应发展教育，通过教育、学习的途径，达到化民成俗、天下大治的目的。"建国君民，教学为先"显然是对"道之以德，齐之以礼"思想的发展，"化民成俗"是对使民"有耻且格"思想的发展，并更加突出了学校教育对社会教育的意义，明确提出通过学校教育的途径来实现社会教育的目的。

在教学理论上，《学记》将《论语》中的精华部分全部继承了下来。

《论语》中孔子经常同学生谈话、问答，孔子一方面教育、启发了学生，另一方面，也时常从学生那里得到启迪。如他说："起予者商也。"说卜商（即子夏）对《诗》的理解启发了他的思想。孔子已经感觉到教学不是一个单方面的过程，教师要先学然后能教，所以提出"学而不厌，诲人不倦"，把学和教统一起来。《学记》将孔子的思想加以发挥，明确提出"教学相长"的原则。《学记》中说："学然后知不足，教然后知困。知不足然后能自反也；知困然后能自强也。故曰：教学相长也。"这是一个极为精辟的总结，提炼、发展了《论语》中的有关思想。

《论语》中提出循循善诱，"不愤不启，不悱不发"的启发式教学原则，《学记》中进而加以发展，说："君子之教，喻也；道而弗牵，强而弗抑，开而弗达。道而弗牵则和，强而弗抑则易，开而弗达则思。和、易以思，可谓善喻矣。"这段话把孔子启发诱导的教学方法概括为一个"喻"字，并用三句话来阐述它：引导学生，而不是牵着他们走，这样师生之间便能和悦可亲，处理好教与学的关系；严格要求学生，鼓励他们前进，而不是施加压力，学生学起来就会感到容易，有兴趣；给学生讲解问题，只是开个头而不马上说出结论，培养学生自己去独立思考。这样，使学生感到和悦、容易，并能去独立思考，就达到了教学的最佳效果，谓之"善喻"。不愤不启，不悱不发，道而弗牵，强而不抑，开而弗达，可谓中国古代教学论中最可宝贵的精华。

《论语》中提出因材施教的教育原则，要求根据学生各自的具体情况去教学，对学生有扬有抑，补偏救弊；《学记》对此也有继承和发展，提出一个"长善而救失"的教学原则。《学记》中说："学者有四失，教者必知之。人之学也，或失则多，或失则寡，或失则易，或失则止。此四者，心之莫同也。知其心，然后能救其失也。教也者，长善而救其失者也。"学者四失，是对学生学习中容易出现的通病的总结。失于多者，会不求甚解；失于少者，知识面狭窄会限制智力的发展；失于易者，把学习看得太简单容易，会失去刻苦求学的精神；失于止者，是缺乏信心，畏难退却，不能进取。这四种毛病反映了学生的四种心理状态。教师只有掌握了学生的不同心理状态，才能对症下药，长善救失，取得良好的教学效果。

《学记》中的许多思想都源于《论语》，源于孔子及其弟子们的教学实践，不能一一备举。可以说，《学记》这部中国历史上，也是世界历史上的第一部教育学专著的产生，是与《论语》中的教育思想分不开的。《学记》的产生，是《论语》影响中国传统教育思想的第一个果实。

(3) 传统教育理论的奠基石

《论语》中所体现的孔子的教育思想,影响了其后中国两千多年教育史的发展。孔子弟子子夏提出的"学而优则仕"的教育目的,成为后世不变的基本教育原则,历代官、私教育都把培养为社会政治服务的人才作为基本目标。特别是在科举制度下,这种教育目的又演化为一种官吏选拔原则,并引导出一种消极的读书做官论,从而背离了其最初的本意。在孔门师徒的思想里,"仕"是学习的发展,学习而有余力则去从政,从政是学习过程的延续,是学习到的知识本领的实践,而在从政的实践中,还要继续学习,即"仕而优则学"。总之,《论语》讲的"仕"是和学习联系在一起,是学习的必然发展,从政为社会服务是学习的最高阶段。而发展到后世的读书做官论,则将读书变成了手段,做官成了最终目的,以读书从属于做官,学习变成了一种单纯功利性的活动。应该说,这并不是孔子的思想。从读书做官论的角度去批判孔子的"学而优则仕",是给了孔子一个莫须有的罪名。

在孔子的教育思想中,最宝贵最优秀对后世影响最持久不衰的部分,是他的教学论。《论语》中提出的循循善诱、"不愤不启,不悱不发"的启发式教学原则,因材施教的教育思想,"学而时习之""温故而知新"、学思并重的学习方法，等等，几乎成了两千年中国教育史上的圣经宝典，为历代教育家所遵循。孔子之后，战国时期的孟轲、荀卿，西汉的董仲舒、扬雄，东汉的王充，晋代的葛洪，唐代的孔颖达、韩愈，宋代的胡瑗、张载、程颢、程颐、朱熹，元代的许衡，明代的王守仁、王廷相，明清之际的王夫之、颜元等，凡是有作为、有贡献的大教育家，都是孔子教学论思想的继承者、实践者。历代教育家的政治思想、学术主张尽管各有不同，但在教学上，则毫无例外地都采用因材施教、循循善诱、启发式等方法，对学生都提出学而时习、温故知新、学思并重的要求，并都具备诲人不倦的高尚师德。孔子的教学原则，成了人们教学实践的准则。后世也有许多宝贵的教学思想的产生，而这些大都是对孔子教育思想的发展和深化。如北宋大教育家胡瑗所创造的"苏湖教法"，就是深化孔子教育思想的最好典型。

胡瑗，北宋江苏泰州人，精于经学，博通百家，在苏州郡学和湖州州学任教长达20余年。在他的主持下，对苏、湖二学从办学形式到教学内容和方法进行全面改革，创造了自成体系的"苏湖教法"，在中国教育史上产生了重大而深刻的影响。"苏湖教法"的基本精神是十二个字："明体达用""分斋教学""因材施教"。

"明体达用"，简单地说，就是学以致用。"明体"，即领会、理解"五经"等儒家经典的基本道理；"达用"，就是实践所学到的知识、道理,把它用于修身治国,经邦治世。"明体达用"即胡瑗的教育目的论,他以此来纠正汉代以来对经学只重注疏的空疏学风。"明体达用"无疑是对孔子教育目的论的发展,教育要为政治服务,为社会实践服务。孔子一贯主张学行结合,强调博学笃行,躬行实践,汉儒治经只重注疏、繁琐考证的学风,已经背离了孔子的思想。胡瑗的教育目的论,又恢复了孔子圣人之教的本来意义。

"分斋教学",是"苏湖教法"的核心。"分斋"就是分科,开后世特别是近代以来文、理分科教学的先声。胡瑗将整个教学体制分为经义和治事两斋。经义斋,学习"六经"经义,通晓儒家经典,培养较高的学术、道德修养,将来充任高级统治人才;治事斋,学习具体的科学知识和办事能力,培养各种职能机构的具体办事吏员和专业技术人才。所以,治事斋中根据社会的多方面需求,又分成治民、讲武、堰水、历算等科,治事斋的学生每人修一门主科,再选学一门或几门副科。在世界教育史上,胡瑗最早创立了分科教学和必修、选修的主副修制。

"因材施教"。实际上,分科教学和主副修制,就是根据"因材施教"的原则而创立的,因其学生的才能、性情而分配或选择不同的主攻方向。于是,在确定了分斋教学的体制之后,就要根据学生的具体情况去进行科目选择和分配。

可以说，胡瑗的"明体达用""分斋教学""因材施教"是一个完整的教育思想体系。这个体系的核心，根本的指导思想，就是"因材施教"，培养能够经邦治世的有用人才。孔子当年因材施教，发展学生的特长，培养了许多闻名于世的特殊人才：以德行而闻名当世的有颜渊、闵子骞、冉伯牛、仲弓；以长于言语辞令而著称的有宰我、子贡；长于政事有经邦治国之才的有冉有、季路；在古代文献方面造诣高深的有子游、子夏等。这十人是孔门弟子中学有专长的代表，其他分科受教的人还很多。同样，胡瑗的分斋教学，使学生各尽其才，学有所得，弟子数千人中，也有不少因学有专长而闻名当世。如长于经义之学的孙觉、朱临、倪天隐等，专于政事的有范纯仁、钱公辅等，长于兵战的有苗授、卢秉等，长于文艺的有钱藻、滕元发等，还有长于水利的刘彝等。胡瑗的"苏湖教法"是孔子教育思想在新时代的创新和发展，它证明了孔子教育思想的真理性和生命力。

孔子的教学论，对于今天仍然是有益的，适用的，甚至可以说是需要提倡和强调的。我们一再强调的启发式教学方法，在相当多学校中并不能很好地施行，我们一再提倡的学思并重，以培养能力为主的教育目标并不能贯彻。

八　关于孔子及其《论语》的历史评价

本书的主旨是引导读者阅读《论语》，了解孔子，明了孔子和《论语》的历史影响，以便懂得中国历史和中国文化与这些文化先驱和文化元典间的思想联系。在解读了《论语》的思想内涵和历史影响之后，有必要对其作出一个总的历史评价，以有益于对元典精神和文化先驱精神面貌的整体性认识。

1. 关于误读"克己复礼"的历史公案

《子路》篇中，孔子答定公问时说过"一言而兴邦""一言而丧邦"的话，但历史上是否真的有过这样的事情，连孔子也难以举证。不过，这句话则应验在了孔子的身上，他因"一言"而"获罪"，在近代史上被误会和批判，以至于被诬为开历史倒车的罪人。这"一言"就是他提出的著名论题"克己复礼"。在中国思想史上,几乎没有任何一个命题被误会得如此之深。辨明"克己复礼"的真实含义,对于理解孔子、评价孔子极为重要。

"克己复礼",见于《颜渊》篇:

> 颜渊问仁,子曰:"克己复礼为仁。一日克己复礼,天下归仁焉。为仁由己,而由人乎哉?"颜渊曰:"请问其目。"子曰:"非礼勿视,非礼勿听,非礼勿言,非礼勿动。"

过去人们把"克己复礼"误读为孔子主张要恢复周礼,希望人们克制自己的私欲和行为,回到周礼所规范的社会秩序。于是,孔子的"克己复礼"就被当成了一个政治性命题,归入政治思想的范畴,孔子也因之而被骂成是要复辟奴隶制的罪人。但显然,这并不是孔子这段话要表达的意思。

孔子的"克己复礼"说,是在学生颜渊问"仁"的情况下提出的,他认为只有"复礼"才能达到"仁"的要求,"复礼"的目的是要做一个仁者。联系到后边的"为仁由己"和"非礼勿视,非礼勿听,非礼勿言,非礼勿动",孔子对颜渊的教诲,完全是讲的一个道德修养问题,是伦理学范畴的问题,是"修身之学",而绝不是什么政治学范畴的问题,与所谓的恢复周礼的政治理想没有任何关系。

中国古代思想家们都是从"修身之学"的角度理解孔子这段话的。譬如：

"克己复礼为仁。一日克己复礼，天下归仁焉。"观夫子之所予，则颜子修身之学可知矣。（宋人李杞《用易详解》卷五）

己，物之敌也，胜己之私谓之克。礼，性所有也，克己而趋焉谓之复。（宋人陈祥道《论语全解》卷六）

仁者，本心之全德。克，胜也。己，谓身之私欲也。复，反也。礼者，天理之节文也。为仁者，所以全其心之德也。盖心之全德，莫非天理而亦不能不坏于人欲，故为仁者，必有以胜私欲而复于礼。（宋人朱熹《论语集注》）

这些都是宋代理学家对"克己复礼"的解说。他们把"礼"解为"天理"，这是他们思想的局限性。但是，他们无例外地都把孔子的"克己复礼"说，理解为修身之学。他们都认为"克己"是克制自己的私欲，"克己复礼"是控制欲望而去实践"礼"的规范。特别是李杞，还着重指明了这是"颜子修身之学"。从思考方向上说，他们都不认为"克己复礼"是恢复周礼，不认为是一种政治思想主张，而都是将其放在修身养性的道德伦理范畴中来讨论问题。

古代思想家的解说，是我们思考"克己复礼"的重要借鉴。另外，我们还可以从孔子关于"仁"的大量资料中去考察。因为，理解"克己复礼为仁"，不能撇开这个"仁"字来肆意发挥。而大量关于"克己复礼"的歪曲性解释，都是离开"仁"字去谈问题的。大概是因为他们考虑到，一旦强调了"克己复礼"的归宿在于"仁"的话，就只能将其归入伦理、修养的范畴，而无法给孔子戴上恢复周礼的政治帽子了。

如果，孔子的"克己复礼为仁"是将"仁"作为恢复周礼的政治目的，孔子又是以恢复周礼为己任，为其思想行为的终极关怀，那么，他就不会仅仅是在教诲颜渊这一个弟子时灌输这样的思想，而应该将恢复周礼这个关于"仁"的政治目标，贯彻到他的全部教学中去，灌输给所有的弟子。而遗憾的是，我们在孔子对其他弟子关于"仁"的教导中，却看不到丝毫这样的影子。

  樊迟问仁，子曰："居处恭，执事敬，与人忠。虽之夷狄，不可弃也。"（《子路》）

  （樊迟）问仁，曰："仁者先难而后获，可谓仁矣。"（《雍也》）

  仲弓问仁，子曰："出门如见大宾，使民如承大祭。己所不欲，勿施于人。在邦无怨，在家无怨。"（《颜渊》）

  司马牛问仁，子曰："仁者，其言也讱。"（《颜渊》）

> 子张问仁于孔子，孔子曰："能行五者于天下，为仁矣。""请问之。"曰："恭、宽、信、敏、惠。恭则不侮，宽则得众，信则人任焉，敏则有功，惠则足以使人。"(《阳货》)

所有这些对"仁"的回答无一不是从个人品德修养的角度来谈"仁"的，也无一涉及所谓恢复周礼的政治理想问题，而孔子对颜渊讲的"克己复礼为仁"，又如何可以例外呢？孔子对所有弟子讲的"仁"字都是一个修养问题，之所以对不同的弟子有不同的讲法，那只是表明了孔子的因材施教。

以上所论，我们解决了一个理解"克己复礼"的思想方向问题，那就是，不能从政治学的角度去理解，而要在人生修养的范畴中去求答案。

在解决了思维方向之后，我们要回到孔子话语的语义本身来讨论。应该说，孔子"克己复礼"一语的被误解，从某种程度上说，也是因为这句话本身存在着容易使人望文生义的地方。问题出在这一个"复"字上。如果按照通常的理解，复就是返回，恢复；而返回与恢复，都必然是以存在一个先前的东西为前提，而这个先前的东西又是"礼"，而在孔子先前的"礼"不是"周礼"又能是什么呢？这样，"克己复礼"就顺理成章地被理解成了恢复周礼。

这是通常的思维逻辑,而又似乎是无可辩驳的。但我们的问题是,"复",就真的应该作"返回"与"恢复"理解吗?或者说,这是它的唯一理解吗?

根据《汉语大字典》,"复"字的基本含义中,有"实践"和"履行"的意思,并提供了有关的释例:

> 《论语·学而》:"信近于义,言可复也。"朱熹注:"复,践言也。"
>
> 《韩非子·解老》:"众人虽贰,圣人之复恭敬尽手足之礼也不衰。"陈奇猷《韩非子集释》引田太方曰:"复,犹履也。"
>
> 白居易《与元九书》:"下以复吾平生之志。"

这些释例说明,把"复"解释为实践或践履,是很贴切的。"复礼"就是去实践"礼"的精神,践履"礼"的规范。如果把"复礼"理解为"恢复周礼",不但与"克己"矛盾,而且与原文中的"非礼勿视,非礼勿听,非礼勿言,非礼勿动"这些实践"礼"的内容也不符合,"一日克己复礼,天下归仁焉"一语也无法得解。如果"复"字作"实践、履行"解,孔子认为要实现仁德全在于自己,而不在于别人,只要你克制住自己的欲望去实践、履行"礼"的规范,一切不合"礼"的事情不看、不听、不说、不做,这样,你每一天所做的事都履行了"礼"的规范,而"礼"是来表现"仁"的，一切都符合了"礼"的要求，也就是天下的什么事也都包含于"仁"字之中了。这也就是"一日克己复礼，天下归仁焉"。又因为履行"礼"是每个个体自己的事情，所以又说"为仁由己"。至此，把"复"解释为"实践""践履"，孔子的原话就都解释得通了。如果把"克己复礼"当作一个政治性行为，当作是恢复周代的政治制度，那又怎么可能会"为仁由己"？

把"复"字解释为实践、履行和践履，在孔子的思想体系中可以得到广泛的支持。从孔子及其弟子们对"礼"的基本态度来看，他们在谈到"礼"的地方，特别是人与"礼"的关系的地方，大多是强调"礼之用"，要求我们去实践"礼"，履行"礼"，而不是要人们去复辟或恢复一种已经崩溃的"礼"的秩序。如：

> 有子曰："礼之用，和为贵。先王之道，斯为美，小大由之。有所不行，知和而和，不以礼节之，亦不可行也。"（《学而》）
>
> 林放问礼之本，子曰："大哉问！礼，与其奢也，宁俭；丧，与其易也，宁戚。"（《八佾》）
>
> 生，事之以礼；死，葬之以礼，祭之以礼。（《为政》）

这些都是从"礼"的实践来谈的。孔子生活在"礼"普遍被人们破坏而得不到遵循、履行的年代，因而，呼吁人们要实践"礼"的要求,践履"礼"的规范,从而创造和谐、秩序的理想社会。

从孔子的思想体系中寻找支持,我们还可以看到他的道德观中,对道德实践问题的重视。孔子重伦理道德问题,但却不是一个空谈道德的迂夫子,而是特别重视道德践履,重视"行"的问题。他强调"为仁由己",实际上就是强调自身在加强道德修养方面的自觉性、能动性、主动性。他曾举例说:"譬如为山,未成一篑,止,吾止也。譬如平地,虽覆一篑,进,吾往也。"(《子罕》)功亏一篑,完全在于自己。这段话突出了一个"为仁由己"的主动性思想,也提出了一个"行"的问题。要达到一种仁德,就要努力去追求,把道德观念变成真正的道德行动、道德实践。并且,孔子认为,人人都有行"仁"的能力、"有能一日用其力于仁矣乎?我未见力不足者"(《里仁》);能否成为一个仁人君子,关键在于你是否用力于"行"。不难发现,孔子有很多关于强调"行"的论述:

> 子贡问君子,子曰:"先行其言而后从之。"(《为政》)
>
> 子曰:"君子欲讷于言而敏于行。"(《里仁》)
>
> 子曰:"文,莫吾犹人也;躬行君子,则吾未之有得。"(《述而》)

子曰:"始吾于人也,听其言而信其行;今吾于人也,听其言而观其行。"(《公冶长》)

子曰:"好学近乎知,力行近乎仁,知耻近乎勇。"(《礼记·中庸》)

博学之,审问之,慎思之,明辨之,笃行之。(《礼记·中庸》)

这些言论,特别清楚地表明了孔子重视道德践履的思想。与这样的思想相适应,他要求自己的学生去实践"礼"的规范,践履"礼"的准则,即"复礼",不是很自然的吗?以"实践"或"履行""践履"去释"复礼"之"复",不仅有语义上的根据,而且也是符合孔子思想体系的内在逻辑的。

总括上述,我们可以有一个清晰而可靠的认识:孔子之"复礼"最恰当的解释,是对"礼"的实践或践履;所谓"克己复礼",是指克制自己的欲望,实践"礼"的要求;唯有这样去增强自己道德修养,才能达到仁者的境界,成就一个真正的仁人君子。所谓"恢复周礼"说,复古倒退说,是与孔子的道德观,与孔子原话的语言环境相违背的。仅从"复"字的某一种字义出发就作出简单的判断,是难免有望文生义之嫌的。

2. 孔子思想属性是进步抑或倒退

与对"克己复礼"的误读相联系,近代以来的学术界,特别是新中国成立以来的思想界,多是把孔子的政治理想说成是恢复周代的奴隶制度,说孔子是妄图复辟奴隶制度的思想家,是个主张复古倒退的思想家。在改革开放之前的中国思想界,很多治思想史的大学者,都持这样的观点和看法。这种观点一度在中国思想界很是盛行,并在特定的政治环境中影响了国人,成为一种十分流行的定论。如:

> 他一生致力于维护正在崩溃中的奴隶制度(周礼),他希望有一天能在齐、鲁这类国家复兴文王、周公之道。(任继愈主编《中国哲学史》第一册,人民出版社,1963年,第61页)

> (孔子)总是想召回已经被社会实践否定了的周礼的鬼魂,这是孔子在政治上的基本信念。(蔡尚思著《孔子思想体系》,上海人民出版社,1982年,第72—73页)

> 孔子一生以维护、恢复周礼为己任,他的各项政治主张都是从这一总目标出发而提出的。(匡亚明著《孔子评传》,南京大学出版社,1990年,第254—255页)

我们究竟应该如何来看待孔子其人以及《论语》的思

想属性呢？

如果我们不抱持思想偏见，不是抓住某一句话而肆意演绎，而是从孔子的全部思想、言论、行为出发来分析孔子对待周礼的基本态度，我们就会得到一个明确的结论：孔子不仅不是恢复周礼的倡导者，而且是在根本点上对周礼实现了颠覆和改造。他是以一个叛逆者的姿态出现在了与礼崩乐坏完全相适应的时代。

首先，孔子仁学思想的提出，颠覆了周礼的基本精神。

在孔子之前，"仁"就是一个传统的概念，《诗经》《尚书》《国语》等早期文献中都有"仁"的出现。但春秋以前的"仁"，只是一个一般的道德范畴。而孔子则赋予了"仁"以新的内涵，把它提炼为一个最高伦理范畴。毋宁说，它是孔子所创造的一个崭新的概念。

周礼的基本精神是"礼"，它是人们一切言论行为的最高准则。

> 夫礼，天之经也，地之义也，民之行也。（《左传·昭公二十五年》）

> 其君之举也，内姓选于亲，外姓选于旧，举不失德，赏不失劳，老有加惠，旅有施舍，君子小人，物有服章，贵有常尊，贱有等威，礼不逆矣。（《左传·宣公十二年》

>礼以顺天，天之道也。（《左传·文公十五年》
>
>礼不下庶人，刑不上大夫。（《礼记·曲礼》）

这些引文最少向我们传达了两点信息。其一，在西周，"礼"处于至高无上的神圣地位，是"天之道"，是"天之经也，地之义也"，是不可怀疑的神圣的规范和准则，是一切政治生活、社会生活和道德精神生活的灵魂；其二，这个"礼"的核心，是社会的等级制度，规定了人在社会中恒久不变的地位，"天有十日，人有十等""各有分亲，皆有等衰"，并且"礼不下庶人"，老百姓被排斥在"礼"的范围之外，不能作为正常的人来对待。这就是西周礼制的基本精神。

而孔子所创造的"仁"，则从根本上颠覆了周礼的上述原则。

在孔子的学说体系中，"仁"处于核心位置，是社会政治理想、伦理道德范畴、生活行为准则的最高表述，是人的一切精神生活的灵魂，它取代周代的"礼"的至高无上的地位。而"礼"则成为表达"仁"、实践"仁"的礼仪或形式。孔子还经常强调不能搞颠倒了"礼"与"仁"的关系，批评那种离开"仁"的根本而空谈"礼"的现象。本书前边的分析已经指出：在孔子的思想体系中，关于"仁"与"礼"的关系，"仁"是内在的，"礼"是外在的；"仁"

是决定性的,"礼"是从属性的;"仁"是"礼"的内容,"礼"是"仁"的形式;"仁"是"礼"的灵魂,"礼"是"仁"的表现。孔子把"礼"置于一种仅仅是形式的"仪"的尴尬地步,不是对周礼的颠覆又是什么呢?

孔子的仁学思想对周礼的颠覆,不仅表现在动摇"礼"的地位方面,还表现在对"礼"的基本精神的背离。前边已指出,"礼"的基本精神是人的等级划分,特别是将庶人排斥在"礼"的范围之外。而孔子的仁学思想,则提出了一个"仁者爱人"的重要命题。孔子的"仁"以博大的胸怀,将爱的对象扩大到周礼的范围之外,将一切社会成员都作为施爱的对象。

樊迟问仁,子曰:"爱人。"(《颜渊》)

子曰:"弟子入则孝,出则弟,谨而信,泛爱众而亲仁。"(《学而》)

子贡曰:"如有博施于民而能济众,何如?可谓仁乎?"子曰:"何事于仁!必也圣乎!尧舜其犹病诸!……"(《雍也》)

子曰:"道千乘之国,敬事而信,节用而爱人,使民以时。"(《学而》)

这种"泛爱众""博施于民"的仁爱精神,对于周礼亲亲、贵贵的精神本质,不是背离和颠覆又是什么呢?把孔子的政治思想主张定位于"恢复周礼",完全无视了孔子"仁者爱人"的重大思想命题。

其次,孔子在用人方面提出的"举贤才"的主张,也是对周礼世卿世禄等级秩序的颠覆或破坏。

西周建立了世卿世禄制度,它是指公卿大夫死后,由嫡长子来继承其爵位、官职、采邑等。这一嫡长子继承制,形成了西周"内姓选于亲,外姓选于旧"的选拔官吏原则,从根本上维护着贵族世世代代对政治权力的把持和垄断。顾颉刚先生曾有这样的论断:"西周以来至于春秋,无疑地是行的世官制度……""那时候实在是推封建诸侯之义于卿、大夫、士,嫡子、庶子各有其位,父亲的职位多由嫡子继任,上下阶级厘然不混,所以它的效用能使民服事其上而下无觊觎。封建制度即从宗法制度来,它们的意义是一贯的。所谓卿、大夫、士,除王官外,就是诸侯的诸侯;他们的职位虽不必全是世袭,但决没有一个庶人可以突跃而为卿大夫的。""只见有世官制度,不见有从庶人擢任大官的,这是一件确然不移的史实。"(《顾颉刚古史论文集》第一册,中华书局,1988年,第297、298–299、301页)

春秋时期,一批贤能之士从社会下层脱颖而出,他们或者因为经商而获得了巨额的财富,或者因为发奋学习而拥有渊博的知识和过人的才干。然而,社会的仕途大部分却掌握在世袭贵族手中,这样一来大量的有用人才被排斥在政府之外,而一些无能之辈则窃居官位,饱食终日,无所用心。针对这种现实,孔子发出了"举贤才"的呼吁:"先有司,赦小过,举贤才。"(《子路》)关于孔子举贤才的思想,我们在本书前边已经有所介绍,现在需要强调的是,这一主张冲破了周礼任人唯亲唯贵的禁锢,是对周礼"内姓选于亲,外姓选于旧"亲亲故旧选官原则的彻底反叛,也是对孔子恢复周礼说的有力回击。

再次,孔子"有教无类"的教育思想及其广收生徒的私学实践,相对于周代社会的"学在官府",也无疑是一种彻底的否定,也突破了周礼以"亲亲"为原则的贵族教育制度的藩篱。具体情况,本书前边已有分析,不复赘述。

最后,我们还可以从孔子对历史人物的评价,来窥见他对周礼的态度。

孔子一生评价过许多历史人物,本书前边谈到过他对管仲的评价,现在我们以他对子产的评价,来看看他对周代政治的态度。

子产是春秋时期一位真正的改革家。他在郑国执政二十余年,先后进行了三次大的改革。在经济上使"田有封洫,庐井有伍",对原有的井田沟洫加以整理,此举承认了私田的合法性,对私田征收赋税,客观上促进了私田的发展;"作丘赋",依土地人口数量交纳军赋;"铸刑书",把刑法公之于众,在一定程度上剥夺了旧贵族的法律特权。

子产的这些改革,无疑是对周礼的改造,是对周代社会制度的某种程度的背叛。子产的做法遭到旧势力的反对,"国人谤之曰:'其父死于路,己为虿尾。以令于国,国将若之何?'"(《左传·昭公四年》)他们骂子产是蝎子尾巴毒害国人。孔子则并无责怪子产对周礼的改造或背叛,而是旗帜鲜明地给以极高的评价:

> 人谓子产不仁,吾不信也。(《左传·襄公三十一年》)

> 子产卒,仲尼闻之,出涕曰:"古之遗爱也!"(《左传·昭公二十年》)

> 或问子产,子曰:"惠人也。"(《宪问》)

> 子谓子产:"有君子之道四焉:其行己也恭,其事上也敬,其养民也惠,其使民也义。"(《公冶长》)

子产的改革是对周礼的改造和背叛,而孔子却给了他崇高的评价。这说明了什么问题?从这样的历史实际出发,说孔子是周礼的捍卫者,而且说他把恢复周礼作为自己的最高理想,不是有些太违背历史的真实了吗?

以上我们从孔子以他所创造的仁学对周礼实现的颠覆,他的举贤才对周礼的冲击,他的有教无类对周礼的背叛,他对历史人物的评价所反映出的政治态度等几个方面,说明了孔子和周礼的真实关系。在这样的事实面前,我们无论如何也不能得出孔子妄图恢复周代制度而复古倒退的历史结论。

尽管如上所论"孔子复辟周礼说"是站不住脚的,但我们也不能说这种说法是完全的捕风捉影,他们也是举出了一些根据的,这就是孔子的确给人们留下了一些值得怀疑的言论。问题是对这些言论该如何做辩证的分析。

孔子的确在不少地方对周礼表示出极大的兴趣,也有不少以传统的"礼"来评论当时社会行为的言论,常被人们引用的有以下数端:

> 子曰:"周监于二代,郁郁乎文哉!吾从周。"(《八佾》)
>
> 孔子谓季氏,"八佾舞于庭,是可忍也,孰不可忍也?"(《八佾》)
>
> 孔子曰:"天下有道,则礼乐征伐自天子出;天下无道,则礼乐征伐自诸侯出。自诸侯出,盖十世希不失矣;自大夫出,五世希不失矣;陪臣执国命,三世希不失矣。天下有道,则政不在大夫。天下有道,则庶人不议。"(《季氏》)

以上言论的确显示出孔子对周代社会的崇尚与向往,而这是否就意味着他要恢复周礼,把社会的发展拉向倒退呢?回答是否定的。

首先,孔子所向往的是周代社会的秩序化,而非周代的秩序本身。他所讲的"克己复礼"之"礼",有着自己的设计。

孔子作为一个思想家,他是肩负着设计人类社会未来图景的使命的。鉴于春秋以来诸侯争霸、战乱频仍的局面,他把未来社会的蓝图定格在秩序与和谐方面,是从历史和现实中获得的重要启示。所以,我们看到,孔子的所有政治主张都表现出对秩序、和谐、稳定的社会的向往。思想的设计不能向壁虚构,而当时新社会的未来趋向也还没有展示出来,新的社会因素还不明显,孔子对未来蓝图的设计,就不可能不从历史的记忆中汲取灵感。而周代社会恰恰是具有秩序、和谐、稳定的社会特征的,周礼对维持周代社会的秩序、和谐与稳定又的确起到了重要的规范和调节作用,于是,孔子对周代社会和周礼表现出一定程度的兴趣,是可以理解的。仔细分析,他对八佾舞于庭的谴责,对礼乐征伐自诸侯、大夫出以至陪臣执国命的不满,都是从秩序的角度出发的,而不是以周礼本身的神圣性、合理性、正当性为根据的。否则,伟大如孔子这样的思想家,一方面从根本上改造着周礼,背叛着周礼,另一方面又时时处处以周礼来要求人们的行为,这是一个无法解释的逻辑矛盾。孔子对周礼的某种程度的肯定与向往,是一个思想家在不成熟的历史时期无可奈何的表现,是时代使然。

这里，正应了恩格斯那句名言，不成熟的理论，是和不成熟的生产状况、不成熟的社会状况相联系的。孔子从过往的历史中寻找历史的启迪，不能看作是历史的倒退行为。况且，又有哪一种思想的发展，不遵循历史继承性的原则呢？

孔子"克己复礼"的"礼"不是周礼，它又是什么呢？这的确是一个不好回答的问题，因为孔子没有给我们留下他所描绘的"礼"的具体蓝图。从《论语》的零星材料中，我们可以看到孔子对"礼"有自己的设计，本书前边也做过初步归纳，如他关于君之礼、关于臣之礼、关于父子之礼、关于一般社会成员之间的礼等等，这样去认识孔子心目中的"礼"当然是不全面的，但说孔子心目中有一个不同于周礼的"礼"则是可以肯定的。因为孔子在原则上已经认定不同时代的"礼"是因循的发展的，而不是一成不变的。《为政》篇载："子张问：'十世可知也？'子曰：'殷因于夏礼，所损益可知也；周因于殷礼，所损益可知也；其或继周者，虽百世，可知也。'"这说明孔子认为"礼"的发展是有因革变化的规律的。正是有因革变化的规律，所以，只要掌握了这个规律，就可以虽百世而可知。那么，他所要追求的西周之后的"礼"当然也是要有所变化的，也是需要从变化了的现实状况出发重新设计的。限于材料的原因，我们只能知道，孔子所设计的"礼"，是用来体现"仁"

的精神,以造成秩序、和谐、稳定的理想社会的行为规范,它对周礼有着某种程度的继承关系,但却不是对周礼的复制、克隆或简单恢复。

其次,孔子思想与当时社会的不谐和性,也加重了他对周礼的感情。

孔子之世,时势是由松散的大一统而趋于分裂割据,诸侯为了争霸,无不竞求富国强兵,以武力来赢得政治上的独尊。而孔子则号召人们去履行"礼",以约束自我的欲望;要求统治者以仁者之心来对待民众,对待他人。孔子的学说被当时的诸侯们看作是"迂远而阔于事情""无益于人之国",而不被采纳。孔子是一个对社会怀有极度关怀并且有着坚定信念的人,急切地希望他所设计的秩序、和谐、稳定的社会理想能够实现,而社会的现实却把他的热情一再扑灭。越是这样,他向往秩序化社会的情感就越是强烈;相对于乱离之世的西周时代,对于他的社会理想来说,就越是显示出特殊的价值和意义。理想与现实的巨大反差,理论与当时社会的不谐和性,一再困扰着他,使他对未来社会的追求,更多地以刚刚过去的西周时代作为参考,从而对周礼倾注更多的情感。"周监于二代,郁郁乎文哉!吾从周"是这种情感最真实最自然的流露。子在川上曰:"逝者如斯夫!不舍昼夜。"(《子罕》)一般人理解这是孔子叹时光之流逝,忧变世之维艰,而谁又能说他不是在忧伤西周那秩序化的社会一去不复返了呢？有着这样的情感倾向的孔子，有意无意地流露出一些周礼的是非观念，就是可以理解的了；而这些绝不能改变他对周礼的基本立场。在为理想而奋斗的艰难进程中，在理想与现实的巨大反差面前，再勇猛的斗士，也难免有缅怀昔日的伤感。孔子一方面勇敢地改造周礼，背叛周礼，创造了新的"礼"的精神；另一方面，又对周礼抱有特殊的情感，自觉不自觉地拿周礼的某些规范来看待现实事物。可以想象，处在这样一个不被接纳的时代，孔子尴尬极了。他困惑，他无奈。

最后，一个思想家思想理论中出现矛盾的情况，也是可以理解的。

人的思想是变化、发展的，在不同的时期，在不同的问题环境中，发表一些前后不一致甚至是自相矛盾的观点，并不奇怪。孔子的时代已比较久远，所留给我们的资料不足以使我们对他的思想发展变化做出历史过程性的考察。虽然孔子几次讲他的思想是一以贯之的，是成体系的，但客观上说，他的思想毕竟是有一个形成发展的过程的。同样，他对待周礼的态度，也不能例外。于是，在他的所有思想资料平面地而不是纵向地摆放在我们面前的时候，矛盾的情况就发生了。比如，他对待春秋时期各国政治改革的态度，具体地说，他对待郑国"铸刑书"和晋国"铸刑鼎"的态度，就很有不同。郑国子产"铸刑书"，是在昭公六年（前536年），孔子时年15岁，还不可能作出评价；而昭公二十年（前522年），孔子29岁，已是鲁国的闻人，他完全有能力对子产的行为作出一个思想家的判断的时候，他为子产的死而悲哀哭泣，赞之为"古之遗爱"，这当然表示了他对子产重大历史行为"铸刑书"的正面而积极的评价。时隔九年，晋国"铸刑鼎"，孔子则表示了强烈的谴责：

> 晋其亡乎，失其度矣。夫晋国将守唐叔之所受法度，以经纬其民，卿大夫以序守之。民是以能尊其贵，贵是以能守其业。贵贱不愆，所谓度也。文公是以作执秩之官，为被庐之法，以为盟主。今弃是度也，而为刑鼎，民在鼎矣，何以尊贵？贵何业之守？贵贱无序，何以为国？且夫宣子之刑，夷之蒐也，晋国之乱制也，若之何以为法？（《左传·昭公二十九年》）

虽然时隔九年，但两种不同的历史评价，都出自一个成年思想家之口，不能以思想的是否成熟为根据进行区分，而一定是有不同的历史语言环境使然，而这些都已不可考知。我们不回避孔子思想中的这些矛盾现象，而要强调的是，不能抓住矛盾的某一个方面，就草率地作出全面性的判断，而要把这些具体的矛盾的东西，放到他的整个思想体系中去观察。这样，我们就不会因为看到一条或几条孔子赞扬周礼的材料，就置他的整个历史立场于不顾，简单地作出他复辟周礼的判断。

孔子生活在一个大变革时代的前奏阶段，旧时代温暖的阴影还没有散去，新时代的曙光还来不及清晰地绽放；旧时代的思想还有适宜的温床，而新时代的精神却找不到植根的土壤；他致力于改变旧的时代，却不被当下的时代所认同；他无法在不成熟的现实中寻找新思想的要素，而只能带着创造新思想的努力在过往的时代中搜索；他仅仅靠着历史的积累和博大的胸怀以及敏锐的洞察力，就创造了新的时代思想。孔子就这样尴尬地走在了时代的前头。于是，我们看到的就不能不是一个带着对旧时代深情眷恋的开拓者，一个立足于旧时代的新时代的创造者。一个真正尊重历史辩证法的人，一个真正理解孔子的人，是不会因为看到了一些他对周礼的赞美，就对他产生历史的误会的。应该说，孔子的思想是属于一个新的时代的精神支柱，而这个新的时代还没有到来，他所设计的"礼"在客观上是为后世准备的。后世的中国历史无疑证明了这一点。孔子之后，随着帝制社会在中国的全面确立，他所描绘的社会蓝图越来越清晰地展现在世人眼前。毫无疑问，中国两千多年帝制社会的礼制规范，是孔子奠定的，而它又是那样远离了周礼!

3. 原本的孔子与其思想、形象的历史变迁

当我们提出对孔子及其《论语》作历史评价的时候,其实,我们面对的是两个孔子,一个是原本的孔子,历史上存在过生活过的真实的有血有肉的孔子,一个是被后世请进了圣人庙宇供奉起来的孔子,而后者却是被涂抹和改造过,甚至是被改造得面目全非的孔子。《论语》大抵也是如此。《论语》作为一种由文字确定下来的思想文化读本,虽说白纸黑字是不容易改变的,但是,一方面它在后世的传播中确实有不同的传本,不同传本中的文字本身就有差异,就像我们在第一章就谈到的西汉就有《齐论》《鲁论》和《古论》,后来又有《张侯论》,后世传本大体是郑玄注本,当然仅仅是这些不同传本的文字差异还不会造成其思想内涵的根本性差异,但问题是,对《论语》的不同传注和解释,各代学人的发微和训诂,却未必符合孔子当初讲话的本意,所以,《论语》这种白纸黑字写下来的看似大体不变的文字,其思想内涵却也发生着变化,我们今人对它的理解,也就未必是其本来的思想含义。所以,今天谈对孔子与《论语》的历史评价,就要有历史的眼光,有尊重历史本身的客观态度,有历史地看问题的思想方法。而这并不是一个简单的问题。

孔子和《论语》的被改造，大体有两条路径。

一条是政治的路径，这是历代统治者从现实的统治需要出发，在尊孔的旗帜下，改造孔子而为自己所用，这是一条最无可奈何的道路，是孔子无论如何也没有想到的问题。

孔子当年，是不得志的，是失魂落魄的，不仅在鲁国得不到重用，即使他带领学生周游列国，宣传自己的政治主张，想找到一块实践政治理想的用武之地，但却也是空怀抱负而不能见容于世。他和他的弟子们，悽悽惶惶十几年，跑了十几个国家，不仅没有一个国君接纳他们，反倒是被奚落，被追杀，累累若丧家之犬。但他没有想到，在其死后却时来运转。孔子死后两个半世纪，秦始皇统一了中国，到汉代大一统中央集权制国家站稳了脚跟之后，孔子所主张的人治德政理想和仁学思想体系却派上了用场，从汉武帝开始，把他所创立的儒学，儒学传承的基本典籍"五经"，立为国学，定为大一统帝制国家的指导思想，上升到国家意识形态的崇高地位。孔夫子也因之成了之后两千年帝制中国名副其实的圣人，为历代帝王所尊崇。而无可奈何的是，在孔子被高高举起的同时，他也成了皇权政治的玩偶，被帝王家任意打扮，做了皇权政治的护身符。历代皇权政治在孔子及其《论语》身上附加了太多的东西，以至于让他变得面目全非。而在明清之后中国在世界历史发展的大势中落伍时，孔夫子就成了中国落后的背锅侠。

于是我们看到，在近代中国面临民族危亡的危机时局中，孔子第一次受到了普遍性的狂热攻击，这就是五四运动时期"打倒孔家店"的呐喊。李大钊在《孔子与宪法》的文章中说："孔子者，历代帝王专制之护符也。"北大著名教授吴虞在《儒家主张阶级制度之害》中写道："孔氏主尊卑贵贱之阶级制度，由天尊地卑，演而为君尊臣卑，父尊子卑，夫尊妇卑，官尊民卑……故二千年来，不能铲除阶级制度，至于有良贱为婚之律，斯可谓至酷已。"思想家们要求孔子对两千年的专制制度负责，中国要走向共和，必须打倒孔家店。就如陈独秀在《复辟与尊孔》一文中所言："孔教与共和乃绝对两不相容之物，存其一必废其一。"其实，就是这一时期的思想家们，从理性上也知道，他们要打倒的孔子，也并不是原本的孔子，真正危害中国两千年的孔子思想，并不是原本的孔子思想，并不是《论语》的思想真谛，要孔夫子和《论语》对中国近代以来的落伍负责是不公平的。李大钊在《自然的伦理观与孔子》一文中说："余之掊击孔子，非掊击孔子之本身，乃掊击孔子为历代君主所雕塑之偶像的权威也；非掊击孔子，乃掊击专制政治之灵魂也。"经过了两千年帝制时代对孔子及其《论语》的改造，我们所认识的孔子，已经不是原本的孔子。如果对孔子作历史评价，非得恢复孔子的本来面貌不可，否则是不可能做到客观和公正的。

改造孔子和《论语》的第二条路径,是非政治因素的思想发展的正常道路。即一种政治主张或社会思想产生之后,在它后世的发展中,被后人从不同的历史时代出发而赋予新的理解,这是思想的合逻辑的发展。《论语》思想在后世的某种被改造,也的确有这方面的因素。

譬如《季氏》篇中的名言"不患寡而患不均,不患贫而患不安。盖均无贫,和无寡,安无倾",就在后世的历史中,发生了思想内涵的衍变。孔子的这句话,在近代以来的语境中,被理解为平均主义经济思想的渊薮,而在孔子原来的语境中,却完全不是这样的意思,而只是一种政治思想。孔子这段话的原始语境是:孔子的两个学生冉有和季路要辅佐季氏去攻打颛臾,孔子劝阻他们。冉有强词夺理说颛臾近于季氏的封邑费地,不解决颛臾的问题,将会对季氏的后世子孙造成威胁。孔子反驳冉有说,治国的道理在于"不患寡而患不均,不患贫而患不安",不在于所占有的土地和人民的多寡,而在于国内的政治是否平均,是否公平合理;不在于国家是否富足或贫穷,而在于其人民是否安宁,社会是否秩序祥和。从这个道理说,季氏眼下的问题恐怕不是面临颛臾的威胁,真正对他的后世子孙构成威胁的因素,在于他的家门之内,攻打颛臾只是季氏想扩大地盘的借口罢了。

朱熹《论语集注》卷八中解释孔子这段话说：

> 寡，谓民少，贫，谓财乏，均，谓各得其分，安，谓上下相安。季氏之欲取颛臾，患寡与贫耳。然是时季氏据国，而鲁公无民，则不均矣。君弱臣强，互生嫌隙，则不安矣。均则不患于贫而和，和则不患于寡而安，安则不相疑忌，而无倾覆之患。

这句"均，谓各得其分"大概是最恰当的解释了。朱熹认为，孔子批评季氏的为政不均，就是"季氏据国，而鲁公无民，则不均矣"。作为鲁国大夫的季氏实际上僭越于鲁君之上，越出了他应得的礼法名分，是无道而不均。孔子所谓"寡"是土地和人民的寡少，而其不均则是政治的不平均，是君臣之间的不能各安其等级名分，违背了礼之大法。所以，孔子讲的不均，是政治问题，而不是经济财富的不平均。

一种思想产生之后，后人总是要从新的角度，从新的历史条件出发，重新去发现它的意蕴，赋予它新的含义，以便其在更广阔的意域中去发挥其作用。这既是思想本身的力量，也是思想家们的权利，更是思想所以有历史、有发展的根本所在。后人把孔子讲的"不患寡而患不均"，变成一个经济财富的平均问题，就属于这种情况。事实上，从汉代的董仲舒开始，就有这样的理解了，其后，北魏孝明帝时期的张普惠，明末清初的顾炎武，都对这句话做了这样理解。及至近代，人们似乎已经不再知道孔子话的原本意义，都是从财富均平的角度来使用"不患寡而患不均"这句话了。也可以说，在传统文化中，对后世乃至今天真正发挥作用的，是对孔子原意改造后的思想，即从均平财富的角度去理解的"不患寡而患不均"。这句话在现代人们的观念中，即是平均主义的思想渊薮。譬如当代学者李宗桂在《中国文化概论》中说：

> 平均平等是中国文化基本精神之一。
>
> 平均平等的思想，在中国文化中，主要表现为经济利益上的彼此一样。平均即是平等，平等必须也必然表现为平均，亦即社会财富的占有和劳动产品的分配上的平均一致。
>
> 孔子说："闻有国有家者，不患寡而患不均，不患贫而患不安。盖均无贫，和无寡，安无倾。"（《论语·季氏》）治国理家，不怕财物匮乏，就怕分配不均。（中山大学出版社，1988年，第356页）

孔子"不患寡而患不均"思想，在现代社会文化系统中，已经完全改变了面貌。人们一般很少再了解，同时似乎也没有必要再去了解它的原本意义，用它来表达一种平均主义的思想，已经成为一种可以用来沟通人们心灵的格言。事实证明,孔子的"不患寡而患不均"真正对后世起了影响作用的,是被人改造过的、非孔子的思想。我们应该如何来看待这样一种思想发展的历史呢?

思想的传播是一个无限开放的发展的过程,一种思想产生之后,在它的传播的过程中被改造,被发展,被填充进新的内容,是思想发展的基本途径。当一个思想家提出了一种思想、一个命题的时候,也就是他为社会和后世提供了一个思维的空间,后人将在他所提供的思想躯壳中发现对现世有益的启示,用新的时代理念去对之利用和改造,从而将其发展为一种新的对现世有用的有益的思想。这样,一方面,现实的发展找到了历史的思想根据;另一方面,前人的思想也借此有了新的发展。这就是思想的历史。

事实上,孔子"不患寡而患不均"在后世思想发展中的被改造,也是有其内在的逻辑和历史根据的。它除了是由于孔子着重强调"礼"的时代已经过去,从"各安其分"的角度去理解"均平"概念已没有了意义之外,这种改造和发展所以可能,是与其所赖以存在并发展的社会土壤分不开的。正是中国长达几千年的农业社会,为平均主义的滋生与发展提供了肥沃的土壤,才使得孔子的均平思想发生了衍变,使它摆脱那个特定时代的局限,成为能够为后世长久沿用的思想传统。如此说来,孔子的"不患寡而患不均"思想在后世被如此改造和发展,则是正当的、合理的,是无可非议的。

无论是历代帝王从统治需要出发对孔子的改造，还是思想发展的内在逻辑导致孔子思想的变异，都使得我们今天所获得的对孔子和《论语》的认识，与原本的孔子和《论语》面貌有所差异。而当我们谈到关于孔子及其《论语》的历史评价的时候，我们的对象则应该是原本的孔子和《论语》，是需要剥去后世所附加到其身上的东西，而对之作客观的历史评说。

站在客观的公允的历史立场上，从尽可能真实的孔子面貌出发，我们看到，活跃在春秋历史舞台上的孔子，是一个地地道道的思想家，是一个伟大的教育家，是一个有历史使命感和历史担当的社会发展道路的探索者，是一个对中华民族的历史和文化都产生了深刻影响的历史伟人。他一生的探索，都是在为当时礼崩乐坏的现实寻找出路，是在为一个新的时代设计蓝图；他的蓝图的出发点是人民生存条件的改善，他的理想是找到一条通往和谐而秩序化社会的途径。他最终设计的是一条人治德政的政治道路，其具体内涵和历史影响都已如本书所述，无论其优长还是缺憾，都是历史的产物，都已经无法改变地变成了历史，在今天我们只能是从社会主义市场经济建设的需要出发去对之作出抉择。对孔子及其《论语》，就像对一切历史事物一样，我们只能是采取历史主义的分析态度，任何盲目的推崇或非历史的谴责，都是无益的。我们今天来研究他，最现实的目的，在于弄清我们今人思想的由来，并借此明了未来的方向。